La verdad
detrás de la máscara de la falsa espiritulidad

La verdad
detrás de la máscara de la falsa espiritulidad

Las prácticas de la mente y el corazón de algunos de líderes de la Iglesia Cristiana Evangélica Contemporánea

Eleazar Barajas

Número de Control de la Biblioteca del Congreso de EE. UU.:   2020924341
ISBN: Tapa Blanda   978-1-5065-3544-9
                   Libro Electrónico   978-1-5065-3545-6

Información de la imprenta disponible en la última página.

Fecha de revisión: 08/12/2020

Para realizar pedidos de este libro, contacte con:
Palibrio
1663 Liberty Drive, Suite 200
Bloomington, IN 47403
Gratis desde EE. UU. al 877.407.5847
Gratis desde México al 01.800.288.2243
Gratis desde España al 900.866.949
Desde otro país al +1.812.671.9757
Fax: 01.812.355.1576
ventas@palibrio.com
823661

CONTENIDO

INTRODUCCIÓN

Nicolás Barroso, el día 10 de junio del 2020, publicó un video que tituló: *Porqué ya no soy Cristiano Evangélico*. Nicolás comienza este video diciendo: "En este video enumero las razones por las cuales no me considero evangélico. ¿Qué tipo de doctrina tiene la iglesia evangélica? ¿Es realmente bíblica?"[1] Dice que lo hizo con amor y sin criticar a nadie, al mismo tiempo que dice que no se considera cristiano evangélico.

Comienza, pues hablando de las tradiciones de la Iglesia Católica Romana que para él no son correctas, por eso comenta que la Iglesia Católica Romana no tiene que ver nada con la Biblia, pues tienen a María, tienen imágenes, tienen el purgatorio, tienen la práctica de bendecir con agua bendita, que esto no es bíblico más bien tiende a ser brujería, tienen el rosario que es un invento de los hombres, vanas repeticiones. Además llaman Padre al sacerdote. Es la única iglesia que si te castigan te mandan a orar, que eso es una bendición para nosotros. En la Iglesia Católica Romana practican sacrificios en el cuerpo como ir de rodillas a una imagen.

Pero ahora – comenta Barroso - que estoy en el camino de la Iglesia Cristiana Evangélica encuentro que esta iglesia tiene sus tradiciones; doctrinas de hombres que son tradiciones pero no son bíblicas. Nicolás Barroso está tratando de hablar de lo que él considera la verdad bíblica que se ha mal interpretado en la Doctrina de la Iglesia Cristiana Evangélica: Es decir,

---

[1] Nicolás Barroso. *Porque ya no soy evangélico.* (La Habra, California. Internet. Video en YouTube en Discípulos de Jesús. Publicado el 10 de junio del 2020. Consultado el 29 de julio del 2020), ¿? https://www.youtube.com/watch?v=ZolMT-LCOrl

que supuestamente está hablando de: *La Verdad Detrás de la Máscara de la Espiritualidad,* aunque si uno analiza bien sus comentarios, Nicolás Barroso, sigue escondiendo la verdad de las Escrituras y de las Doctrinas Cristianas Evangélicas detrás de una práctica intelectual y hermenéutica cubierta de una falsa espiritualidad.

Después de que Nicolás analiza la doctrina o las tradiciones de la Iglesia Católica Romana se dirige a la Iglesia Cristiana Evangélica Contemporánea y señala dieciséis traiciones que él llama Doctrinas Evangélicas. Otra vez, Nicolás, supuestamente habla de: *La Verdad Detrás de la Máscara de la Falsa Espiritualidad,* pero ahora lo hace en base a las supuestas Doctrinas de la Iglesia Cristiana Evangélica. Quince de ellas, que Nicolás menciona son:

1.- *El Diezmo, como justificar la espiritualidad.* Eso es aberrante, dice Nicolás. Dar los Diezmos al pastor. Es un error que te lo exija. "No me dejan bautizar porque no he dado mis diezmos", es un ejemplo que usa de un hermano.

2.- *La adoración del pastor.* Tratar de tocar al pastor. Absorber la unción del pastor. Esto es otra cosa aberrante, dice N. Barroso.

3.- *Mujeres pastoras.* Las mujeres no tiene autoridad sobre el hombre, dice Nicolás y cita como base a I Timoteo 2:11.

4.- *Cubrir con la sangre las cosas.* Cristo no murió para que cubras tu coche. Esto es aberrante, no solo no es bíblico sino que es aberrante.

5.- *Declarar y Decretar.* ¿Quiénes somos nosotros para ordenar a Dios? - Se pregunta Barroso -. Dios es el único que puede decir y hacer esto. Usando la siguiente cita de Santiago, que dice: "Más bien, deberían decir: 'Si Dios quiere, viviremos y haremos esto o aquello'."[2] Esto es un error evangélico para N. Barroso.

6.- *Atar al hombre fuerte.* Usando como argumento Lucas 11:21, Nicolás Barroso dice que el hombre fuerte no es Satanás, sino que es la persona que está en Cristo: Es decir, el cristiano. El que viene es Satanás. Entonces, para N. Barroso, el hombre fuerte es un cristiano no es Cristo. El hombre fuerte es un cristiano atado por Satanás.

7.- *Hablar en lenguas en pública.* ¿Existen lenguas espirituales?, - sí la hay, dice Nicolás -. Y sigue diciendo: Pero no hay que hablar en público. Dios dice que no debe hablar en público.

8.- *Falso apostolado.* Tenemos apóstoles. Y ahora ya tenemos patriarcas. Es el comentario de Nicolás Barroso. Pero aclara que los apóstoles y profetas ya pusieron el fundamento que es Cristo; no hace falta otro fundamento.

9.- *Estructura piramidal.* Va en contra de los principios bíblicos.

10.- *Abuso de autoridad.* N. Barroso se pregunta: ¿Desde cuándo hay que pedirle permiso al pastor para hacer las cosas? Y luego agrega, diciendo que la palabra "líder" no existe en la Biblia.

---

[2] Santiago 4:15, (TLA).

11.- *La oración de fe.* Sin poco comentario, N. Barroso dice que "No sirve para nada".

12.- *El espíritu de Jezabel.* Para N. Barroso, no existe el espíritu de Jezabel rondando por el mundo como un demonio.

13.- *Actitud sectaria.* Por cuestionar ya estas afuera. Eso es sectario – argumenta N. Barroso -.

14.- *Adoración al Espíritu no a Cristo.* Para Nicolás: "Tenemos hambre de Cristo. Hay que adorar a Cristo, no tenemos hambre del Espíritu sino de Cristo".

15.- *El arrebatamiento antes de la Segunda Venida.* Sin mucho comentario, N. Barroso dice: "Eso no es bíblico".

Unas de las últimas palabras o enseñanzas de Nicolás Barroso en éste video es que se ha apartado de la Iglesia Católica Romana y de la Iglesia Cristiana Evangélica Contemporánea por tener doctrinas errónea o aberrantes e invita a otros a seguir su camino y asegura: "Por eso no soy católico ni cristiano evangélico porque son lo mismo; disfrazados con la misma ropa".[3] No hay una iglesia perfecta en la Iglesia Cristiana Evangélica. Ahora soy hijo de Dios no Cristiano Evangélico; Dios quiere llevar hijos a su gloria. Dios no quiere llevar evangélicos a su gloria; quiere llevar hijos a su gloria. La próxima vez que te digan de que religión

---

[3] Nicolás Barroso. *Porque ya no soy evangélico.* (La Habra, California. Internet. Video en YouTube en Discípulos de Jesús. Publicado el 10 de junio del 2020. Consultado el 29 de julio del 2020), ¿? https://video.search.yahoo.com/yhs/search?fr=yhs-pty-pty_maps&hsimp=

eres diles de ninguna – dice Nicolás Barroso -. Cristo no vino a hacer una religión sino vino para llevar hijos a la gloria".[4]

Terminan su video diciendo que hagas servicio social llevado comida, ropa, que suplas las necesidades de los demás. Hay que hacer trabajo social.[5] ¿Bajo qué bandera espera que se haga el trabajo social? Si no es bajo la bandera de la Iglesia Católica ni bajo la bandera de la Iglesia Cristiana Evangélica entonces, es posible que se haga bajo la bandera de alguna secta o de algún movimiento socialista o tal vez bajo la bandera de su nombre.

Lo que Nicolás Barroso está enseñando es que solo él tiene la autoridad divina porque supuestamente él sí sabe lo que dice la Biblia y todo lo demás. Es decir, los católicos romanos y los cristianos evangélicos somos ignorantes de la Doctrina y Teología Bíblica. Usando sus propias palabras, decimos: "¡Es aberrante!" Sí, es degradante lo que dice Barroso. Y lo es porque al parecer lo que enseña en este video es una doctrina supuestamente espiritual y bíblica que cae dentro de lo que es: *La Verdad Detrás de la Máscara de la Falsa Espiritualidad,* que, por cierto, no es una Doctrina Evangélica la que se propone con esta declaración. Lo que Barroso señala no es Doctrina Cristiana Evangélica ni Doctrina Bíblica ni Doctrina Cristiana Teológica, sino unas prácticas que se asemejan a las tradición dentro de las iglesias y comunidades

---

[4] Nicolás Barroso. *Porque ya no soy evangélico.* (La Habra, California. Internet. Video en YouTube en Discípulos de Jesús. Publicado el 10 de junio del 2020. Consultado el 29 de julio del 2020), ¿? https://video.search.yahoo. com/yhs/search?fr=yhs-pty-pty_maps&hsi

[5] Nicolás Barroso. *Porque ya no soy evangélico.* (La Habra, California. Internet. Video en YouTube en Discípulos de Jesús. Publicado el 10 de junio del 2020. Consultado el 29 de julio del 2020), ¿? https://video.search.yahoo. com/yhs/search?fr=yhs-pty-pty_maps&hsimp=yhs-

en todas las razas y en todos los eventos comunitarios y que, por cierto, en cada cultura o región o iglesia o denominación del mundo son diferentes.

Por ejemplo, existen en algunos lugares los grupos de los Cristianos Desnudos; todos los participantes de los cultos se quitan toda su ropa para celebrar el culto.[6] Pero esto no es de todas las iglesias cristianas católicas o de las cristianas evangélicas; es más, esto no es una Doctrina Cristiana, es una práctica cultistas, porque:

> "Los nudistas cristianos son los cristianos que practican el nudismo, y son una parte del movimiento nudista. Creen que el cuerpo humano fue la mayor creación de Dios, por lo tanto no puede ser vergonzoso ni necesita ser escondido. Naturistas cristianos se pueden encontrar en casi todas las denominaciones de la cristiandad, y no encuentran ningún conflicto con las enseñanzas de la Biblia y vivir sus vidas y adorando a Dios sin ropa. Sin embargo, la mayoría tiene varios desacuerdos con la filosofía de la Nueva Era y el humanismo que es común entre otros naturistas y desean ser separados de ella. Esto incluye el rechazo absoluto de todas las formas de adoración a la naturaleza de todos los tipos.
>
> Aunque en algunas sociedades tradicionalmente consideradas como católicas el nudismo ha sido mal visto, dicho rechazo no se entronca con la esencia de la religión sino con otros condicionantes

---

[6] Wikipedia, la enciclopedia libre. *Nudismo cristiano*. (La Habra, California. Internet. Consultado el 22 de Septiembre del 2020), ¿? https://es.wikipedia. org/wiki/Nudismo

socio-culturales que se dan en dichas sociedades. Así, por ejemplo, santo Tomas de Aquino definió como acto impúdico aquel que se realiza con intención lujuriosa. Por lo tanto, si alguien se desviste con el único propósito de bañarse, tomar sol o recrearse, no puede ser acusado de impúdico".[7]

Para los fines de este libro, sigamos y aclaremos algunos puntos de los que Nicolás Barroso llama "aberrantes". No quiero caer en el mismo juego de: *La Verdad Detrás de la Máscara de la Falsa Espiritualidad,* porque no me considero más allá de lo que soy en Cristo Jesús y en la santidad o espiritualidad que en su santa voluntad, el Espíritu Santo me conceda, ni un experto en las Sagradas Escrituras como para tener la última palabra. Solo quiero que analicemos lo que se dice y se practica como cristiano evangélico contemporáneo y que es lo que dice la Biblia al respecto.

Algunas de esas prácticas cultistas y algunas de las declaraciones de la Doctrina Cristiana Evangélica son:

1.- *El Diezmo.*

Lo primero y lo más importante en nuestro contexto eclesiástico contemporáneo es que los diezmos no son para el pastor. Esta es una idea o información y hasta en algunos casos un chisme o calumnia. No. Bíblicamente, el diezmo para el pastor ni es una Doctrina Evangélica, ni los diezmos son para el pastor. Pero si es una enseñanza bíblica. Esto es

---

[7] Wikipedia, la enciclopedia libre. *Nudismo: Nudistas cristianos.* (La Habra, California. Internet. Consultado el 9 de Septiembre del 2020), ¿? https://es.wikipedia.org/wiki/Nudismo

que: "Si su pastor dice que los diezmos son para él o ella, su pastor le está robando al Señor, y al Estado al no pagar impuestos. En nuestra sociedad capitalista todo pastor debe gozar de un salario, pagar impuestos, y otros aportes de la ley. Tal y como hemos visto, el diezmo no es para el pastor ni para los pastores solamente".[8]

2.- El Pastor como Papa, como un ídolo.

Esta no es una Doctrina Evangélica. Ni tampoco lo es bíblica, ni una práctica en todas las llamadas Iglesias Cristianas Evangélicas, por eso no es una Doctrina Cristiana Evangélica. Reconocemos que algunos pastores se han llenado de un orgullo eclesiástico que se llegan a creer los intocables y que nunca comenten un solo error, se presentan con una santidad que solo ellos la han logrado, pero eso no es Doctrina Cristiana Evangélica; esto es una falsedad detrás de la máscara de la falsa espiritualidad.

3.- El pastor como el "ungido de Dios".

Esta si es una Doctrina Bíblica. En términos generales ungir es el: "Procedimiento que consiste en frotar o untar a una persona o cosas, generalmente con aceite, con el propósito de sanarla, apartarla o embalsamarla".[9] En la Biblia encontramos esta práctica: "El verbo hebreo *mashach* (sustantivo, *mesiah*) y el griego *chrio* (sustantivo, *christos*) se traducen 'ungir'".[10]

---

[8] Osías Segura. *¿Es el diezmo estafa o mandamiento?* (La Habra, California. Internet. Consultado el 29 de Julio del 2020), ¿? http://www.ayudapastoral. com/2011/06/10/%C2%BFes-el-diezmo-estafa-o-mandamiento/

[9] Diccionario Bíblico Ilustrado Holman. *Ungir.* (Nashville, Tennessee. B&H Publishing Group. 2008), 1605.

[10] Diccionario Bíblico Ilustrado Holman. *Ungir.* (Nashville, Tennessee. B&H Publishing Group. 2008), 1606.

Esta era pues una práctica de los habitantes del Antiguo Testamento. Se ungían a los reyes y a los sacerdotes para que desempeñaran sus ministerios con fidelidad y con la protección y guía de Dios.

Esta práctica que llegó a ser parte de la Doctrina Bíblica en algunas iglesias cristianas evangélicas, está mencionada en el Nuevo Testamento (Sgo. 5:14; Mr. 6:13; He. 1:9; Luc. 7:46; I Jn. 2:27; Luc. 10:34; Mr. 14:8; Lc. 7:38; Hech. 10:38; Jn, 12:3; Mt. 6:17). La unción con aceite en años posteriores, era muy respetada. "La acción estaba imbuida de un elemento de sobrecogimiento. David se resistió a dañar al rey Saúl a causa de la unción que este había recibido (I Sam. 24:6). Así mismo, a Israel (Sal. 89:38) e inclusive a Ciro (Is. 45:1) se los denomina ungidos de Dios debido a que él obró a través de ellos".[11] En el Nuevo Testamento: "Ungir se utiliza para hablar del arreglo diario del cabello (Mat. 6:17), el tratamiento de las lastimaduras o las enfermedades (Luc. 10:34), Y la preparación de un cuerpo para la sepultura (Mar. 16:1)".[12] Así que, la práctica de la unción si es bíblica aunque no está dentro de la mayoría de los Manuales de Doctrina de la Iglesia Cristiana Evangélica.

La práctica de la unción está relacionada con la práctica del ayuno. Durante el tiempo del ministerio terrenal de Jesús se celebraban los días lunes y jueves, era cuando los comerciantes de diferentes lugares del mundo antiguo llegaban a Jerusalén para vender y comprar sus productos. Los que ayunaban en esos días, se paseaban por entre la multitud y, para que

---

[11] Diccionario Bíblico Ilustrado Holman. *Ungir.* (Nashville, Tennessee. B&H Publishing Group. 2008), 1606.
[12] Diccionario Bíblico Ilustrado Holman. *Ungir.* (Nashville, Tennessee. B&H Publishing Group. 2008), 1606.

se dieran cuenta de que estaban ayunando "se paseaban por las calles despeinados y macilentos, cuidadosamente descuidados en cuanto a la ropa; hasta llegaban a pintarse la cara de blanco para exagerar su palidez. Estos no eran gestos de humildad, ni de una unción divina, ni de una espiritualidad controlada por el Espíritu Santo, sino que era orgullo y presunción espiritual".[13] Estos hombres que hacían esta práctica del ayuno, estaban ocultado la verdad bíblica detrás de una máscara de espiritualidad. En el trasfondo de la Sagradas Escrituras notamos que: "Las 'obras de Justicia' como el ayuno carecen de valor si no se les lleva a cabo por los motivos adecuados".[14] Y es el mismo caso con la práctica de la unción; no se debe ungir a cualquier persona o cosa para la ministración o el uso del Reino de Jesucristo; es decir que el que es ungido debe ser llamado por Dios a Su ministerio y el que ayuna lo debe hacer con el objetivo dentro del marco bíblico.

El doctor Lucas hace mención de la unción cuando a un hombre que iba de Jerusalén a Jericó lo asaltaron y golpearon en el camino. Un buen hombre se conmovió y lo curó; es decir, ungió, sus heridas con aceite y vino. "El aceite de oliva disminuía el dolor, y el vino desinfectaba las heridas".[15] En este caso, la unción fue con el fin de sanar las heridas del infortunado samaritano. "Jesús narra la historia del samaritano – no necesariamente para presentar una Doctrina

---

[13] William Barclay. *Comentario al Nuevo Testamento. Volumen 1: MATEO I.* (Terrassa (Barcelona), España. Editorial CLIE. 1997), 269.
[14] Michael J. Wilkins. *Comentario Bíblico con aplicación. MATEO. Del texto bíblico a una aplicación contemporánea.* (Nashville, Tennessee. Editorial Vida. 2016), 281
[15] *Aceite y vino.* Nota de pie de página en la Biblia de Estudio Esquematizada. (Brasil. Sociedad Bíblica Unida. 2010), 1520.

Bíblica, sino – para mostrar que el propósito no es un tema sujeto a discusión o a definición, sino que es alguien a quien encontramos y que necesita ayuda, sin importar su raza, cultura o su religión".[16]

No podemos negar que esta práctica eclesial se ha tomado y creído como una doctrina bíblica, aunque la verdad de detrás de la máscara de la espiritualidad se queda oculta por las pasiones y en algunos casos por las ambiciones egoístas de ciertos predicadores y líderes cristianos evangélicos. Por ejemplo: En las décadas de los años 1980 y 1990 y todavía en los primeros cinco años de este tercer milenio surgió una serie de unciones que eso sí, como dijo Nicolás Barroso: ¡Son aberraciones! En un video que circuló en las redes sociales se podían ver por lo menos veintisiete "aberraciones" de ungimientos.

Algunos de esos ungimientos espirituales o mejor dicho aberraciones usando el nombre del Espíritu Santo, fueron y algunos todavía lo son: La unción del chicle para sanar. La unción de la patada, en donde el predicador patea en la frente del que supuestamente está listo para ser ungido. La unción de la manguera en donde el ministro moja a los que están siendo ungidos. La unción de la cachetada en donde el ministro cachetea al que recibe la unción. La unción de la espada para profetizar bendición. La unción del dinero, llamándolo a las carteras. La unción de los billetes que hablan. La unción por medio de los pies, en donde el que unge conecta sus pies con el que va a ser ungido. La unción del zapato en donde el predicador se quita el zapato y lo pone encima del que

---

[16] *El buen samaritano.* Nota de pie de página en la Biblia de Estudio Esquematizada. (Brasil. Sociedad Bíblica Unida. 2010), 1519.

está tirado en el piso mientras está hablando en lenguas. La unción de la cartera, para que no le falten billetes. La unción de la silla. La unción de comer yerba. La unción de la Leche y la miel. La unción de: "Dinero ven a mí". La unción de caer postrado ante el "dios" dinero. La unción de: "Coronado como Rey". La unción del chaquetazo, popularizada por Benny Hinn. La unción del zoológico en donde los ungidos gatean y hacen ruidos de animales. La unción del desnudo, en donde los cultos se celebran sin ropa. La unción de la escoba, como si fueran brujos. La unción de la sal, que también es una práctica de brujería. La unción del lavado del vino. La unción del chachachá. La unción de la zumba. La unción de la salsa. La unción de Superman. La unción de Batman. La unción de lucha libre.[17] Y, otras más como el tomar el agua santa con la que se bañó el pastor dentro de un baúl de plástico de color azul.[18]

Fuera y dentro de la iglesia también encontramos a los que: "Conocen el futuro (como el brujo de Brasil), pero no nos advirtieron del peligro de la pandemia…. Otros tienen el Don de Sanidad (como Benny Hinn, Cash Luna, Cesar Castellanos y otros) pero no se les ve en los hospitales".[19]

---

[17] Video en las redes sociales. *Apostasía en la Iglesia Cristiana.* (La Habra, California. Internet. Consultado el 1 de agosto del 2020), ¿? https://www.bing.com/videos/search?q=Video%3a+Apostasia+en+la+Iglesia+Cristiana&docid=608006793094170549&mid=378C462DB4 3B5DB3B8C0378C462DB43B5DB3B8C0&view=detail&FORM=VIRE

[18] Video en YouTube. *Pastor hizo que sus seguidores se tomaran el agua donde se bañó.* (La Habra, California. Internet. Consultado el 1 de agosto del 2020), ¿? https://www.bing.com/videos/search?q= Video%3a+Tomando+agua+despues+del+ba%c3%b1o+del+pastor&&v

[19] The Chapanis. *Rescatando la Pureza del Evangelio.* (La Habra, California. Internet. Comentario con fotografías publicado el 21 de julio a las 15:57 del 2019. Consultado el 12 de agosto del 2020), ¿? https://www.facebook.com/ rescatandolapurezadelevangelio/photos/a.2

¿Dónde están los del Pensamiento Positivo? ¿Dónde están los brujos y los santeros con sus limpias milagrosas en esta pandemia? ¿Por qué los que leen las cartas no anticiparon que las iglesias estarían cerradas y que habría miles de muertos? Lo que sí han hecho es filtrar sus prácticas en la Iglesia Cristiana Evangélica; Es allí, bajo la cortina de la supuesta espiritualidad y de la supuesta santidad divina que las prácticas de brujería y santería se pueden ver en los cultos evangélicos.

El antiguo comentario de la Biblia dice: "No todo el que me dice: "Señor, Señor", entrará en el reino de los cielos, sino solo el que hace la voluntad de mi Padre que está en el cielo. Muchos me dirán en aquel día: "Señor, Señor, ¿no profetizamos en tu nombre, y en tu nombre expulsamos demonios e hicimos muchos milagros?" Entonces les diré claramente: "Jamás los conocí. ¡Aléjense de mí, hacedores de maldad!"[20] Luego el Nuevo Testamento sigue diciendo:

"El Espíritu dice claramente que, en los últimos tiempos, algunos abandonarán la fe para seguir a inspiraciones engañosas y doctrinas diabólicas. Tales enseñanzas provienen de embusteros hipócritas, que tienen la conciencia encallecida. Prohíben el matrimonio y no permiten comer ciertos alimentos que Dios ha creado para que los creyentes, conocedores de la verdad, los coman con acción de gracias. Todo lo que Dios ha creado es bueno, y nada es despreciable si se recibe con acción de gracias, porque la palabra de Dios y la oración lo santifican".[21]

---

[20] Mateo 7:21-23, (NVI).
[21] I Timoteo 4:1-5, (NVI).

Desde el primer siglo de la era cristiana estas declaraciones bíblicas, al correr de la historia, se han notado en la Iglesia Cristiana en general y también en la Evangélica. Sin embargo, a finales del siglo pasado y en los veinte años que llevamos de este siglo XXI, estas herejías, todas estas aberraciones que escuchamos; que vemos y que un gran número de personas con la credencial de cristianos, están practicando, son más comunes en estos últimos años: Son engaños y mentiras de todas clases cubiertas con un manto de espiritualidad. Iglesia de Jesucristo, es urgente descubrir: La Verdad Detrás de la Máscara de la falsa Espiritualidad.

En resumen, en el Nuevo Testamento y en la Iglesia Cristiana Evangélica: "Los creyentes ven a Jesús como el Ungido de Dios, el Salvador (Hech. 10:38). En este uso se emplea el mismo simbolismo del AT: La presencia y el poder de Dios reside en el ungido. De la misma manera, Dios unge al creyente (2 Cor. 1:21; I Jn. 2:27) para la tarea del ministerio".[22] Podemos, entonces, decir que la práctica de la unción con aceite está dentro de la Doctrina Cristiana Evangélica que algunas iglesias la practican, aunque no es una práctica como doctrina de todas las iglesias cristianas.

4.- *La mujer como pastora.*

Aunque esta idea no se ha tomado como parte de la Doctrina Bíblica Evangélica como lo dice Nicolás Barroso, sí es una práctica ministerial difundida desde finales del siglo pasado. Desde el punto de vista de la Biblia, la idea de una mujer como pastora es una confusión con lo que es un diacono.

---

[22] Diccionario Bíblico Ilustrado Holman. *Ungir.* (Nashville, Tennessee. B&H Publishing Group. 2008), 1606.

En cuanto a autoridad eclesiástica, los diáconos eran la autoridad en la iglesia de los primeros dos siglos de la Era Cristiana. Ahora bien, desde el punto de vista del relato bíblico, encontramos diaconizas en la iglesia. Por ejemplo, encontramos a la hermana, Febe. (Ro. 16:1), también está Priscila. Los diáconos eran autoridad eclesiástica, no eran evangelistas ni misioneros, ni pastores en el sentido que hoy tenemos del líder principal de la iglesia, pero sí eran una autoridad en la iglesia. Notemos lo que dice Filipense 1:1-2: "Pablo y Timoteo, siervos de Cristo Jesús, a todos los santos en Cristo Jesús que están en Filipos, junto con los obispos y diáconos: Que Dios nuestro Padre y el Señor Jesucristo les concedan gracia y paz". Ellos, los diáconos junto con los obispos eran personas de autoridad. De acuerdo a Hechos 14:23: "Durante el periodo comprendido entre los años 44-50 d.C., en su segundo viaje misionero, Pablo instituyó ancianos en todas las iglesias…., (y de acuerdo a Hechos 20:17-38), en el año 57 0 58 d. C., Pablo, en su tercer viaje misionero llega a Mileto en las costas del Asia Menor, y envía a llamar a los obispos…., o ancianos…de la región de Éfeso, para decirles adiós con un conmovedor discurso".[23]

La idea paulina de nombrar ancianos y obispos en las iglesias fue seguir el orden eclesiástico que Jesús marcó. El Señor llamó a Doce para que estuvieran con él y dentro de este grupo a algunos les dio autoridad para decir y hacer el ministerio. Judas, por ejemplo, era el tesorero del grupo; Se nota que Jesús permitió que Pedro tuviese un poco más de autoridad que los otros y, al final de sus días terrenales,

---

[23] Guillermo Hendriksen. *Filipenses. Comentario del Nuevo Testamento*. Td. El Estandarte de la Verdad. (Grand Rapids, Michigan. EE.UU. Subcomisión Literatura Cristiana de la Iglesia Cristiana Reformada. Distribuido por T.E.L.L. 1981), 60.

mujer se salvará siendo madre y permaneciendo con sensatez en la fe, el amor y la santidad".[28]

Ciertamente es un pasaje bíblico controversial. Si regresamos un poco en la lectura del texto de I Timoteo 2 y, comenzamos a leer desde el versículo 9 de este capítulo, notamos que: "En esta sección, las palabras de Pablo, especialmente lo que dice acerca de las mujeres en los versículos 11-12, no son del todo claras. Todo indica que el apóstol estaba reaccionando contra la enseñanza de ciertas personas que prohibían el matrimonio (4:3) y permitían que las mujeres tuvieran autoridad sobre los hombres dentro de la iglesia, a los cuales Pablo no aceptaba (I Co. 14:34). Algunos se preguntan si esas palabras de Pablo son válidas para todas las mujeres cristianas de todos los lugares y en todas las épocas, o fueron validas solo para las mujeres de Éfeso (1:3) en aquel tiempo".[29]

Siguiendo las declaraciones bíblicas, notamos que la lectura de este texto bíblico con una hermenéutica sana, no dice que las mujeres no pueden ser pastoras ni que no existan mujeres con autoridad en la Iglesia Cristiana Evangélica. El apóstol Pablo, en la controversial igualdad social, Redentora en Cristo Jesús y ministerial, dijo: "Todos ustedes son hijos de Dios mediante la fe en Cristo Jesús, porque todos los que han sido bautizados en Cristo se han revestido de Cristo. Ya no hay judío ni griego, esclavo ni libre, hombre ni mujer, sino que todos ustedes son uno solo en Cristo Jesús. Y, si ustedes pertenecen a Cristo, son la descendencia de Abraham

---

y herederos según la promesa".[30] El doctor Lucas en Hechos 18:26, habla de Priscila, que con su marido Aquila, eran los maestros muy apreciados en la Iglesia Primitiva; Ya hice referencia a Evodia y a Síntique como diaconisas que trabajaban en el ministerio del Evangelio de Jesucristo (Fil. 4:2s); De acuerdo a Hechos 21:9, el evangelista Felipe tenía cuatro hijas que eran profetizas; Pablo considero a Lidia y a Eunice como mujeres de alto honor (2 Tim. 1:5); El mismo apóstol Pablo ordenó que las mujeres ancianas fueran las maestras de las mujeres más jóvenes (Tito 2:3); en Romanos 16, Pablo, hace mención de muchos nombres de mujeres que las pone en el mismo cuadro de honor de los servidores en la Iglesia Cristiana Primitiva.

Así que, este pasaje de I Timoteo 2:11-15, NO se puede usar como base doctrinal o para hacer una Doctrina Cristiana Evangélica que prohíba la autoridad de las mujeres en la iglesia. Es decir que: "No debemos de leer este pasaje como una barrera para el trabajo de las mujeres en la iglesia, sino a la luz de su trasfondo judío y griego... debemos de buscar el punto de vista permanente de Pablo en este pasaje en que nos dice que las diferencias se han borrado, y que hombres y mujeres, esclavos y libres, judíos y gentiles, son todos igualmente elegibles en el servicio de Cristo".[31]

---

[30] Gálatas 3:28, (NVI).
[31] William Barclay. *Comentario al Nuevo Testamento. Volumen 12. 1ra y 2da Timoteo, Tito y Filemón.* Td. Alberto Araujo. (Terrassa (Barcelona), España. Editorial CLIE. 1998), 91.

5.- *La Iglesia Cristiana Evangélica no es una iglesia apostata.*

La Iglesia de Jesucristo es "la casa de Dios, que es la iglesia del Dios viviente, columna y baluarte de la verdad".[32] La iglesia que el Señor Jesús compró con su sangre, es Su iglesia; Es la familia de Dios. Es un Organismo que tiene fuerza y poder aun para derrotar y desechar argumentos y blasfemias como el decir que la Iglesia Cristiana Evangélica es apostata. Son los apostatas los que no quieren someterse y pertenecer bajo el Señorío de Cristo Jesús y, por eso se unen a otra familia; la que no es de Dios.

6.- *"Declarar y Decretar"*, error evangélico.

No es lo mismo *decretar* y *declarar*, *decretar* es un error sí, ¡sí lo es! pero *declarar* no lo es, porque *declarar* es un anuncio público. Uno de los salmistas bíblicos declara o anuncia como testimonio lo que Dios hizo en su vida; declara con acción de gracias por haber sido librado de la muerte, con estas palabras: "Amo a Jehová, pues ha oído Mi voz y mis súplicas; Porque ha inclinado a mí su oído; Por tanto, le invocaré en todos mis días… Pues tú has librado mi alma de la muerte, Mis ojos de lágrimas, Y mis pies de resbalar. Andaré delante de Jehová En la tierra de los vivientes. Creí; por tanto hablé, Estando afligido en gran manera".[33]

Notemos que el salmista dice: "Creí por tanto hablé, estando afligido en gran manera". ¡Esto es *declarar*! *Declarar* es confesar lo que Dios es y lo que se siente como ser humano. Ahora bien, ¿es esto un poder mágico? ¡No! El apóstol Pablo en Romanos 10: 18-10, dice: "Mas ¿qué dice? Cerca de ti está

---

[32] I Timoteo 3:15, (RV, 1960).
[33] Salmo 116:1, 2,8-10, (RV, 1960).

la palabra, en tu boca y en tu corazón. Esta es la palabra de fe que predicamos: que si confesares con tu boca que Jesús es el Señor, y creyeres en tu corazón que Dios le levantó de los muertos, serás salvo. Porque con el corazón se cree para justicia, pero con la boca se confiesa para salvación".[34] *Declarar* con tu boca que Jesús es el Señor, ¡cuidado!, no es una fórmula mágica, aunque existan ministros que están diciendo como tal, pero aunque lo digan, ¡no es una fórmula mágica! La fe sí se confiesa; y debe de confesarse: Es decir, la fe en Dios sí se debe *declarar*. El apóstol Pablo lo hizo. Notemos una de sus declaraciones de fe:

"Pero esta riqueza la tenemos en nuestro cuerpo, que es como una olla de barro, para mostrar que ese poder tan grande viene de Dios y no de nosotros. Así, aunque llenos de problemas, no estamos sin salida; tenemos preocupaciones, pero no nos desesperamos. Nos persiguen, pero no estamos abandonados; nos derriban, pero no nos destruyen. Dondequiera que vamos, llevamos siempre en nuestro cuerpo la muerte de Jesús, para que también su vida se muestre en nosotros. Pues nosotros, mientras vivimos, nos vemos expuestos a la muerte por causa de Jesús, para que también su vida se muestre en nuestro cuerpo mortal. De ese modo, la muerte actúa en nosotros, y en ustedes actúa la vida. La Escritura dice: 'Tuve fe, y por eso hablé'."[35]

¡Esto es lo que hay que *declarar*! "De igual manera, nosotros, con esa misma actitud de fe, creemos y también hablamos" – declara el apóstol Pablo (2 Cor. 4:7ss,), ¡Esta es

[34] Romanos 10:8-10, (RV, 1960).
[35] 2 Corintios 4:7-13, (DHH).

una declaración de fe! Con la profecía de Joel, "Dios promete regresar a su pueblo de los lugares distantes adonde fueron llevados, y anuncia que hará con las naciones lo mismo que ellas hicieron con su pueblo y les anima a la victoria, diciéndoles: "Forjad espadas de vuestras rejas de arado y lanzas de vuestras podaderas; diga el débil: Fuerte soy".[36] *"Diga el débil: Fuerte soy"*. ¡Esta es una *declaración* de fe!

Por consiguiente, el *"decretar"* si es una aberración cristiana que un gran número de cristianos la usan sin el sentido bíblico; es decir, esto es un abuso de algunos. En cambio el *"declarar"*, en especial, la fe en Dios, esto sí es bíblico, aunque, tampoco es una Doctrina de la Iglesia Cristiana Evangélica, sino una práctica cultica de algunos cristianos.

7.- *Atar al hombre fuerte.*

Barroso usa Lucas 11:21-22 para apoyar su idea de que la Iglesia Cristiana Evangélica está equivocada. El contexto de esta expresión es una acusación que le hacen los fariseos a Jesús, "al afirmar que Jesús expulsa a los demonios por el poder de Beelzebú[37](v.24)".[38] Mientras Jesús estaba ministrando a la gente, le trajeron a "un endemoniado, ciego y mudo, y lo sanó, de tal manera que el ciego y mudo veía y hablaba".[39] Todos

---

[36] Joel 3:10, (La Biblia de las Américas).

[37] *Beelzebú*. Nombre neotestamentario para Satanás que se escribe de manera diferente en los manuscritos griegos. El término se basa en el Baal-zebud hebreo, "Señor de las moscas". (Calcada, S. Leticia (Edición General). Diccionario Bíblico Ilustrado Holman. (Nashville, Tennessee. – Impreso en China -. B and H Publishing Group. 2008), 214.

[38] Comentario en la *Biblia de Estudio Esquemática*. (Brasil. Sociedades Bíblicas Unidas. 2010), 1404.

[39] Mateo 12: 22, (RV).

se admiraron pero los fariseos lanzaron la terrible acusación de que hacia esos exorcismos por el poder del príncipe de los demonios. Es así que "los fariseos ven el exorcismo como combustible añadido a sus acusaciones contra Jesús – y esta ceguera espiritual – hace que – los fariseos- lo condenen por estar confabulado con Satanás (12:24)".[40] Este enfrentamiento con los fariseos sobre la fuente del poder milagroso de Jesús es el contexto de la expresión: "*Si primero no le ata*" (12:29) o, como la han usado algunos de los cristianos contemporáneos: "*Atar al hombre fuerte*".

Así, en un contexto sano: "Al expulsar demonios, Jesús invade el reino de Satanás (I Jn. 3:8) y se lleva lo que le pertenece, es decir, a las personas dominadas por los demonios".[41] Entonces, pues, el hombre fuerte no es un cristiano sino Satanás. Esta es la respuesta a esta expresión que encontramos en Mat 12:27-29. Y, sin embargo, La verdad de detrás de la máscara de la espiritualidad sigue allí, escondida en una hermenéutica torcida pero bañada con una espiritualidad llena de orgullo académico y teológico. Desafortunadamente esta es la situación en la que la iglesia está navegando; un mar supuestamente espiritual pero con un conocimiento bíblico torcido. El falso espiritualismo es un peligro para la iglesia de hoy.

[40] Michael J. Wilkins. *Comentarios Bíblicos con Aplicación: MATEO. Del texto bíblico a una aplicación contemporánea.* (Nashville, Tennessee. Editorial Vida. 2016), 447.
[41] Nota en la *Biblia de Estudio Esquematizada.* (Brasil. Sociedades Bíblicas Unidas. 2010), 1404.

8.- *Cubrir con la sangre las cosas.*

Cristo no murió en la cruz para que tú cubras tu coche con la sangre de Cristo. Esto no es una Doctrina Bíblica. ¡No es una Doctrina de la Iglesia Cristiana Evangélica! Aunque si queremos un texto bíblico para apoyar lo que supuestamente Barroso llama Doctrina de la Iglesia Cristiana Evangélica, podemos usar Éxodo 12:7, 22-23. En esos textos notamos que las casas eran protegidas, todas las casas no solo del primogénito, sino que era toda la casa cubierta. La sangre del cordero cubrió la casa, esta es una verdad histórica y bíblica pero, no es una Doctrina de la Iglesia Cristiana Evangélica. No existe en los Manuales o Confesiones de las doctrinas de la Iglesia Cristiana Evangélica. Es decir que, lo que Nicolás Barroso dice es mentira y hasta cierto punto una calumnia hacia los cristianos evangélicos. Como dijo el pastor Eduardo Gutiérrez, "Cualquiera se puede equivocar pero eso no significa que ataque a la Iglesia Evangélica como lo está haciendo esta persona; recuerda, la iglesia es un cuerpo.[42]

Hay eventos, tradiciones y cosas que desaparecen, como fue el Hotel Regis en la ciudad de México el día jueves del 19 de septiembre en el terremoto del año 1985. "Las consecuencias directas e indirectas del terremoto fueron de diversa índole, y abarcaron un sinnúmero de aspectos tanto de la Ciudad de México como del propio país: el alto número de víctimas y de heridos; la remoción de escombros y los esfuerzos de toda índole por lograr lo que en ese entonces

---

[42] Eduardo Gutiérrez. *Por qué no soy evangélico.* (La Habra, California. Internet. Video en YouTube. Publicado en julio del 2020. Consultado el 29 de julio el 2020), ¿? https://video.search.yahoo.com/yhs/search?fr=yhs-pty-pty_maps&hsimp=yhs-pty_maps&hspart=pty&p=Video

se denominó 'vuelta a la normalidad'.[43] El terremoto logró o provocó algunos cambió; zonas urbanas se mejoraron, se hicieron nuevos centros o espacios públicos como un parque en donde antes se levantaba el Hotel Regis, el cual fue literalmente tragado por la tierra.

Otro ejemplo son las Torres Gemelas en los Estados Unidos que fueron destruidas por completo y ahora solo nos queda el recuerdo, los videos y las fotografías. La Enciclopedia Libre dice que:

> "Los atentados del 11 de septiembre de 2001, también llamados '9/11' '11/9' '11S' y '11-S', fueron una serie de cuatro atentados terroristas suicidas cometidos la mañana del martes 11 de septiembre de 2001 en los Estados Unidos por la red yihadista Al Qaeda que, mediante el secuestro de aviones comerciales para ser impactados contra diversos objetivos, causaron la muerte de 2996 personas, incluidos los diecinueve terroristas, la desaparición de veinticuatro víctimas, y más de seis mil heridos. A su vez, se registró la destrucción de todo el complejo de edificios del World Trade Center, más notablemente las Torres Gemelas de Nueva York".[44]

Como esos eventos existen muchos más en la historia de la humanidad, como lo fue también con la torre de Babel.[45]

---

[43] Wikipedia, la Enciclopedia Libre. *Terremoto de México de 1985*. (La Habra, California. Internet, Consultado el 3 de agosto del 2020), ¿? https://es.wikipedia.org/wiki/Terremoto_de_M%C3%A9xico_de_1985

[44] Wikipedia, La Enciclopedia Libre. *Atentados del 11 de septiembre de 2001*. (La Habra, California. Internet. Consultado el 3 de agosto del 2020), ¿? https://es.wikipedia.org/wiki/Atentados_del_11_de_septiembre_de_2001

[45] Génesis 11:1-9.

Estos dos ejemplos que hemos leído, son una prueba de que existen cosas y eventos que desaparecen. Esto es lo que esperamos ver, con este libro, que los amantes de lo ajeno, los amantes del libertinaje espiritual, que los chantajistas emocionales y los practicantes endemoniados que tenemos en nuestro días con el disfraz de *Cristiano Evangélico*, desaparezcan; que sean tragados por la tierra como lo fue la familia de Coré en el Antiguo Testamento[46] y el Hotel Regis en la ciudad de México o, que sean destruidos como lo fueron las Torres Gemelas en Nueva York. El ideal es que en lugar de todos estos predicadores supuestamente espirituales, existan espacio de bienestar familiar; que exista una luz como la luz que está en lugar de las Torres Gemelas, que alumbre la mente y cambie el corazón de las personas: Es decir que, que exista una *Nueva Normalidad dentro* del verdadero significado del Cristianismo Evangélico; que la espiritualidad que se está predicando sea sepultada, sea destruida y el Espíritu Santo sea lo que debe de ser: El guía espiritual para que Jesucristo sea adorado tal y como se lo merece.

Todo lo anterior es aberrante; es molesto; es un uso incorrecto y atrevido de las doctrinas bíblicas. Son las cosas y prácticas que vemos en la Iglesia de Jesucristo. Sin embargo, me pregunto: ¿Qué de aquellas cosas y prácticas que vemos como verdades espirituales; que las vemos como si fueran la verdad bíblica? ¿Qué de aquellos cristianos que hasta lloran de rodillas ante el altar pero que en su corazón maquinan maldad? ¿Qué de aquellos cristianos que adulan al líder de la congregación pero buscan la primera oportunidad para derribarlo? ¿Qué de aquellos cristianos que cantan las hermosas alabanzas a Jesucristo pero odian a los hermanos?

---

46 Números 16:1-35.

¿Qué de aquellos cristianos que se jactan de ser buenos donadores de dinero a la iglesia pero a su líder no le dan ni para pagar la gasolina que usa para llegar a alimentarlos con la Palabra de Dios? ¿Qué de los llamados espirituales que descaradamente le roban su ayuda económica al pastor? ¿Qué de aquellos cristianos que se sienten con mayor sabiduría y poder espiritual para decirle al pastor lo que debe de enseñar o predicar?

De esto se trata este libro. No se trata de los bailarines, de los ungidos, de los amantes del dinero, de los que se sienten con la autoridad divina para derribar a otros con el golpe de pie, de la mano o de la ropa como la chaqueta o el saco. Este libro trata de descubrir: La Verdad Detrás de la Máscara de la falsa Espiritualidad en la Iglesia Cristiana Evangélica.

Eleazar Barajas
La Habra, California.

Capítulo Uno

¿QUÉ QUIERES QUE YO HAGA?

"Saulo estaba furioso y amenazaba con matar a todos los seguidores del Señor Jesús. Por eso fue a pedirle al jefe de los sacerdotes unas cartas con un permiso especial. Quería ir a la ciudad de Damasco y sacar de las sinagogas a todos los que siguieran las enseñanzas de Jesús, para llevarlos presos a la cárcel de Jerusalén.

Ya estaba Saulo por llegar a Damasco cuando, de pronto, desde el cielo lo rodeó un gran resplandor, como de un rayo. 4 Saulo cayó al suelo, y una voz le dijo: — ¡Saulo, Saulo! ¿Por qué me persigues? — ¿Quién eres, Señor? —preguntó Saulo. —Yo soy Jesús —respondió la voz—. Es a mí a quien estás persiguiendo. Pero levántate y entra en la ciudad, que allí sabrás lo que tienes que hacer".

Hechos 9:1-6, (TLA).

La Versión Reina Valera, traduce el versículo seis de esta manera: "El, temblando y temeroso, dijo: **Señor, ¿qué quieres que yo haga?** Y el Señor le dijo: Levántate y entra en la ciudad, y se te dirá lo que debes hacer".[47] Es una pregunta muy interesante que, tristemente, las versiones *Nueva Versión Internacional* y *Traducción del Lenguaje Actual*, la omiten. Sin embargo, la Historia Eclesiástica y la judía nos

---

[47] Hechos 9:6, (RV, 1960). Las itálicas y bold son mías.

1

permiten saber que: "Saulo era un erudito cumplido, rabí, educado en la Biblia judaica y en sus tradiciones, miembro del Sanedrín. Fariseo radical, ardiendo en celos, y agresivo en su religión, patriota intenso, de cómo treinta y seis años de edad, probablemente viudo, alborotador e irritado a causa del progreso de la nueva religión de Jesús".[48]

El celo religioso que saturaba la mente y el corazón de Saulo de Tarso lo convirtió en un peligroso perseguidor de los primeros cristianos de la Era Cristiana. Con ese afán religioso "recibe permiso para arrestar a cristianos de origen judío que vivían en la ciudad de Damasco, a fin de que fueran juzgados por el Concilio de Jerusalén".[49]

Tomemos un espacio para aclarar que existe una diferencia entre el Concilio de Jerusalén judío y el Concilio de Jerusalén Judeocristiano. El Primero es el Gobierno Político/Religioso de la nación judía en tiempos de Cristo y de Pablo. Este tipo de gobierno era llamado el Sanedrín. Este era el:

"Concilio judío supremo del siglo I. Contaba con 71 miembros y era precedido por el sumo sacerdote. Entre sus miembros incluía los dos partidos más importantes. Dado que el sumo sacerdote lo precedía, el partido sacerdotal saduceo parece haber sobresalido, pero entre sus miembros había algunos fariseos destacados (Hechos 5:34; 23:1-9).
La palabra 'Sanedrín' generalmente se traduce como 'concilio'. Dada la supremacía de los jefes

---

[48] B. H. Carroll. *Comentario Bíblico: Los Hechos. Número 7.* Td. Sara A. Hale. (Terrassa (Barcelona), España. Editorial CLIE. 1986), 228.
[49] Comentario en la *Biblia de Estudio Esquemática.* (Brasil. Sociedades Bíblicas Unidas. 2010), 1626.

sacerdotales en el Sanedrín, ocasionalmente la frase 'Principales sacerdotes' parece referirse a la acción del Sanedrín, si bien el nombre no se utiliza.

Según la tradición judía, el Sanedrín comenzó con los 70 ancianos que designó Moisés en Núm. 11:16 y que Esdras reorganizó después del exilio".[50]

Otra versión histórica dice que lo más probable es que el Sanedrín se originó durante el Periodo Intertestamentario; es decir, durante los cuatrocientos años de silencio de revelación divina entre Malaquías y Mateo.[51] Es probable que se originó entre la Familia Macabea. Durante el tiempo de Jesucristo y el apóstol Pablo, el Sanedrín estuvo muy activo en contra de las enseñanzas de Jesús de Nazaret y luego contra los primeros cristianos.

El otro Concilio de Jerusalén, aunque también compuesto por judíos que habían creído en el mensaje de Jesucristo, fue originado y compuesto por los apóstoles, en especial Pedro, Juan y Santiago de los que hace referencia la Biblia. Este tipo de Gobierno Eclesiástico Primitivo, conocido como el:

"Concilio de Jerusalén (o Conferencia Apostólica) es un nombre aplicado por los historiadores y teólogos a un concilio cristiano de la era apostólica, que se celebró en Jerusalén y es fechado alrededor del año 50 d. C. Es único entre los antiguos

---

[50] Calcada, S. Leticia (Edición General). *Diccionario Bíblico Ilustrado Holman.* (Nashville, Tennessee. – Impreso en China -. B and H Publishing Group. 2008), 1444.

[51] Calcada, S. Leticia (Edición General). *Diccionario Bíblico Ilustrado Holman.* (Nashville, Tennessee. – Impreso en China -. B and H Publishing Group. 2008), 1444.

consejos pre-ecuménicos, por lo cual es considerado por los católicos y ortodoxos como un prototipo y precursor de los Concilios Ecuménicos posteriores y una parte clave de la ética cristiana.

El Concilio decidió que los gentiles convertidos al cristianismo no estaban obligados a mantener la mayor parte de la Ley de Moisés, incluyendo las normas relativas a la circuncisión de los varones. El Concilio hizo, sin embargo, conservar las prohibiciones de comer sangre, la carne que contiene la sangre, la carne de los animales muertos no adecuadamente, y sobre la fornicación y la idolatría, lo que a veces es referido como el Decreto Apostólico o Cuadrilateral de Jerusalén".[52]

Pues bien, Saulo de Tarso pertenecía al Concilio Judío (El Sanedrín) que eran los gobernantes de la nación judía. Por ser la máxima autoridad, y, Saulo, un gran influyente en dicho Concilio, pues era Doctor intachable de acuerdo a la ley de Moisés.[53] Con esa autoridad, Saulo de Tarso tenía en Su poder la autoridad del Sanedrín por medio de cartas firmadas, o selladas como era la costumbre de ese tiempo, por el sumo sacerdote, para arrestar y aun matar a los cristianos judíos. Con eso en mente y corazón, se había encaminado hacia la ciudad de Damasco en donde había judíos que se habían convertido al cristianismo. Fue en ese camino que se le apareció el personaje que Saulo odiaba; Jesucristo Resucitado y Glorificado.

---

[52] Wikipedia, la enciclopedia libre. *El Concilio de Jerusalén.* (La Habra, California. Internet. Consultado el 28 de Septiembre del 2020), ¿? https://es.wikipedia.org/wiki/Concilio_de_Jerusal%C3%A9n

[53] Filipenses 3:4-7.

La historia bíblica dice que cuando Jesús el Resucitado y Glorificado se le apareció a Saulo de Tarso, existió un corto dialogo en el que Saulo preguntó: ¿Qué quieres que yo haga? Aunque en su confusión y con un deseo de saber quién era el Resucitado y qué esperaba de él, Saulo preguntó: ¿Qué quieres que yo haga? ¡Muy buena pregunta!: "Pero no estaba preparado para la respuesta a su pregunta: el que le hablaba era Jesús, una vez crucificado, pero ahora Señor celestial – aquel al que el celosamente perseguía en la persona de sus seguidores".[54] La respuesta del Resucitado fue: "Yo soy Jesús, a quien tú persigues; dura cosa te es dar coces contra el agujón".[55] Saulo estaba persiguiendo a los judíos cristianos pero, El Resucitado le aclaró que era a Él a quien estaba persiguiendo.

Si aquellos cristianos evangélicos que tienen un celo equivocado, aunque lo consideren correcto en sus mentes y corazones, se detuvieran un poco para pensar que, cuando hablan mal de un hijo de Dios o lo maltratan psicológicamente como algunos lo hacen, diciéndoles que son pecadores; que son hipócritas o que no tienen perdón de Dios, si se dieran cuenta que lo que están haciendo es a Jesucristo en la vida de los creyentes, creo que su conducta cristiana evangélica cambiaria.

Pero aún más, si esos líderes con la máscara de la falsa espiritualidad se dieran cuenta que lo que le hacen y dicen del pastor o el líder de la congregación; es decir, el que ha sido llamado y ungido por Dios para el ministerio del Reino de Jesucristo, si se dieran cuenta que lo hacen y le dicen al

---

[54] F. F. Bruce. *El Libro de los Hechos*. (Viladecavalls (Barcelona), España. Editorial CLIE. 2016), 186.
[55] Hechos 9:5, (RV, 1960).

mismo Señor Jesús que vive en el que ha puesto como Su ungido en la iglesia local, ¡El cristianismo contemporáneo sería lo que Jesús dijo: "La sal y la luz del mundo".[56] Si este selecto grupo de cristianos evangélicos le hicieran al Señor Jesucristo la misma pregunta que le hizo Saulo de Tarso, creo que también ellos no estarían preparados para la respuesta, pues están escondiendo la verdad detrás de la máscara de la falsa espiritualidad.

Los que están escondiendo la verdad detrás de una máscara de espiritualidad son cristianos sin un grato sabor espiritual; algunos de ellos son personas con un disfraz de cristianos que están opacando la luz del Evangelio de Jesucristo. En algunas Iglesias Cristianas Evangélicas Contemporáneas la administración de la congregación y de los principios bíblicos y teológicos se desarrollan como si Jesucristo no existiese; se hacen como que el Señor de la Iglesia no tiene o tubiera ninguna o poca autoridad; se administra con una idea contemporánea egoísta, hipócrita, mentirosa, ladrona y con un falso orgullo espiritual. Esto sucede en algunas iglesias, no en todas. Gracias a Dios que existen iglesias en donde el liderazgo Cristiano es guiado por el poder y la sabiduría del Espíritu Santo: Es decir, Dios siempre ha tenido Su remanente.

Al parecer, Saulo de Tarso, quien había sido testigo de la crucifixión o que por lo menos tenía noticias de los eventos del Calvario, actuaba como si Jesús no hubiese resucitado. ¡El Señor Jesús estaba vivo! "Tan cierto como que Jesús el Crucificado se había aparecido 'vivo tras su pasión' a Pedro, Santiago, y a otros en la primera mañana de la

---

[56] Mateo 5:13-16.

Pascua Cristiana y en los días que siguieron, así también ahora, 'como a uno nacido fuera de tiempo,' se apareció a Saulo (I Cor.15:5-8)".[57] Se le apareció para sacarlo de su error eclesiástico y teológico. En aquel camino a Damasco, Saulo quedó ciego a causa de la presencia luminosa de Jesús el Resucitado. Esa presencia no solo causó la ceguera física sino que también causó una revolución en todas las áreas del hombre fariseo llamado Saulo de Tarso.[58] Allí comenzó una transformación de su mente y en sí, de toda su personalidad. Es la trasformación que él invita a los hermanos cristianos a tener como experiencia en sus vidas; les invita a un cambio de vida por medio de la "Renovación del entendimiento con el fin de saber a ciencia cierta cuál es la buena voluntad de Dios, agradable y perfecta".[59]

La verdad detrás de la máscara de la falsa espiritualidad es que, existe una presencia transformadora llamada Jesucristo. Nadie más puede transformar al ser humano como lo hace Jesucristo y nadie más puede provocar una santa moralidad en los humanos como lo hace el Espíritu Santo. Es una transformación y santificación admirable como le sucedió a Saulo de Tarso. Es una presencia transformadora y santificadora que, ayudaría a que algunos líderes de la Iglesia Cristiana Evangélica dejaran de ocultar la verdad detrás de una máscara de falsa espiritualidad, si se lo permiten. Algunos líderes de la Iglesia Cristiana Evangélica Contemporánea – y también de otras religiones - tienen una máscara de una espiritualidad cristiana pero detrás de ella, siguen siendo tan carnales como si no fuesen cristianos o peor que ellos.

---

[57] F. F. Bruce. *El Libro de los Hechos.* (Viladecavalls (Barcelona), España. Editorial CLIE. 2016), 190.

[58] Hechos 9:1-29; 21:37-22:21; 24:10-21; 26:4-20; Fil. 1:12-26; 3:1-15.

[59] Romanos 12:2, (RV, 1960).

Por la historia bíblica narrada por Lucas sabemos que: "El que entró en Damasco era un hombre cambiado. ¡Y hasta qué punto! El que había pensado llegar a Damasco con furia vengativa, iba conducido de la mano, ciego y menesteroso".[60] También sabemos que antes de esta entrada a Damasco con esas condiciones, "Saulo había estado haciendo lo que *él* quería, lo que *él* creía mejor, lo que *su* voluntad decidía".[61] Algo parecido a lo que notamos en el liderazgo de algunas iglesias cristianas contemporáneas; ¡Un YO predominante!

Ahora bien, a nivel de liderazgo cristiano evangélico, ¿qué debemos hacer? La pregunta de Saulo de Tarso fue: "*¿Qué quieres que yo haga?*". Así que la pregunta de nosotros debe ser: ¿Qué debemos hacer? "Como en lo natural es necesario que descubramos nuestra vocación y así definamos nuestro futuro laboral; en lo espiritual también es preciso descubrir el llamado específico que ha puesto Dios en nuestro genoma espiritual para servir en la Iglesia".[62] Y sí Dios no ha llamado a alguno de nosotros para desempeñar el liderazgo eclesiástico, entonces, no seamos personas sin sabor espiritual ni gente que se empeña en opacar la luz del Evangelio de Jesucristo por motivos carnales con una máscara de una falsa intelectualidad y una falsa espiritualidad que no es aprobada ni guiada por el Espíritu Santo.

---

[60] William Barclay. *Comentario al Nuevo Testamento: Los Hechos de los Apóstoles: Volumen 7.* Td. Alberto Araujo. (Terrassa (Barcelona), España. Editorial CLIE. 1994), 96.

[61] William Barclay. *Comentario al Nuevo Testamento: Los Hechos de los Apóstoles: Volumen 7.* Td. Alberto Araujo. (Terrassa (Barcelona), España. Editorial CLIE. 1994), 96.

[62] Sigueme.net. *Señor ¿Qué Quieres que Yo Haga?* (La Habra California. Internet. Consultado el 24 de septiembre del 2020), ¿? https://www.sigueme. net/devocionales-cristianos/senor-que-quieres-que-yo-haga-ivan-tapia

En los capítulos de este libro se notará que existe en algunas iglesias cristianas evangélicas contemporáneas un liderazgo que, aunque cargan sus biblias o sus aparatos eléctricos – porque ahora esa es parte de la Nueva Normalidad, la Biblia electrónica, no le hacen caso a lo que ella dice o la usan como un arma para herir o lastimar a otros cristianos. La lectura de la Biblia, si es que la leen es una mera rutina eclesiástica. Por ejemplo, el pastor Richard Rohr, dice: "El Credo de los Apóstoles, junto con el posterior Credo de Nicea, es un documento importante del resumen e historia teológicos, pero cuando la multitud en mi parroquia lo murmura apresuradamente a través de su recitación cada domingo, me sorprende cuan poco utilidad – o incluso interés – nos traen los credos para funcionar como guías en el comportamiento diario y practico de las personas. Espero estar equivocado, pero lo dudo".[63] Y tiene razón, a la luz de la sociedad cristiana evangélica contemporánea, la verdad bíblica, al parecer, no es un instrumento de Dios para "funcionar como guías en el comportamiento diario y práctico de las personas".

El Cristianismo Evangélico verdadero tiene otro sentir. Por ejemplo: El pastor chileno Ivan Tapia, dijo que: "Todo buen cristiano desea llegar a ser un instrumento para honra. No lo motiva la vanidad humana, sino que el mismo Espíritu de Dios le impulsa a ello".[64] ¡Esta es la verdad detrás de la máscara de la falsa espiritualidad! Todo lo contrario de los

---

[63] Richard Rohr. *El Cristo universal: Como una realidad olvidada puede cambiar todo lo que vemos, esperamos y creemos.* Trd. Ian Bilucich. (Hialeah, Florida. JUANUINO1 Ediciones.2019), 116.
[64] Sigueme.net. *ROLES EN LA IGLESIA, Los Llamados de Dios.* (La Habra California. Internet. Consultado el 24 de septiembre del 2020), ¿? https://www.sigueme.net/devocionales-cristianos/senor-que-quieres-que-yo-haga-ivan-tapia

motivos que impulsaban a Saulo de Tarso para, supuestamente, estar sirviendo a Dios o ser un instrumento de Dios en sus manos para defender su causa. Se puede decir que esto es, esconder la verdad de Dios con una máscara de espiritualidad farisea.

Cuando el Señor Jesús le pregunta: "Saulo, Saulo, ¿por qué me persigues?"[65] Jesucristo le hizo esta pregunta porque lo estaba haciendo de una manera indirecta. Volviendo otra vez al relato bíblico sobre la vida y la conversión de Saulo de Tarso, notamos que, por la historia bíblica sabemos que: "Antes de que el apóstol Pablo conociera a Jesús como su Salvador, fue un fariseo prominente llamado Saulo que además persiguió a la iglesia. Es decir, enviaba a personas que creían en Jesucristo para ser torturadas y sometidas a Muerte. Saulo pensaba honestamente que él servía a Dios deteniendo, arrestando y encarcelando a herejes religiosos".[66] El celo religioso con la máscara de la espiritualidad es un buen instrumento destructivo en las manos de Satanás o en las de los demonios.

Una vez más, decimos que: "Esta pregunta que hizo el apóstol Pablo al encontrarse con el Señor Jesucristo, es una de las más importantes preguntas que el cristiano debe hacerse a sí mismo y al Señor, permanentemente y no descansar hasta obtener la respuesta".[67] "¿Qué quieres que yo haga?", otra de

---

[65] Hechos 8:4, (RV, 1960).

[66] Charles E. Stanley. *Lecciones de vida*. Comentario en la Biblia Principios de Vida. (Nashville, Tennessee, USA. Impresa por Grupo Nelson y publicada por Thomas Nelson. 2010), 1223.

[67] Sigueme.net. *Señor ¿Qué Quieres que Yo Haga?* (La Habra California. Internet. Consultado el 24 de septiembre del 2020), ¿? https://www.sigueme.net/devocionales-cristianos/senor-que-quieres-que-yo-haga-ivan-tapia

las respuestas sería descubrir La verdad detrás de la máscara de la falsa espiritualidad; esto es que debemos darnos cuenta que no es un alto conocimiento de las verdades bíblicas o de otros conocimientos que hacen de la persona un verdadero cristiano. Machael Mahony dijo: "Muchos son expertos en escuchar sermones, pero son inexpertos en aplicarlos a sus vidas".[68] La inmadurez cristiana es un elemento muy popular en la Iglesia Cristiana Evangélica Contemporánea.

Entonces, pues, la verdad detrás de la máscara de la falsa espiritualidad que encontramos en algunas iglesias de nuestro tiempo, se puede definir de la siguiente manera: "No es el rostro lo que cuenta, sino el carácter. No es la portada, sino el contenido. No es lo físico, sino lo espiritual".[69]

---

[68] Machael Mahony. *Rescatando la Pureza del Evangelio.* (La Habra, California. Facebook. Publicada el 22 de Septiembre del 2020 a las 15:41. Consultada el 28 de Septiembre del 2020), ¿? https://www.facebook.com/rescatandolapurezadelevangelio
[69] William Macdonald. *No Juzguen según las Apariencias.* (La Habra, California. Internet. Artículo en Sigueme.Net. Consultado el 24 de septiembre del 2020), ¿? https://www.sigueme.net/devocionales-cristianos/no-juzguen-segun-las-apariencias-juan-7-24

Capítulo Dos:

LA MENTIRA.

El Señor aborrece a los de labios mentirosos,
pero se complace con los que actúan con lealtad.
Proverbios 12:22, (NVI).

Cuando era estudiante del Seminario Bautista en la ciudad de México, parte de mi beca estudiantil fue la de Prefecto de los jóvenes solteros. Aunque mi trabajo era aconsejar o ver el bienestar de los solteros, también tenía buena relación con los estudiantes casados. Una tarde, uno de los casados entró a mi oficina y después de saludarme me comentó que había descubierto una irregularidad en la administración del Seminario; era algo serio, según me comentó. Tan serio y en palabras muy serias, dijo que el Director del Seminario lo visitó a su departamento y le ofreció una buena cantidad de dinero – "un fajo de billetes", fueron sus palabras – para que guardara silencio. Supuestamente, no quería que nadie supiera de lo que estaba sucediendo. "Vine para pedirte que oremos por el hermano – mencionó el nombre del Director – porque está en pecado y está haciendo pecar a otros" – fueron sus palabras-.

¡Todo fue una mentira con una máscara de una falsa espiritualidad! Mentir es tan fácil de hacerlo que en ocasiones ni cuenta nos damos que estamos mintiendo. Y si nos damos cuenta, aun así, algunos, hasta se glorían en la mentira.

"Vivimos en un mundo en que... la mentira
se usa descaradamente. - Un mecánico con

13

una sonrisa le dijo al escritor Jimmy Ramírez: 'Cuando un cliente me trae un automóvil para repararlo, lo reviso y le indico comprar repuestos nuevos que yo sé que no necesita. Esto lo hago yo, sabiendo que luego venderé los repuestos nuevos a otro cliente. Al automóvil del primer cliente solo tengo limpiar bien sus piezas y dar la apariencia de haberlas cambiado y listo. ... la ganancia es muy buena".[70]

Mentir es algo innato en nuestra naturaleza pecaminosa. Mentir es lo que Dios aborrece; el proverbista dijo que: El Señor aborrece a los de labios mentirosos. Así que aunque es algo innato en la persona natural es algo aborrecible para Dios. Aun así, podemos tolerar que una persona no cristiana sea mentirosa; es parte de su naturaleza caída, pero, ¡que un Cristiano Evangélico Contemporáneo mienta! ¡Que un líder cristiano o un seminarista sean mentiroso! Esta actitud es algo en lo que debemos de pensar detenidamente. Después de saber que la Biblia dice que el que está en Cristo es una nueva criatura,[71] es decir, que tiene una nueva naturaleza; la naturaleza limpiada del pecado a causa de la Obra Redentora hecha por Cristo Jesús en el Calvario,[72] después de este conocimiento tenemos que preguntarnos: ¿Por qué el Cristiano Evangélico Contemporáneo miente? La verdad es que, el que es nacido de nuevo no tiene ninguna justificación para hacerlo. Entonces, ¿por qué algunos cristianos evangélicos mienten?

---

[70] Jimmy Ramírez. *Dios es fiel*. (Costa Rica. Revista la Antorcha de la Verdad. Septiembre – octubre. 2020. Volumen 34, Numero 5. La Antorcha de la verdad se publica bimestralmente por Publicadora La Merced), 4
[71] 2 Corintios 5:17.
[72] I Juan 1:7.

Repetimos, el cristiano evangélico no tiene ninguna justificación para mentir porque el Dios que nos ha salvado no miente: ¡Es un Dios veraz! En otras palabras: "Decir que Dios siempre cumple sus promesas es otra manera de decir que Él siempre dice la verdad. De hecho, Él es la verdad (Jn. 14:6); por eso agradamos a Dios cuando en fe, somos honestos con los demás en cuanto a Él, incluso si el practicar la verdad nos resulta difícil o nos salga caro (Jn.3:21; 17:16-21)".[73] Es de suma importancia que notemos que Jesús dijo que Él era la verdad. "El salmista había dicho: 'Enséñame, oh Señor, Tu camino; caminaré yo en Tu verdad' (Salmo 86:11). 'Porque tu misericordia está delante de mis ojos, y ando en Tu verdad' (Salmo 26:3). 'Escogí el camino de la verdad' (Salmo 119:30). Muchos nos habían dicho de la verdad pero ninguno la llegó a encarnarla",[74] solo Jesucristo. En nuestro caminar cristiano sabemos que: "Muchos podrán decir: 'Yo os enseño la verdad'; pero solo Jesús pudo decir: 'Yo soy la verdad'."[75]

Lo opuesto a la verdad es la mentira y por lo tanto, lo opuesto a las enseñanzas de Jesús es la mentira. Así que, después de que ya sabemos que la verdad está en Jesucristo y que Jesús es la verdad, entonces, debemos de preguntarnos: ¿Qué es la mentira? "La mentira es una expresión o manifestación que es contraria o inexacta a aquello que se sabe, se cree o se piensa. La palabra, como tal, deriva de mentir, que a su vez proviene del latín *mentīri*".[76]

---

[73] Charles E. Stanley. *Biblia Principios de Vida.* (Nashville, Tennessee, USA. Impresa por Grupo Nelson y publicada por Thomas Nelson. 2010), 719.

[74] William Barclay. *Comentario al Nuevo Testamento. Volumen 6: JUAN II* (Terrassa (Barcelona), España. Editorial CLIE. 1996). 181.

[75] William Barclay. Comentario al Nuevo Testamento. Volumen 6: JUAN II (Terrassa (Barcelona), España. Editorial CLIE. 1996). 182.

[76] La mentira. *El origen de la mentira.* (La Habra, California.

Existen por lo menos tres clasificaciones de la mentira: Está aquella mentira llamada; *Mentira blanca*. Es aquella que no afecta a nadie ni a nada. Es la mentira que alivia la conciencia sin causar daños a nadie ni tampoco tiene implicaciones morales. Una segunda clasificación de la mentira es la que se conoce con el nombre de: *Mentira oficiosa*. Esta mentira es dicha para agradar o servir a alguien. Por ejemplo, se usa con palabras como: "Te queda estupendo ese nuevo corte de cabello", aunque en realidad no le queda bien, pero lo o la alaga. La otra clase de mentira es la: *Mentira piadosa*. Se usa para evitar un disgusto, o una tristeza o algún inconveniente. Por ejemplo, si al niño se le perdió su mascota, para no causarle tristeza, se le puede decir: "Tu perrito se fue a vivir a una granja para perritos viejos".[77]

Ya sea mentira blanca, morada, azul, color rosa o mentira ficciosa o piadosa, no deja de ser una ofensa o un engaño a los seres humanos y un acto negativo para Dios, el cual odia la mentira. En el Antiguo Testamento, leemos que: "Los labios mentirosos son abominación al SEÑOR, pero los que obran fielmente son su deleite". Entre las siete cosas que Dios abomina está la mentira que el Proverbista la sitúa entre *"ojos soberbios"*, y *"manos que derraman sangre inocente"*, entre estas dos abominaciones de Dios está la *"lengua mentirosa"*.

Internet. Consultado el 30 de Septiembre del 2020), ¿? https://www.google.com/search?rlz=1C1GCEA_enUS764US764&sxsrf=ALeKk03VH0H9aZF3koZjb1MCf16_BCkPLg%3A1601447130690&ei=2iR0X8LWKcSU-gSalqjACQ&q=el+origen+de+la+mentira&oq=El+origen+de+la+men&gs_lcp=

[77] Significados. *Significado de mentira*. (La Habra, California. Internet. Consultado el 30 de Septiembre del 2020), ¿? https://www.significados.com/mentira/#:~:text=La%20mentira%20es%20una%20expresi%C3%B3n,vez%20proviene%20del%20lat%C3%ADn%20ment%C4%ABri.

Además, la Biblia dice que Dios "destruye a los que hablan falsedad; - Es decir que - el SEÑOR abomina al hombre sanguinario y engañador".[78]

A.- La mentira descaradamente nauseabunda.

A la luz de las enseñanzas del Antiguo Testamento, la mentira, para nada es agradable a Dios y a la sociedad de los hijos de Dios. En el Nuevo Testamento se presentan dos relatos en los que la mentira se hace presente. El primero de ellos se encuentra en Hechos 5:1-11; y el segundo se relata en Hechos 24:1-9. Esta segunda mentira es una de las mentiras que ya las conocemos como *Mentiras Oficiosas*. El mentiroso oficialmente fue un abogado llamado Tértulo; en Hechos es conocido como el "orador".[79] El relato de Hechos 24 presenta al prisionero; el apóstol Pablo, en su segunda aparición ante el Gobernador Feliz, para presentar su defensa de inocente. "El valor de esta sección es que describe muy gráficamente el método que usaron los romanos en sus tribunales. Tenemos el juez, un proceso, el abogado del prisionero, el caso manifestado formalmente por el acusador, y la defensa manifestada precisamente por Pablo".[80]

Se presume que, siguiendo este principio romano, no debe de haber mentiras por parte de los acusados y menos por parte del acusado. El Sistema Romano estaba preparado para descubrir las mentiras y condenarlas no para apoyarlas. Tértulo, el abogado, que por cierto, fue contratado por

---

[78] Proverbios 12:22; Proverbios 6:17; Salmos 5:6.
[79] Hechos de los Apóstoles 24:1, (RV, 1960).
[80] B. H. Carroll. *Comentario Bíblico No. 7: Los Hechos*. Trd. Sara A. Hale. (Terrassa, (Barcelona), España. Editorial CLIE. 1986), 429-430.

Ananías, el Sumo Sacerdote para acusar a Pablo ante el Gobernador Feliz, comienza su defensa con estas palabras:

"Cinco días después, Ananías, el sumo sacerdote, llegó con algunos de los ancianos judíos y con el abogado Tértulo, para presentar su caso contra Pablo ante el gobernador. Una vez que hicieron entrar a Pablo, Tértulo presentó los cargos en su contra ante el gobernador con el siguiente discurso:

'Usted ha dado un largo período de paz a nosotros, los judíos y, con previsión, nos ha promulgado reformas. Por todo esto, su excelencia, le estamos muy agradecidos; pero no quiero aburrirlo, así que le ruego que me preste atención solo por un momento. Hemos descubierto que este hombre es un alborotador que constantemente provoca disturbios entre los judíos por todo el mundo. Es un cabecilla de la secta conocida como "los nazarenos". Además, trataba de profanar el templo cuando lo arrestamos. Puede averiguar la veracidad de nuestras acusaciones si lo interroga usted mismo'. Así que los demás judíos intervinieron, declarando que todo lo que Tértulo había dicho era cierto".[81]

Se nota que Tértulo era un buen abogado; tenía el lenguaje académico y político aunque, desafortunadamente, o no estaba bien informado de la situación política entre el Gobernador Feliz y los judíos; entre lo que era la misión de Pablo y "la secta de los nazarenos", oh, desvergonzadamente miente y los líderes religiosos de los judíos, entre ellos Ananías,

---

[81] Hechos de los Apóstoles 24:1-9, (NTV).

el Sumo Sacerdote, apoyan sus mentiras. Decimos esto porque si analizamos las palabras de Tértulo notamos que: "Comienza con el método oratório de procurar conciliar al juez diciéndole lisonjas – Mentiras Oficiosa -; pero al decirlas miente desvergonzadamente".[82]

Su primera mentira es esta: "Usted ha dado un largo período de paz a nosotros, los judíos y, con previsión, nos ha promulgado reformas".[83] El gobierno de Feliz fue de más disensiones que las provocadas por otros gobernantes; nunca fue un gobierno de paz. "Tácito, el historiador romano y Josefo dicen que sus hechos fueron infames".[84] Los judíos hicieron todo lo posible por hacerle notar a Roma que los actos de Feliz eran terribles hasta que, lograron que fuera destituido de su cargo como gobernador.

"Feliz fue sucedido como procurador de Judea por Poncio Festo, cuya breve administración, aunque perturbada por estallidos de insurgencia, no estuvo marcada por los desmanes de su precesor y de sus sucesores".[85] Es decir que: "Tértulo inició su intervención con una adulación verdaderamente nauseabunda en la que cada palabra era incierta, que tanto él como Feliz lo sabían muy bien".[86]

---

[82] B. H. Carroll. *Comentario Bíblico No. 7: Los Hechos.* Trd. Sara A. Hale. (Terrassa, (Barcelona), España. Editorial CLIE. 1986), 430.
[83] Hechos de los Apóstoles 24:2, (NTV).
[84] B. H. Carroll. *Comentario Bíblico No. 7: Los Hechos.* Trd. Sara A. Hale. (Terrassa, (Barcelona), España. Editorial CLIE. 1986), 430.
[85] F. F. Bruce. El Libro de los Hechos. (Viladecavalls (Barcelona), España. Editorial CLIE. 2016), 467.
[86] William Barclay. *Comentario al Nuevo Testamento: Los Hechos de los Apóstoles. Número 7.* Trd. Alberto Araujo. (Terrassa (Barcelona), España. Editorial CLIE. 1994), 218.

Esta es, pues, la *Mentira Oficiosa*. Mentira que no deja de ser mentira. En el Capítulo cuatro, titulado: *La Hipocresía*, volveremos a hacer mención de la *Mentira Oficiosa*. La mención de paz por Tértulo es lo que "Tácito puso en la boca del héroe de Calcedonia Calgaco: 'Ellos han creado un desierto y lo llaman paz'."[87] De esta manera, lo que hizo Tértulo es común en todo orador; es decir lo que hizo fue complacer "a su auditorio diciéndoles cosas agradables, ya fue para hacer reír, o para agradar a sus oídos, o para gratificar su orgullo. Todo orador hace esto".[88] Y este discurso mintió descaradamente.

Este discurso que llamaremos: *Apologética Tertuliana*, es repetido en algunas iglesias cristianas evangélicas en donde uno de los líderes, aunque mienta de una manera desvergonzada con "una adulación verdaderamente nauseabunda", es apoyada por los líderes eclesiásticos que se consideran más intelectuales y más espirituales que aquel que están acusando. Conocemos dos iglesias cristianas evangélicas en nuestra área ministerial en donde un "poderoso" líder cristiano o, por lo menos con la máscara del cristianismo pero con una falsa espiritualidad, se han levantado para blasfemar, mentir y en su arrogancia ponerse sobre la vida intelectual y espiritual del Ungido de Dios; es decir, del pastor de dichas iglesias y, lamentablemente, los otros líderes, con conocimiento de que se está mintiendo, los apoyan. Son cristianos evangélicos – oh, con la máscara del cristianismo – que apoyando la *Apologética Tertuliana*, ocultan la verdad bíblica, teológica y eclesial detrás de la máscara de la falsa espiritualidad.

---

[87] F. F. Bruce. *El Libro de los Hechos*. (Viladecavalls (Barcelona), España. Editorial CLIE. 2016), 456.

[88] B. H. Carroll. *Comentario Bíblico No. 7: Los Hechos*. Trd. Sara A. Hale. (Terrassa, (Barcelona), España. Editorial CLIE. 1986), 431.

A Pablo, Tértulo lo acuso de: "Un provocador de problemas y un indeseable... de que era el cabecilla de la secta de los nazarenos... Y de que quería profanar el templo".[89] Fueron serias acusaciones. Son acusaciones que notamos en algunas iglesias cristianas evangélicas que le hacen al pastor. En Jerusalén no iban a juzgar a Pablo según la ley judía, como dijo Tértulo, lo querían matar pero fue librado de la muerte por Lisias; esta fue otra mentira de Tértulo. La acusación de que Pablo era el líder de la "secta de los nazarenos", es otra mentira. Es decir, que, el juicio fue con base en mentiras dichas y apoyadas por líderes políticos y religiosos judíos que se dejaron llevar por la *Apologética Tertuliana* en lugar de la verdad histórica.

En una iglesia cristiana evangélica, como era de esperarse, se la abrió la puerta a una persona que se hacía pasar por cristiana. El pastor, que había llegado a la iglesia después de esa persona, viendo su interés por la obra, lo apoyó en algunos ministerios de la iglesia. Pocos días después, en una reunión de liderazgo, se le nombró parte del liderazgo de la iglesia. No mucho tempo después, más de uno de los líderes le comentaron al pastor que dicha persona no era miembro de la iglesia; su membrecía estaba en otra iglesias de una denominación diferente a la local.

La verdad detrás de la máscara de la falsa espiritualidad era que no solamente era considerado como miembro y líder de la iglesia sino que, además, se le había permitido que se auto nombrara la autoridad máxima legal de la iglesia; es decir que, se había registrado como El Pastor de la iglesia, y

---

[89] William Barclay. *Comentario al Nuevo Testamento: Los Hechos de los Apóstoles. Número 7.* Trd. Alberto Araujo. (Terrassa (Barcelona), España. Editorial CLIE. 1994), 218.

aun se había usado dinero de la Tesorería de la Iglesia sin la autorización y el conocimiento de la Comunidad Cristiana. Nadie lo sabía con excepción de la tesorera, que, por cierto, era su familiar. ¡Y todo lo habían hecho a espaldas del Pastor, de los otros líderes y de la iglesia! Al pastor le informaron de este proceder desde la oficina de la Asociación en donde estaba registrada la Iglesia. Desde allá se dijo que era un fraude digno de demandarse.

Sin embargo, cuando el pastor cuestionó este descaro, se le dijo que no era cierto; es decir, trataron al Director de la Asociación y al mismo pastor de mentirosos. Poco tiempo después la verdad detrás de la máscara de la falsa espiritualidad salió a relucir. Lamentablemente, cuando también la mentira salió a relucir el caos ya estaba haciendo su trabajo. Y, lo más lamentable y vergonzoso es que de "una manera nauseabunda", el liderazgo apoyó la descarada mentira, no solo como mentira en la iglesia sino ante el mismo gobierno del Estado de California, pues lo que se hizo fue un fraude eclesial. ¡Y todo se hizo con la máscara de la falsa espiritualidad!

B.- La mentira como causa de muerte.

El otro relato bíblico en donde la mentira es protagonista está publicado en Hechos 5:1-11. En este caso, la mentira es causa de muerte. Aunque es un poco amplio este relato, de cualquier manera, leamos su contenido:

> "Había cierto hombre llamado Ananías quien,
> junto con su esposa, Safira, vendió una propiedad;
> y llevó solo una parte del dinero a los apóstoles
> pero afirmó que era la suma total de la venta. Con

el consentimiento de su esposa, se quedó con el resto.

Entonces Pedro le dijo: 'Ananías, ¿por qué has permitido que Satanás llenara tu corazón? Le mentiste al Espíritu Santo y te quedaste con una parte del dinero. La decisión de vender o no la propiedad fue tuya. Y, después de venderla, el dinero también era tuyo para regalarlo o no. ¿Cómo pudiste hacer algo así? ¡No nos mentiste a nosotros sino a Dios!'.

En cuanto Ananías oyó estas palabras, cayó al suelo y murió. Todos los que se enteraron de lo sucedido quedaron aterrados. Después unos muchachos se levantaron, lo envolvieron en una sábana, lo sacaron y lo enterraron.

Como tres horas más tarde, entró su esposa sin saber lo que había pasado. Pedro le preguntó:
— ¿Fue este todo el dinero que tú y tu esposo recibieron por la venta de su terreno?— Sí — contestó ella—, ese fue el precio. Y Pedro le dijo:
— ¿Cómo pudieron ustedes dos siquiera pensar en conspirar para poner a prueba al Espíritu del Señor de esta manera? Los jóvenes que enterraron a tu esposo están justo afuera de la puerta, ellos también te sacarán cargando a ti.

Al instante, ella cayó al suelo y murió. Cuando los jóvenes entraron y vieron que estaba muerta, la sacaron y la enterraron al lado de su esposo. Gran temor se apoderó de toda la iglesia y de todos los que oyeron lo que había sucedido".[90]

---

[90] Hechos de los Apóstoles 5:1-11, (NTV).

Pues bien, en el segundo caso sobre la mentira, habla de un matrimonio en donde el esposo es conocido con el nombre de Ananías y su esposa se llamó Safira. La Iglesia Primitiva estaba creciendo de una manera gigantesca. La ayuda de cualquier cosa era necesaria. Un hombre llamado José que tenía por sobrenombre Bernabé, tenía un terreno, lo vendió y trajo el precio del terreno y lo puso a la disposición de los apóstoles.[91] Ananías y Safira imitaron el acto piadoso de José, alias Bernabé. El matrimonio tenía una propiedad y, siguiendo el ejemplo de José, lo vendieron. Pero, solo entregaron una parte del precio del inmueble a los apóstoles; mintieron diciendo que en ese precio lo habían vendido. En este caso, las consecuencias de mentir fueron terribles.

Ahora bien, lo primero que notamos en este relato es que: "El pecado de Ananías y Safira no fue el de quedarse con parte del dinero, sino el de mentir al afirmar que estaban entregando la cantidad completa".[92] Ananías llega primero ante Pedro y le entrega parte del dinero de la venta del inmueble y, entonces, "Pedro le dijo: "Ananías, ¿por qué ha llenado Satanás tu corazón para mentir al Espíritu Santo, y quedarte con parte del precio del terreno? Mientras estaba sin venderse, ¿no te pertenecía? Y después de vendida, ¿no estaba bajo tu poder? ¿Por qué concebiste este asunto en tu corazón? No has mentido a los hombres sino a Dios".[93]

Notemos que la mentira no es contra los seres humanos sino contra Dios. Notemos también, por desgracia, que este acto vergonzoso, a diferencia del anterior que se llevó acabo

---

[91] Hechos de los Apóstoles. 4:36-37.
[92] Comentario en *Biblia de Estudio Esquemática.* (Brasil. Sociedades Bíblicas Unidas. 2010), 1617.
[93] Hechos de los Apóstoles, 5:3-4, (RV, 1960).

en un juzgado de la cárcel en Cesarea, este sucedió dentro de la Comunidad Cristiana Primitiva. Esto es que, sin minimizar el pecado de la mentira, la Iglesia Cristiana Evangélica Contemporánea no está exenta de este pecado.

En la Iglesia Primitiva, con la muerte del matrimonio Ananías/Safira, "el pueblo recordó la santidad perfecta de Dios. Esto los llenó de temor a tener que afrentar el mismo fin. ... Aunque vimos bajo su gracia, Dios es justo y debemos ser santos como Él lo es".[94] Debemos de estar conscientes de que "querer engañar a Dios es un pecado grave".[95] Con la predicación de Pedro en el *Día del Pentecostés*, "los que recibieron su palabra fueron bautizados; y se añadieron aquel día como tres mil personas".[96] ¡Y la Iglesia Primitiva siguió creciendo! El historiador bíblico dice que:

> "Todos los creyentes, que eran muchos, pensaban y sentían de la misma manera. Ninguno decía que sus cosas fueran solamente suyas, sino que eran de todos. Los apóstoles seguían dando un poderoso testimonio de la resurrección del Señor Jesús, y Dios los bendecía mucho a todos. No había entre ellos ningún necesitado, porque quienes tenían terrenos o casas, los vendían, y el dinero lo ponían a disposición de los apóstoles, para repartirlo entre todos según las necesidades de cada uno".[97]

---

[94] Charles F. Stanley. *Biblia Principios de Vida.* (Nashville, Tennessee, USA. Impresa por Grupo Nelson y publicada por Thomas Nelson. 2010), 1216.

[95] Comentario en *Biblia de Estudio Esquemática.* (Brasil. Sociedades Bíblicas Unidas. 2010), 1617.

[96] Hechos de los Apóstoles 2:41, (RV, 1960).

[97] Hechos de los Apóstoles 4:32-35, (DHH).

Desafortunadamente la mentira surgió entre la Comunidad Cristiana y el crecimiento comienza a perder la fuerza de convicción que el Espíritu Santo daba a los predicadores y a los oyentes. "La historia de Ananías es al libro de los Hechos lo que la historia de Acán es al libro de Josué. En ambas narrativas un engaño – o mentira – interrumpe el victorioso progreso del pueblo de Dios".[98] Una iglesia cristiana evangélica de nuestra área de trabajo estaba, con muchas dificultades creciendo numéricamente. Lamentablemente permitió de una manera deliberada la mentira entre el liderazgo y hoy en día, además de que se ha dividido, el grupo que se quedó conservando la mentira, en lugar de seguir creciendo numéricamente, ha perdido el interés salvífico y la mentira sigue siendo parte de su vivencia cristiana.

Ciertamente, el caso Ananías/Safira es un ejemplo de que aun desde la Iglesia Primitiva; la Iglesia NO era, ni lo ES PERFECTA humanamente, pero también el relato es una lección de la moral que debe tener la Iglesia de Jesucristo hasta que Su Señor regrese por ella. Aunque en nuestro tiempo no vemos muertes físicas a causa de mentirle a Dios y a sus siervos, esto no es ninguna excusa para mentir. Recordando que la mentira es una abominación a Dios. Y aunque no vemos muertes físicas, si vemos las muertes espirituales de una manera personal o de la iglesia.

Por ejemplo: "Una de las más prestigiosa organizaciones de investigación cristiana, Barna Group, anuncia el cierre definitivo de las iglesias tras la llegada de la pandemia por el Covid-19".[99] La mentira trae trágicas consecuencias y cuando

---

[98] F. F. Bruce. *El Libro de los Hechos*. (Viladecavalls (Barcelona), España. Editorial CLIE. 2016), 104

[99] Johana R. *Barna Group, predice el cierre definitivo de iglesias tras*

ella reina en la Iglesia Cristiana Evangélica Contemporánea y se presentan circunstancias como la del COVID-19, la muerte espiritual de la Comunidad Cristiana se hace realidad. Nunca la mentira, del color que sea o de la manera que se diga, es de bien para la Comunidad Cristiana: Mentira es Mentira.

Antes de que hablemos un poco sobre el origen de la mentira, les anticipamos que hablaremos sobre el orgullo en algunas de las páginas más adelante, pero ahora, haciendo notar el orgullo que hizo mentir a la pareja Ananías/Safira, notamos que: "Ananías, en un esfuerzo por ganar mayor reputación – orgullo innecesario - por su gran generosidad de la que ya había conseguido, intenta engañar a la comunidad de creyentes, pero al intentar engañar a la comunidad de creyentes está en realidad engañando al Espíritu Santo, cuyo poder, como el dador de la vida ha creado la comunidad y la mantiene en su ser".[100] Aunque sabemos que en realidad a Dios no se puede engañar ni se le puede burlar sin que Él esté consciente y a sabiendas de tales actos humanos.[101] Es decir que, la mentira a los seres humanos no está fuera de conocimiento de Dios aun cuando esa mentira sea una mentira blanca: Mentira es Mentira ante Dios.

C.- El origen de la mentira.

No es posible separar el origen de la mentira con el origen del pecado de la humanidad. Sin embargo, tenemos que hacer

---

pandemia. (La Habra, California. Internet. Artículo publicado el 30 de Agosto del 2020 a las 23:02 hs. Consultado el 3 de Octubre del 2020 a las 13:45 hora de California), ¿? https://mialma.live/noticias/Barna-Group-predice-el-cierre-definitivo-de-iglesias-tras-pandemia-20200830-0012.html
[100] F. F. Bruce. *El Libro de los Hechos.* (Viladecavalls (Barcelona), España. Editorial CLIE. 2016), 107.
[101] Gálatas 6:7.

una distinción entre lo que es el pecado y la mentira, que no deja de ser pecado, pero para un entendimiento mejor, hagamos una aclaración siguiendo el pensamiento del teólogo Louis Berkhof, el cual dice en su Teología Sistemática, lo siguiente:

"**EL PECADO TUVO SU ORIGEN EN EL MUNDO ANGELICAL.** La Biblia nos enseña que en el intento de hallar el origen del pecado debemos ir más allá de la caída del hombre descrita en Génesis 3 y poner atención a algo que aconteció en el mundo angelical. Dios creo un ejército de ángeles, y todos eran buenos al salir de las manos de su Hacedor, Génesis 1:31, Pero ocurrió una caída en el mundo angelical en la que legiones de ángeles se separaron de Dios. El tiempo exacto de esta caída no se conoce, pero en Juan 8:44, Jesús habla del diablo declarándolo homicida desde el principio (*Kat' arches*), y Juan dice en I Juan 3:8 que el diablo peca desde el principio. La opinión predominante es que este *Kat' arches* significa, desde el principio de la historia del hombre. Muy poco se dice acerca del pecado que ocasionó la caída de los ángeles".[102]

Berkhof habla del pecado en general. Y cuando hace referencia al pecado en la humanidad, dice que: "Con respecto al origen del pecado en la historia de la humanidad la Biblia enseña que comenzó con la transgresión de Adán en el paraíso y que fue, por tanto, un acto perfectamente voluntario de parte del hombre".[103] Entonces, como *acto voluntario del*

---

[102] Louis Berkhof. *Teología Sistemática*. (Grand Rapids, Michigan. Libros Desafío. 2002), 262.
[103] Louis Berkhof. *Teología Sistemática*. (Grand Rapids, Michigan. Libros

ser humano, la mentira, que es parte de ese pecado voluntario es lo que ahora nos llama la atención; es decir que ahora, dejando el pecado general, debemos enfocarnos en la mentira, este pecado que Dios odia y que es parte esencial de los seres humanos.

El profesor de francés, escritor y poeta italiano Silvio Pellico, dijo: "Cuando hayáis cometido un error, no mintáis para negarlo o atenuarlo. La mentira es una torpe debilidad. Acepta que te has equivocado; en ello hay magnanimidad".[104] Esta recomendación de Pellico: *"Acepta que te has equivocado; en ello hay magnanimidad"* no la vemos en el relato sobre el origen del pecado en donde se mintió, lo que notamos son excusas o pretextos para justificar su error.

a.- *Aquella primera pareja*, lo primero que hicieron después de pecar, cubrieron sus cuerpos; un sentimiento de vergüenza que no había antes se apoderó de ellos; las consecuencias del pecado se comenzaron a sentir. "La depravación total de la naturaleza humana",[105] fue la primera consecuencia de haber aceptado la mentira como una verdad divina. El pecado de la mentira envolvió todo el ser de la primera pareja; su cuerpo, su alma, su espíritu y sus conciencias se depravaron. La muerte espiritual se apoderó de ellos.

b.- *Luego se escondieron de Dios*, una tonta idea, ¡quien se puede esconderse de Dios! Esto es así sucede cuando se

---

Desafío. 2002), 262-263

[104] Silvio Pellico. *Proverbios y frases sobre la mentira*. (La Habra, California. Internet. Consultado el 5 de octubre del 2020), ¿? https://www.frasesde.org/frases-de-mentira.php

[105] Louis Berkhof. *Teología Sistemática*. (Grand Rapids, Michigan. Libros Desafío. 2002), 268.

comete pecado, en aquel caso la desobediencia, pues: "Antes de pecar, a Adán le encantaba la voz del Señor, después de que pecó, esa misma voz le daba miedo y le hacía esconderse. Pero es imposible esconderse de Dios (Heb. 4:13)".[106] Eva compartió con Adán el fruto que ya estaba comiendo y sin pensarlo ni preguntar si era correcto o no, lo comió. No es imposible saber que Adán conocía el fruto, pues Dios mismo les había dicho que clase de fruto era: Era el fruto "del árbol del bien y del mal".[107] Era un fruto que Adán seguramente conocía. Así que, al comerlo, siendo fruto del árbol del bien y del mal, entonces: "Con el conocimiento del bien y del mal les inundó un sentimiento de vergüenza. Ya no podían contemplar el rostro de Dios, de modo que 'se escondieron'... Habían violado su santidad y amor".[108]

c.- *En tercer lugar, la desobediencia y la conciencia llena de remordimiento y vergüenza*, produjo en ellos la necesidad de justificarse; y entonces sale de sus bocas las excusas para justificar su pecado. En el campo de la Psicología en ocasiones lo seres humanos somos muy interesantes, por ejemplo: Usamos la AUTOJUSTIFICACIÓN de nuestras propias acciones, creencias y sentimientos", porque creemos que así saldremos librados de nuestros errores. Es decir que: "Cuando una persona hace algo, intentará, si es posible, convencerse a sí misma (y a los demás) de que era una cosa lógica y razonable. Que no podía hacer otra cosa". William

---

[106] Charles F. Stanley. *Biblia Principios de vida: Lecciones de vida.* (Nashville, Tennessee, USA. Impresa por Grupo Nelson y publicada por Thomas Nelson. 2010), 7.

[107] Genesis 2:17

[108] W. T. Purkiser, Redactor. C. E. Demaray, Donald S. Metz y Maude A. Stuneck. *Explorando el Antiguo Testamento.* (Kansas, City, Missouri. Casa Nazarena de Publicaciones. 1994), 70.

Blake, dijo: "Una verdad dicha con mala intención supera todas las mentiras que puedas inventar".[109] Adán y Eva le dijeron a Dios que no tenían otra opción. Adán, le dijo a Dios: "La mujer que me diste me engañó, no tuve otra opción. Eva dijo que fue la serpiente la que la engaño y comió del fruto prohibido porque, supuestamente no tuvo otra opción.

Alguien dijo: "Con las mentiras no se puede llegar muy lejos... Pero lo que no se puede es volver".[110] Todas las excusas de Adán y Eva no limpiaron sus conciencias ni restauraron la comunión que habían tenido con Dios; aquellos encuentros o "paseos" de Dios con ellos en el huerto del Edén, ¡se terminaron! La verdad detrás de la máscara de una falsa espiritualidad es que: "Cuando se miente y esta mentira, como casi siempre pasa, sale a la luz, hay algo que se quiebra, que se estalla, la persona que ha sido víctima del engaño, así se trate de algo minúsculo, sencillamente pierde la confianza, se pone en duda desde lo más pequeño, hasta lo más grande, incluyendo las palabras más hermosas, los amores más intensos".[111]

---

[109] William Blake. *Frases de Ética.* (La Habra, California. Internet. Consultado el 23 de octubre del 2020), ¿? https://frasesbuenas.net/frases-de-etica/

[110] José Luis Ramírez. *Anuncio en correo electrónico.* (La Habra, California. Internet. Anuncio publicado el 5 de Octubre del 2020 a las 21:01. Consultado el 14 de Octubre del 2020 a las 10:07), ¿? https://www.facebook.com/joseluis.ramirez.7771?composeropen=1

[111] El Librero de Gutenberg. *Con pequeñas mentiras, se pierden grandes amores.* (La Habra, California. Internet. Consultado el 15 de Octubre del 2020), ¿? https://gutenberg.rocks/con-pequenas-mentiras-se-pierden-grandes-amores/?fbclid=IwAR1WxFyLGfKaIQSWI-6q-3nwUQzp8PnSU zjCTy8x5ayrBuH9zLHWC4vtfUI

¡Ah, los seres humanos! ¡Ay de los cristianos evangélicos que mienten porque supuestamente no tienen otra opción! Pero aún más lamentable es cuando mienten con la intensión de hacer daño a otro u otra cristiano/a. Y, más terrible aun cuando mienten contra el Siervo de Dios que los está pastoreando.

¿Qué fue lo que produjo el sentimiento de vergüenza? ¿Por qué se escondieron de Dios cuando antes Dios llegaba para estar en una convivencia con ellos? ¿Qué fue el origen de lo que se llama el auto justificación? La Biblia tiene las respuestas. Notemos lo que dice el relato bíblico.

"La serpiente era más astuta que todos los animales salvajes que Dios el Señor había creado, y le preguntó a la mujer: — ¿Así que Dios les ha dicho que no coman del fruto de ningún árbol del jardín? Y la mujer le contestó:

—Podemos comer del fruto de cualquier árbol, menos del árbol que está en medio del jardín. Dios nos ha dicho que no debemos comer ni tocar el fruto de ese árbol, porque si lo hacemos, moriremos.

Pero la serpiente le dijo a la mujer: —No es cierto. No morirán. Dios sabe muy bien que cuando ustedes coman del fruto de ese árbol podrán saber lo que es bueno y lo que es malo, y que entonces serán como Dios....

Pero Dios el Señor llamó al hombre y le preguntó: — ¿Dónde estás? El hombre contestó:
—Escuché que andabas por el jardín y tuve miedo, porque estoy desnudo; por eso me escondí.

Entonces Dios le preguntó: — ¿Y quién te ha dicho que estás desnudo? ¿Acaso has comido del fruto del árbol del que te dije que no comieras? El hombre contestó: —La mujer que me diste por compañera me dio de ese fruto, y yo lo comí. Entonces Dios el Señor le preguntó a la mujer: — ¿Por qué lo hiciste? Y ella respondió: —La serpiente me engañó, y por eso comí del fruto".[112]

De acuerdo a los primeros cinco versículos de este capítulo tres de Génesis, la mentira de: "*No es cierto. No morirán*"; Es decir, NO VAN A MORIR, Dios les ha mentido, fue la causa de todos los resultados que se mencionan: La mentira es la respuesta a las preguntas anteriores. En el relato histórico del Génesis notamos las artimañas de Satanás: "El engañó, mintió, y apeló al orgullo de Eva, hasta que la voluntad humana de ella se puso en conflicto con la voluntad conocida de Dios".[113] ¡La mentira es una barrera para la amistad!

1.- La primera mentira en la historia de la Biblia.

Aunque Jesucristo dijo que el Diablo es mentiroso desde el principio,[114] entre los seres humanos, la mentira tiene su origen en el lugar menos esperado: En el Huerto del Edén. Volvamos al Génesis en donde ya hemos notado que el capítulo tres de este primer libro de la Biblia relata la lamentable historia del origen del pecado entre los humanos y lo hace hablando de la mentira como la fuente de pecado. Así es que, Génesis 3:1-24, es el pasaje bíblico que "muestra

---

[112] Génesis 3:1-5; 9-13, (DHH).
[113] W. T. Purkiser, Redactor. C. E. Demaray, Donald S. Metz y Maude A. Stuneck. *Explorando el Antiguo Testamento.* (Kansas, City, Missouri. Casa Nazarena de Publicaciones. 1994), 70
[114] Juan 8:44

cómo el pecado entró en el mundo (Rom. 5:12). También enseña que el ser humano es responsable por sus acciones y sufre las consecuencias cuando desobedece el mandamiento de Dios (Gl 6:7-8)".[115]

Aquella primera mentira causó que la primera pareja de la raza humana no solamente perdiera la comunión directa de Dios, pues, como ya se ha mencionado, Dios caminaba con ellos en el huerto, sino que además, Adán y Eva fueron expulsados del paraíso. La mentira junto con la desobediencia son pecados terribles contra Dios. La Biblia dice que: "Los labios mentirosos son abominación al SEÑOR",[116] esto es notorio en la expulsión de la primera pareja del huerto del Edén, con el fin de que no volvieran a entrar en aquel hermoso lugar de compañerismo y de bienestar social, Dios puso en la puerta a los "*querubines,* los cuales son llamados 'criaturas vivientes' en Ezequiel 10:18-22, y considerados en la teología hebrea como seres de naturaleza sagrada y celestial. Ellos deberían de proteger la puerta del paraíso contra cualquiera que quisiese aproximarse a él, colocados allí para vindicar la santidad de Dios, ofendida por el pecado".[117]

La mentira entre los cristianos evangélicos hace lo mismo, nunca la mentira ha hecho una amistad perdurable entre los santos de Dios, entre aquellos a los que la Biblia llama: "… los santificados en Cristo Jesús, llamados a ser santos…".[118] Pero

---

[115] Nota en la *Biblia de Estudio Esquemática.* (Brasil. Sociedades Bíblicas Unidas. 2010), 29

[116] Proverbios 12:22

[117] W. T. Purkiser, Redactor. C. E. Demaray, Donald S. Metz y Maude A. Stuneck. *Explorando el Antiguo Testamento.* (Kansas, City, Missouri. Casa Nazarena de Publicaciones. 1994), 71.

[118] I Corintios 1:2, (RV, 1960).

que cuando nos movemos entre ellos, notamos que algunos, dejan mucho que decir de *santos*. Son como alguien ha dicho "santos mentirosos y piadosos desvergonzados". Son los que con sus actos labiales forman la barrera que impide la buena comunicación y por consiguiente se pierde la confianza y en algunas ocasiones hasta el amor cristiano.

¿Y cuál es el resultado? A los que les levantan las mentiras, o los hacen ver como mentirosos salen del confort de la iglesia. En una iglesia cristiana evangélica del Sur de California, detrás de la máscara de la falsa espiritualidad, pusieron a personas supuestamente espirituales que hicieron la función de querubines para impedir que algunos que fueron tratados como mentirosos en la iglesia regresaran a la comunión cristiana. ¡La mentira detrás de la máscara de la falsa espiritualidad edifica barreras de comunicación!

2.- La mentira en el contexto eclesiástico.

La mentira, este acto despreciable hacia Dios, en el contexto de la Iglesia Cristiana en general, no es nada grato para la Comunidad Cristiana, pues, se dice que "la doctrina cristiana asocia la mentira al pecado, cuyo origen se reconoce en el titubeo ante la palabra de Dios, de allí que, en el Catequismo de la Iglesia católica, se explique: 'El comienzo del pecado y de la caída del hombre fue una mentira del tentador que indujo a dudar de la palabra de Dios, de su benevolencia y de su fidelidad (215). En este sentido, el origen de la mentira se relaciona con el Diablo, pues, según Juan: 'El que practica el pecado es del diablo; porque el diablo peca desde el principio. Para esto apareció el Hijo de Dios, para deshacer las obras del Diablo' (1 Juan 3: 8). De allí que se vincule la mentira al Diablo, a quien también se refiere Juan como 'padre de la mentira'."[119]

La mentira, como ya se ha explicado, es la causa, juntamente con el engaño diabólico, del origen del pecado. "A lo largo de los años, Miguel Catalán ha desarrollado un gigantesco estudio en torno a la seudología, desentrañando las claves y el desarrollo de uno de los más destacados –y, curiosamente, también olvidados– fenómenos de la naturaleza humana: el engaño y la mentira. Y con ellos, sus variantes y usos: la manipulación, la falsedad, la hipocresía, etc.",[120] temas que son base para esta tesis, pues, lo que estamos leyendo y lo que se leerá más adelante es traición, es verdad bíblica, histórica y teológica, es falsedad, es confianza, es robo, es desconfianza, es calumnias, es hipocresía, es enojo y también es esperanza. Todos estos temas, algunos, como la hipocresía, el engaño o falsedad, el robo y las calumnias son desarrollados o explicados, los otros son solamente mencionados con la Verdad detrás de la máscara de la falsa espiritualidad.

3.- ¿Existe la mentira en la Iglesia Cristiana Evangélica?

Una iglesia supuestamente registrada ante el gobierno de los Estados Unidos de América, cuando se dice

---

[119] La mentira. *Mentira según la Biblia.* (La Habra, California. Internet. Consultado el 30 de Septiembre del 2020), ¿? https://www.significados.com/mentira/#:~:text=La%20mentira%20es%20una%20expresi%C3%B3n,vez%20proviene%20del%20lat%C3%ADn%20ment%C4%ABri.

[120] Jaime Fdez-Blanco Inclán. *La santa mentira y los usos del miedo.* (La Habra, California. Internet. Artículo publicado el 19 de agosto del 2019. Consultado el 5 de octubre del 2020), ¿? https://www.filco.es/santa-mentira-usos-del-miedo/

"supuestamente" es porque de una manera oculta, se dijo que si estaba registrada aunque, en sus más de 30 años de historia, nunca se había hecho un reporte económico ante la Oficina de Recaudación Fiscal (El IRS, por sus siglas en ingles), es decir que, era una mentira y un engaño descarado ante las autoridades del país estadounidense.

Pues bien, esa misma iglesia, había invitado a un pastor para que les ayudara con sus servicios religiosos. Todo, aparentemente marchaba bien. Sin embargo, de un momento a otro, se le dijo al pastor que ya no necesitaban sus servicios, debemos aclarar que por los dos últimos meses no le estuvieron ayudando económicamente ni para la gasolina de su auto.

El pastor ya estaba enterado de que el liderazgo había hablado con otros dos pastores para que uno de ellos fuera el nuevo pastor. Ninguno de los líderes de la iglesia se lo había informado, el pastor lo supo por otras dos personas, entre ellos uno de los llamados a pastorear esa iglesia.

Cuando el pastor les dijo a los líderes que la congregación debería de saber la razón de la despedida y la entrada del nuevo pastor, la mayoría de ellos, de los líderes, dijeron: "No tenemos a nadie", la verdad detrás de la máscara de la falsa espiritualidad es que ya habían hablado con los dos pastores; ambos pastores carismáticos para tomar el pulpito de la Iglesia Bautista. Uno de ellos es el actual pastor. La ceguera espiritual que los obligó a mentir fue la misma que no les permitió darse cuenta que la doctrina bautista no compagina con la que ambos pastores creen, enseñan y predican.

La mentira del liderazgo hizo la barrera de la comunicación, en este caso, de la comunicación doctrinal y aceptaron ocultar la verdad detrás de la máscara de la falsa espiritualidad. En estos días (agosto-septiembre del 2020), se están mirando las lamentables consecuencias de las mentiras de los líderes de esa iglesia cristiana evangélica. Es decir que, contestando la pregunta inicial de este subtema: ¿Existe la mentira en la Iglesia Cristiana Evangélica? La respuesta es: ¡Sí existe!

D.- ¿Qué es la mentira?

Ya se ha hablado del origen del pecado en general y del origen del pecado de la mentira, así que debemos ahora definir o explicar de una manera muy corta lo que es la mentira. En primer lugar se puede decir que:

> "La mentira es faltar a la verdad, es ser deshonesto, es decir lo que no se piensa, es expresar sentimientos que no se tienen, es crear vanas ilusiones, es ofrecer impresiones falsas, es ser infiel a nosotros mismos y a nuestros allegados, es temer a las consecuencias de la sinceridad, es engañar y, sobre todo, fallar a la confianza que el otro ha depositado en nosotros.

> En este sentido, la mentira es un antivalor, pues va en contra de los valores morales fundamentales sobre los cuales se fundamentan las relaciones interpersonales, como son la confianza, la honestidad, la sinceridad y la veracidad".[121]

---

[121] ¿Qué es mentir? *El origen de la mentira*. (La Habra, California. Internet. Consultado el 30 de Septiembre del 2020), ¿? https://www.google.com/search?rlz=1C1GCEA_ enUS764US764&sxsrf=ALeKk03VH0H9aZF3koZjb1MCf16_BCkPLg%3 A1601447130690&ei=2iR0X8LWKcSU-gSalqjACQ&q=el+origen+de+la+ mentira&oq=El+origen+de+la+men&gs_lcp=

Con esta definición se puede observar que la mentira abarca otros aspectos de la actividad humana; todos ellos muy peligrosos pero que, en la Iglesia Cristiana Evangélice se ha tomado como un sentir de que: "nosotros lo podemos arreglar". En ese sentir es que se han formado las barreras de comunicación y como consecuencia las mentiras se seguirán desarrollando porque, una mentira se tiene que explicar o tratar de callas u ocultar con otra u otras mentiras. Por eso es que debemos de ser muy cuidadosos cuando mentimos, el poeta inglés Alexander Pope (1688-1744), dijo: "El que dice una mentira no sabe qué tarea ha asumido, porque estará obligado a inventar veinte más para sostener la certeza de esta primera".[122]

La verdad detrás de la máscara de la falsa espiritualidad.

La verdad detrás de la máscara de la falsa espiritualidad es que: "La **Biblia** condena fuertemente la **mentira**.

Primero, Dios dice que el mismo no miente (Números 23). Si somos sus hijos pues debemos de amar la verdad sabiendo que esto honra a Dios.

Segundo, Jesús dice que los mentirosos son hijos de Satanás, quien es el padre de las **mentiras**".[123]

Y tercero, la mentira crea una barrera de comunicación a tal grado que ya no se puede hablar con confianza con el

---

[122] Alexander Pope. *Proverbios y frases sobre la mentira.* (La Habra, California. Internet. Consultado el 5 de octubre del 2020), ¿? https://www.frasesde.org/frases-de-mentira.php
[123] La mentira en la Biblia. *¿Qué dice la Biblia sobre la mentira?* (La Habra, California. Internet. Artículo publicado el 1 de noviembre del 2019. Consultado el 30 de Septiembre del 2020), ¿? https://www.google.com/search?rlz=1C1GCEA_enUS764US764&sxsrf=ALeK

mentiroso a sabiendas que le contara más mentiras para tratar de ocultar las anteriores.

La verdad detrás de la máscara de la falsa espiritualidad es que no existe ninguna razón bíblica ni eclesiástica para mentir. Dios no es mentiroso; sus hijos, aquellos que han sido redimidos por la sangre de Cristo Jesús derramada en el Calvario, deberíamos de ser honestos, no mentirosos. Dios es amor. Así lo dice la Biblia,[124] entonces, en lugar de mentir contra el hermano y el prójimo no convertido al cristianismo evangélico, ¡debemos amarlo! Debemos de pensar y actuar como piensa o dice Joan Codina. Sus palabras son:

> "Yo amo a la comunidad eclesial, porque formo parte de una comunidad donde hay niños, jóvenes, mujeres, hombres, ancianos, pensionistas, parados, gentes de los cinco continentes, de derechas, del centro y de izquierdas; y es normal que, entre tanta variedad de personas, haya pecadores, corruptos, estafadores, pervertidos, autoritarios, egoístas, pero también, santos, místicos, estudiosos, mujeres y hombres al lado de los más pobres, de los enfermos, oprimidos, compartiendo sus luchas, viviendo su misma vida. La Iglesia es un auténtico pueblo universal, es humana, y por eso la amo".[125]

Entre ese tipo de comunidad, el cristiano evangélico debe ser honesto consigo mismo y con los que lo rodean: Es decir,

---

[124] I Juan 5:8.
[125] Joan Codina. *Creo en Jesús, pero no en la iglesia.* (La Habra, California. Internet. Artículo publicado por Salesianos en el Instituto Superior de Ciencias Don Bosco. Consultado el 5 de octubre del 2020), ¿? https://www. iscrdonbosco.org/blog/creo-en-jesus-pero-no-en-la-iglesia/

no debe mentir fingiendo que ama a la gente. Si crees que los amas, ¡pues ámalos!

La respuesta que le dio Agustín de Hipona a Consencio en la carta que le envió hablando de sus molestias y "censuras a los católicos negligentes y el celo con que te irritas contra los herejes ocultos", fue una respuesta muy amplia, al estilo de San Agustín. Exalta a Convenció diciéndoles que está "encantado con su elocuencia, con su gran conocimiento de las santas Escrituras, y su agudeza de ingenio". Agustín está convencido de que Convenció ha escrito la verdad. Sin embargo, Agustín le dice:

"Pero lo que no me convence es que hayamos de sacarlos de sus escondrijos por medio de nuestras mentiras. ¿Para qué hemos de poner tanto esfuerzo en descubrirlos y buscarlos si no es para que, una vez puestos al descubierto, podamos también enseñarles la verdad, o al menos convencerlos de su error y, así, impidamos que puedan dañar a otros? Esta es, precisamente, nuestra empresa: que su mentira sea destruida, o que nadie caiga en ella, y triunfe la verdad divina. Ahora bien, ¿cómo podré corregir adecuadamente la mentira con mentiras? ¿O acaso podemos perseguir los robos con otros robos, los sacrilegios con otros sacrilegios o los adulterios con nuevos adulterios? ¿O es que también nosotros vamos a decir: Si la verdad de Dios gana terreno con mi mentira, hagamos el mal para que resulte el bien? Ya sabes cómo detesta esas palabras el Apóstol. Pero ¿en qué se diferencia: 'Mintamos para atraer a nuestra verdad a los herejes mentirosos', y: Hagamos el mal para que resulte el bien? ¿Acaso la mentira puede ser alguna vez buena, o, en alguna ocasión, no es mala? Entonces, ¿por qué se escribió: aborreciste, Señor, a todos los que obran la iniquidad y destruirás a todos los que dicen mentira? Aquí no se exceptúa a nadie ni se dice con ambigüedad: 'Destruirás a los que hablen mentira', de manera que se pudiere entender de algunos, no de todos, sino que profirió una sentencia universal, al afirmar: destruirás a todos los que dicen mentira".[126]

No se trata de convencer por medio de la mentira. La mentira y el mentiroso tienen otro fin más sutil: Hacer mal al prójimo. No es tanto el descubrir la verdad, sino más bien es ocultar la verdad con la máscara de la falsa espiritualidad o en ocasiones con la filosofía o el conocimiento humano que, se pone sobre la revelación de Dios.

La otra lamentable verdad detrás de la máscara de la falsa espiritualidad es que la Biblia enseña y declara que los mentirosos no heredaran el cielo; esto es que estarán fuera de la presencia de Dios. No creemos que los que han sido salvos estén fuera de la posibilidad de ir al cielo, pero sí creemos que estarán fuera de las bendiciones de Dios mientras estemos en este mundo, porque creemos que "detrás de toda mentira hay un espíritu inmundo oculto".[127] Y, Dios, no tienen amistad con el mundo de los malos espíritus.

---

[126] San Agustín. *Contra la mentira*. Td. Ramiro Flores. (La Habra, California. Internet. Consultado el 15 de Octubre del 2020), ¿? https://www.augustinus.it/spagnolo/contro_menzogna/index2.htm
[127] Anónimo. *El Poder Liberador De Jesucristo*. (La Habra, California. Internet. Artículo publicado por: @elpoderliberadordeJesucristo · Organización religiosa. Consultado el 5 de octubre del 2020), ¿? https://www.facebook.com/elpoderliberadordeJesucristo/posts/1885642214898314/

Algunos de los textos que apoyan esta verdad son:

"Porque: El que quiere amar la vida y ver días buenos, refrene su lengua de mal, y sus labios no hablen engaño (*mentiras*); Apártese del mal, y haga el bien; busque la paz, y sígala".

Estas son las palabras del apóstol Pedro. Por su parte el salmista dijo:

"El que anda en integridad y hace justicia, y habla verdad en su corazón. El que no calumnia con su lengua, ni hace mal a su prójimo, ni admite reproche alguno contra su vecino".

Juan, en su libro de Apocalipsis, dijo:

"También me dijo: 'Ya todo está hecho. Yo soy el Alfa y la Omega, el Principio y el Fin. Al que tenga sed le daré a beber gratuitamente de la fuente del agua de la vida. El que salga vencedor heredará todo esto, y yo seré su Dios y él será mi hijo. Pero los cobardes, los incrédulos, los abominables, los asesinos, los que cometen inmoralidades sexuales, los que practican artes mágicas, los idólatras y todos los mentirosos recibirán como herencia el lago de fuego y azufre. Esta es la segunda muerte'."...

"Más los perros estarán fuera, y los hechiceros, los fornicarios, los homicidas, los idólatras, y todo aquel que ama y hace mentira".[128]

---

[128] 1 Pedro 3:10-11, (RVR60); Salmos 15:2-3, (RVR60); Apocalipsis 21:6-8, (NVI); Apocalipsis 22:15, (RV, 1960).

La mentira en la Iglesia Cristiana Evangélica Contemporánea, en especial dicha por los lideres produce muy malos resultado espirituales y sociales. La Iglesia Cristiana Evangélica debe ser la *sal* y la *luz* del mundo pero, para ello, debe de ser honesta; en ella no debe de haber mentiras.

Capítulo Tres:

LA DESCONFIANZA.

"Mira, he escuchado las quejas de los israelitas, y he visto también que los egipcios los maltratan mucho. Por lo tanto, ponte en camino, que te voy a enviar ante el faraón para que saques de Egipto a mi pueblo, a los israelitas.

Entonces Moisés le dijo a Dios: — ¿Y quién soy yo para presentarme ante el faraón y sacar de Egipto a los israelitas?... Pero Moisés le respondió: —El problema es que si yo voy y les digo a los israelitas: 'El Dios de sus antepasados me ha enviado a ustedes', ellos me van a preguntar: '¿Cómo se llama?' Y entonces, ¿qué les voy a decir? —YO SOY EL QUE SOY. Y dirás a los israelitas: 'YO SOY me ha enviado a ustedes'.

Además, Dios le dijo a Moisés: —Di también a los israelitas: 'El Señor, el Dios de los antepasados de ustedes, el Dios de Abraham, de Isaac y de Jacob, me ha enviado a ustedes'. Éste es mi nombre eterno; éste es mi nombre por todos los siglos.

Anda, reúne a los ancianos de Israel y diles: 'El Señor, el Dios de sus antepasados, el Dios de Abraham, de Isaac y de Jacob, se me apareció y me dijo que ha puesto su atención en ustedes, y que ha visto el trato que les dan en Egipto'.

Ellos no me creerán, ni tampoco me harán caso —contestó Moisés—. Al contrario, me dirán: 'El Señor no se te ha aparecido'. — ¡Ay, Señor! — Respondió Moisés—. Yo no tengo facilidad de palabra, y esto no es sólo de ayer ni de ahora que estás hablando con este siervo tuyo, sino de tiempo atrás. Siempre que hablo, se me traba la lengua....Moisés insistió: — ¡Ay, Señor, por favor, envía a alguna otra persona!"

Éxodo 3:9-11, 13, 15-16; 4:1, 10, 13, (DHH)

Lo opuesto a la desconfianza es la confianza. La confianza puede ser en Dios, puede ser en un amigo/a, puede ser en una institución o en una empresa, la confianza también se puede tener en la economía de un país, incluso, se puede tener en los líderes mundiales, nacionales o locales. De igual manera, la confianza también se puede presentar en la persona; Es decir, tener confianza en uno mismo.

I.- Definición de confianza.

Dos definiciones que presenta el internet, son: "Esperanza firme que una persona tiene en que algo suceda, sea o funcione de una forma determinada, o en que otra persona actúe como ella desea". Por ejemplo: 'Tengo plena confianza en sus capacidades'. La segunda es: "Seguridad, especialmente al emprender una acción difícil o comprometida. Por ejemplo: 'Inicia el ascenso con gran confianza'."[129] Hice un viaje en avioneta hacia una de las sierras del estado de Oaxaca, México. El clima no se prestaba para volar. El piloto me preguntó: "¿Quieres arriesgarte a volar con este clima o lo hacemos mañana?". Mi respuesta fue: Tú eres el piloto, yo confió en

---

[129] Definición de confianza. *Qué es, Significado y Concepto.* (La Habra, California. Internet. Consultado el 6 de octubre del 2020), ¿? https://www.google.com/search?q=confianza+definicion&rlz=1C1GCEA_enUS764US764&oq=Confianza&aqs=chrome.3.0l5j4612j0.10763j0j15&sourceid=chrome&ie=UTF-8

tu experiencia. Subimos a la avioneta y emprendimos el viaje sin consecuencias que lamentar. ¡Esto es confiar!

Cuando inicié la Misión Bautista en Huntington Beach, California, el pastor de la iglesia anglosajona me dijo: "Tú eres el experto, yo confió en que levantaras en este lugar una congregación hispana". Esto se llama seguridad al mismo tiempo que es confianza en alguien que ha tenido ciertas experiencias de como iniciar una obra.

"En sociología y psicología social, la confianza es la creencia en que una persona o grupo será capaz y deseará actuar de manera adecuada en una determinada situación y pensamientos. La confianza se verá más o menos reforzada en función de las acciones y de valores".[130] Por ejemplo: El Profesor de Historia Eclesiástica es una personal de una moralidad intachable y se tiene confianza en lo que ha aprendido.

Desde el contexto bíblico, la confianza es la: "Virtud que mueve a acoger y creer a una persona en sus acciones o en sus palabras. ... Inspira confianza el que, por su autoridad, su bondad, su testimonialidad de vida, se hace acreedor a que sus palabras sean aceptadas y su vida imitada, respetada o acogida".[131] Se puede decir que una persona que hace lo que dice o enseña, es una persona de confianza. El patriarca Job,

---

[130] Definición de confianza. Qué es, *Significado y Concepto*. (La Habra, California. Internet. Consultado el 6 de octubre del 2020), ¿? https://www.google.com/search?q=confianza+definicion&rlz=1C1GCEA_enUS764US764&oq=Confianza&aqs=chrome.3.015j4612j0.10763j0j15&sourceid=chrome&ie=UTF-8
[131] Definición de confianza. Qué es, *Significado y Concepto*. (La Habra, California. Internet. Consultado el 6 de octubre del 2020), ¿? https://www.google.com/search?q=confianza+definicion&rlz=1C1GCEA_enUS764US

en medio de la dura situación de la enfermedad y el abandono de la familia, en su inquebrantable confianza en el Redentor viviente, dijo:

> "Yo sé que mi redentor vive,
> Y que al final triunfará sobre la muerte.
> Y, cuando mi piel haya sido destruida,
> Todavía veré a Dios con mis propios ojos.
> Yo mismo espero verlo;
> Espero ser yo quien lo vea, y no otro.
> ¡Este anhelo me consume las entrañas!"[132]

Job, con este testimonio "se hace acreedor a que sus palabras sean aceptadas y su vida imitada, respetada o acogida".

De acuerdo al *Diccionario Enciclopédico de Biblia y Teología*, la confianza es la: "Virtud que mueve a acoger y creer a una persona en sus acciones o en sus palabras. La confianza es cualidad moral que puede desarrollarse en doble sentido: activo y pasivo".[133] El proverbista en cierta ocasión dijo: "El que da buenas respuestas es como si diera un beso en los labios".[134] Es decir que la persona de confianza es agradable.

764&oq=Confianza&aqs=chrome.3.015j4612j0.10763j0j15&sourceid= chrome&ie=UTF-8

[132] Job 18:25-27, (NVI).

[133] Diccionario Enciclopédico de Biblia y Teología. *La confianza*. (La Habra, California. Internet. Consultado el 6 de octubre del 2020), ¿? https://www.biblia.work/diccionarios/confianza/

[134] Proverbios 24:26, (DHH).

II.- La desconfianza como emoción negativa.

Se ha dicho que lo opuesto a la desconfianza es la confianza. Luego, pues, la desconfianza es lo opuesto a la confianza. Es decir que: "La desconfianza es una emoción negativa, que implica inseguridad sobre las acciones futuras de otra persona. Es opuesta a la confianza, que consiste en creer una hipótesis que se espera sin incertidumbres, es decir teniendo la seguridad de que algo suceda como se lo espera, o que alguien actúe de determinada manera".[135] Para no repetir lo anterior, diremos que el pasaje bíblico de Éxodo 3 y 4, habla del llamamiento de Moisés.

A.- La confianza de Moisés en Dios y en sí mismo.

Samuel J. Schultz, profesor de Biblia y Teología del Wheaton College de Wheaton, Illinois, USA, hace el siguiente comentario: "Moisés nació en tiempos peligrosos. Fue adoptado por la hija del Faraón y se le dieron facilidades y ventajas para su educación en el más importante centro de aquella civilización. "Se crio con toda clase de lujos. Era el heredero del reino. Se convirtió en uno de los mayores generales egipcios; conquistó a los etíopes, que eran una amenaza para Egipto, y después de casó con una princesa etíope".[136] Aunque no esté mencionado en el Éxodo, Esteban,

---

[135] Definición de desconfianza. *Qué es, Definición y Concepto*. (La Habra, California. Internet. Consultado el 6 de octubre del 2020), ¿? https://www.google.com/search?rlz=1C1GCEA_enUS764US7 64&sxsrf=ALeKk01ba3WMTfWyY3i7IxIeJAMV6xC_Wg%3A160201245 7166&ei=KcV8X5yGCYrz-gTC7ZaIBA&q=desconfianza+definici%C3% B3n&oq=

[136] William Barclay. *Comentario al Nuevo Testamento. Volumen 13: HEBREOS*. Td. Alberto Araujo. (Terrassa (Barcelona), España. Editorial CLIE. 1970), 177.

dirigiéndose al Sanedrín en Jerusalén, se refiere a Moisés como habiendo sido instruido en la sabiduría egipcia (Hechos 7:22)".[137] Toda esa educación, Moisés, la aplicó durante su estancia en Egipto, pues las ciudades de Pitón y Ramsés fueron construidas bajo su supervisión. Moisés era una figura de suma importancia en Egipto; era considerado Príncipe del Imperio más poderoso de ese entonces.

Sin embargo, "cuando Moisés ya había crecido, comenzó a darse cuenta del abismo que existía entre la vida de lujo y placeres de la corte, y la vida de esclavitud de sus paisanos israelitas".[138] Llegó, pues, el día en que Moisés "decidió solidarizarse con los israelitas oprimidos y despedirse del futuro de riqueza y realeza que le esperaba en Egipto.

Moisés renuncio a la gloria terrenal por amor al pueblo de Dios. Cristo dejó su gloria por amor a la humanidad; aceptó los azotes, y la vergüenza y la muerte más terrible. Moisés, en su día y generación, compartió lo sufrimientos de Cristo, escogiendo la lealtad que conducía a los sufrimientos en lugar de las facilidades que conducían a la gloria terrenal".[139] El libro a los Hebreos dice que:

"Fue por la fe que Moisés, cuando ya fue adulto, rehusó llamarse hijo de la hija del faraón. Prefirió

---

[137] Samuel J. Schultz. *Habla el Antiguo Testamento: Un examen completo de la historia y la literatura del Antiguo Testamento.* Td. Francisco Cazarola. (Grand Rapids, Michigan. Editorial Portavoz. 1970), 50.

[138] W. T. Purkiser, Redactor. C. E. Demaray, Donald S. Metz y Maude A. Stuneck. *Explorando el Antiguo Testamento.* (Kansas, City, Missouri. Casa Nazarena de Publicaciones. 1994), 108

[139] William Barclay. *Comentario al Nuevo Testamento. Volumen 13: HEBREOS.* Td. Alberto Araujo. (Terrassa (Barcelona), España. Editorial CLIE. 1970), 177-178.

ser maltratado con el pueblo de Dios a disfrutar de los placeres momentáneos del pecado. Consideró que era mejor sufrir por causa de Cristo que poseer los tesoros de Egipto, pues tenía la mirada puesta en la gran recompensa que recibiría. Fue por la fe que Moisés salió de la tierra de Egipto sin temer el enojo del rey. Siguió firme en su camino porque tenía los ojos puestos en el Invisible".[140]

Este es un versículo que habla "no solo de la fe de Moisés sino de la fuente de esa fe".[141] Por este mismo versículo y el relato de Éxodo, sabemos que Moisés fue un hombre de fe y que desde su infancia se había movido dentro de la fe, pues, en su tiempo "(i) Estaba la fe de sus padres (Éxodo 2:1-10). (ii) Moisés muestra su fe al ser leal a su pueblo (Éxodo 2:11-14) y, también muestra su fe al salir de Egipto hacia Madián (Ex. 2:14-22)".[142]

Cuarenta años después, Moisés, regresa a Egipto para liberar al pueblo israelita. El relato de la salida de Moisés con el pueblo de Israel de Egipto que narra el libro de Éxodo asegura que Moisés había adquirido una confianza en Dios que no era pasajera ni ilusoria, aunque más adelante hablaremos de su desconfianza, debemos hacer hincapié que cuando salió de Egipto seguido por el pueblo de Israel: "La confianza de la fe – de Moisés - tenía una provisión, ya que se sostenía.....'Como viendo al invisible'. El termino hace

---

[140] Hebreos 11:24-27, (NTV).

[141] William Barclay. *Comentario al Nuevo Testamento. Volumen 13: HEBREOS.* Td. Alberto Araujo. (Terrassa (Barcelona), España. Editorial CLIE. 1970), 180.

[142] William Barclay. *Comentario al Nuevo Testamento. Volumen 13: HEBREOS.* Td. Alberto Araujo. (Terrassa (Barcelona), España. Editorial CLIE. 1970), 169-178.

referencia al Dios trascendente, el inmortal, *'el que habita en la luz inaccesible, a quien nadie ha visto ni puede ver jamás'* (I Ti. 1:17). El invisible se le había manifestado en Horeb en la zarza que ardía sin consumirse (Ex.3:2)".[143]

B.- La desconfianza de Moisés en Dios y en sí mismo.

Ahora, de una manera muy breve, notemos el otro aspecto en la personalidad de Moisés. Ya se ha comentado que: "La desconfianza es una emoción negativa, que implica inseguridad sobre las acciones futuras de otra persona. Es opuesta a la confianza, que consiste en creer una hipótesis que se espera sin incertidumbres, es decir teniendo la seguridad de que algo suceda como se lo espera, o que alguien actúe de determinada manera".[144]

En Éxodo 3:1-22, tenemos uno de los encuentros que todo ser humano desea tener, un encuentro con Dios, aunque este le causa temor como le sucedió a Moisés. Pues bien, "en este encuentro dramático con el Dios de los patriarcas (Hechos 7:30-34), Moisés recibe la orden de volver a Egipto, para liberar al pueblo de Israel de la esclavitud y llevarlo a la Tierra prometida".[145]

---

[143] Samuel Pérez Millos. *Comentario exegético al texto griego del Nuevo Testamento. HEBREOS.* (Viladecavalls, (Barcelona), España. Editorial CLIE. 2009), 670.

[144] Definición de desconfianza. *Qué es, Definición y Concepto.* (La Habra, California. Internet. Consultado el 6 de octubre del 2020), ¿? https://www.google.com/search?rlz=1C1GCEA_enUS764US764&sxsrf=ALeKk01ba3WMTfWyY3i7IxIeJAMV6xC_Wg%3A1602012457166&ei=KcV8X5yGCYrz-gTC7ZaIBA&q=desconfianza+definici%C3%B3n&oq=

[145] Comentario en la *Biblia de Estudio Esquemática.* (Brasil. Sociedades Bíblicas Unidas. 2010), 101.

Aunque el nombre más común para Dios es el que los exegetas bíblicos llaman: *Tetragrammaton*, es decir el nombre del Señor con cuatro letras mayúsculas en hebreo, YHWH. Se llama así porque en el idioma griego significa cuatro letras. Sin embargo, "en Éxodo 3:14, Dios se refiere a sí mismo como 'YO SOY'. La palabra hebrea traducida 'YO SOY', la tercera persona para el verbo 'ser o estar', es *ehyeh*, lo cual se parece a YHWH y puede haber sonado como tal nombre. Como consecuencia, muchos lingüistas argumentan que el nombre YHWH se derivó de este nombre".[146] Fue con este nombre que el Señor le dijo a Moisés que lo presentara ante el pueblo de Israel en Egipto.

Así es que, Moisés, no solamente estuvo frente a frente con el Dios que ES sino que ese mismo Señor lo llevó a Egipto y estuvo con él todo el tiempo. Sin embargo, Moisés tuvo desconfianza del llamamiento que "*el Ángel de Jehová*" le hizo en Horeb. Por cierto, este *Ángel de Jehová* "no es un ángel cualquiera, sino el Ángel que representa a Dios mismo".[147] Lo que notamos en el relato del Éxodo es que "Moisés estaba poco dispuesto a aceptar la comisión de Jehová. Respondió con cuatro excusas:

1). *¿Quién soy yo para enfrentarme a Faraón?* (3:11). Moisés conocía mejor que nadie el orgullo del monarca egipcio y el poderío de Egipto;...

2). *¿En nombre de quién me presentaré delante de mi pueblo?'* (3:13). Tal vez Moisés sentía que si

---

[146] Comentario en la *Biblia de Estudio Arqueológica NVI. Un viaje ilustrado a través de la cultura y la historia bíblicas.* (Miami, Florida. Editorial Vida. 2009), 93.
[147] Comentario en la *Biblia de Estudio Esquemática.* (Brasil. Sociedades Bíblicas Unidas. 2010), 101.

no tenía el respaldo de la autoridad del nombre de Dios, no sería aceptado por los israelitas,...

3). *'Los israelitas no creerán que soy el mensajero de Dios'* (4:1). En respuesta Dios le concede tres señales milagrosas que serían sus credenciales....

4). *'No tengo facilidad de palabras'* (4:10). Dios le hizo comprender que su siervo alegaba incompetencia ante el Dios omnipotente....".[148]

Nadie en su época había recibido la educación y el apoyo que Moisés recibió; la educación por parte de los egipcios en el territorio de África y la de Dios en el territorio de Madián, ambas culturas alimentaron la mente y el corazón de Moisés; es decir que, ¡Moisés era un intelectual! ¡Un gran académico de ese entonces! Además, el apoyo por parte de su hermano Aarón y de Dios desde que nació hasta que pasó a Madián y, después en el monte Horeb, esa ayuda, le es confirmada cuando Dios le dice: Ven, por tanto, ahora, y te enviaré a Faraón, para que saques de Egipto a mi pueblo".[149] ¡Ahora que ya tenía el suficiente conocimiento de Dios y de las culturas! ¡Ahora era el tiempo de poner en práctica todo lo aprendido! Moisés tenía ya ochenta años de edad, pero nunca es tarde para cumplir con los planes de Dios.

La verdad bíblica, teológica e histórica es que Moisés no tenía ninguna razón para abrir su boca y exponerle al "YO SOY" semejantes excusas. Pero sin embargo, la verdad que tenemos en las Escrituras es que Moisés se llenó de

---

[148] Pablo Hoff. *El Pentateuco.* (Miami, Florida. Editorial Vida. 1978), 116-117.
[149] Éxodo 3:10, (RV, 1960).

desconfianza a pesar de toda la educación y el apoyo divino que tenía. Lo que notamos en algunos líderes de la Iglesia Cristiana Evangélica Contemporánea es que con lo poco que saben se llenan de orgullo y no quieren hacer caso de la verdad de Dios, por eso la esconden detrás de la máscara de la falsa espiritualidad.

III.- La desconfianza en la Iglesia Cristiana Evangélica.

La desconfianza que por unos minutos envolvió a Moisés cuando el Señor Dios Todopoderoso lo llamó para sacar al pueblo de Israel de Egipto, fue momentánea, después, se sostuvo con aquella fe que el autor del Libro a los Hebreos resalta en la vida de Moisés. "Contestadas sus excusas Moisés aceptó su llamamiento y nunca más miró hacia atrás".[150] La fe en Dios lo mantuvo firme hasta el día de su muerte. La fe en Dios fue su plataforma o base sobre la que estaba parado y sobre la cual ministraba al pueblo de Dios. El profesor Miguel Nicolau, ha dicho que: "La fe dice ser convicción (úpóstasiV). Esta palabra griega, que etimológicamente quiere decir *substantia*, lo que está debajo, lo que sirve de base y fundamento, significa lo que da base y realidad subsistente a las cosas que esperamos".[151] Con esta aclaración exegética podemos decir que no existe ninguna excusa para que la Iglesia Cristiana Evangélica Contemporánea tenga desconfianza en su liderazgo o en aquellos que ministran la Palabra de Dios en su localidad.

---

[150] Pablo Hoff. *El Pentateuco.* (Miami, Florida. Editorial Vida. 1978), 117.
[151] Samuel Pérez Millos. *Comentario exegético al texto griego del Nuevo Testamento. HEBREOS.* (Viladecavalls, (Barcelona), España. Editorial CLIE. 2009), 612.

Sin embargo, es en este campo ministerial que la desconfianza opaca la verdad detrás de la máscara de la falsa espiritualidad.

El apóstol Juan, entre las cosas que escribió a sus amados les dijo que: "En el amor no hay temor".[152] Leamos sus palabras: "Queridos amigos, sigamos amándonos unos a otros, porque el amor viene de Dios. Todo el que ama es un hijo de Dios y conoce a Dios; pero el que no ama no conoce a Dios, porque Dios es amor".[153] Esto es que, si en la Iglesia Cristiana Evangélica se practica el amor cristiano; el amor que Dios ha derramado en nuestros corazones,[154] entonces, no debe de haber desconfianza.

Al contrario: "En la iglesia, Dios nos presenta oportunidades constantes para expresar el amor. - Ciertamente – hay los que somos difíciles de soportar y los que repetidas veces tomamos decisiones equivocadas. Además, todos somos propenso a hablar lo que en ocasiones no deberíamos. A veces somos causa de decepción para algunos y no cumplimos con sus expectativas. Todos tenemos debilidades. Pero Dios nos ha llamado para exhibir algo distinto de lo que se ve en el mundo por medio del poder de Jesucristo obrando en nosotros, un amor que sobrepasa cualquier diferencia o dificultad".[155]

---

[152] I Juan 4:8.
[153] I Juan 4:7-8, (NTV).
[154] Romanos 5:5.
[155] Gary Miller. ¿Cuál es el propósito de Dios para la iglesia? (Costa Rica. Revista la Antorcha de la Verdad. Septiembre – octubre. 2020. Volumen 34, Numero 5. La Antorcha de la verdad se publica bimestralmente por Publicadora La Merced), 10.

Cuando Pablo hace referencia al amor de Dios derramado sobre los creyentes, asegura que la esperanza que tenemos en el Señor, de que un día estaremos para siempre con El en gloria se afirma con el amor de Dios en los creyentes. Esto es:

> Esperanza en las promesas de Dios.
> Mas el Amor del Señor derramado sobre los cristianos;
> Es igual a Seguridad Eterna con Dios.
> (E+A= SED).

"¿Cómo podemos estar seguros? – se pregunta el profesor del Nuevo Testamento en Wheaton College, Wheaton, Illinois, Douglas J. Moo, y su respuesta es que - En Romanos 5:5b-10, Pablo ofrece dos razones esenciales: el amor de Dios por nosotros en Cristo y su obra a nuestro favor en él (vv. 5b-8 y 9-10). Dios no nos reparte su amor con cuentagotas: lo ha 'derramado' (*ekcheo*) en nuestros corazones. Este es el mismo verbo que se utiliza para referirse al derramamiento del Espíritu Santo en el Día de Pentecostés (Hechos 2:17-18)".[156]

La verdad bíblica y teológica sin la máscara de la falsa espiritualidad es que: "Mucho más que los sufrimientos, lo que garantiza la esperanza de las personas creyentes es la presencia del Espíritu Santo, a través del cual el amor de Dios (vrs. 6-8) ocupa el centro de su vida".[157] Notemos bien esta declaración: *la presencia del Espíritu Santo*, es esta presencia que hace posible que el amor quite todo temor de los dirigentes.

---

[156] Douglas J. Moo. *Comentario con Aplicación: ROMANOS: del texto bíblico a una aplicación contemporánea*. (Miami, Florida. Editorial Vida. 2011), 164-165.

[157] Comentario en la *Biblia de Estudio Esquemática*. (Brasil. Sociedades Bíblicas Unidas. 2010), 1682.

¿Cuál es entonces el problema en algunas de las Iglesias Cristianas Evangélicas Contemporáneas? Creemos que el mayor problema es que algunos líderes han tomado el lugar del Espíritu Santo; creen que son más sabios y santos que el mismo Dios que los ha salvado y que está en la mejor disposición de guiarlos a la verdad. El apóstol Pablo les dijo a los hermanos de Galacia que el amor entre los cristianos es uno de los frutos del Espíritu Santo,[158] esto es que, si en la iglesia se minimiza al Espíritu Santo por el Humanismo Cristiano, entonces, lo más probable es que el amor al prójimo sea opacado y que la desconfianza reine en las mentes y en los corazones de los líderes eclesiásticos.

La desconfianza entre el liderazgo de algunas Iglesias Cristianas Evangélicas es producto de la naturaleza caída del ser humano. Desde que Satanás puso desconfianza en la mente y el corazón de la primera pareja en el huerto del Edén, al hacerles desconfiar de la veracidad de Dios, con aquella pregunta que ha usado en toda la historia de la humanidad: "¿Conque Dios os ha dicho...?"[159] – "¿Es verdad que Dios les dijo...? NVI -, desde ese entonces, el Espíritu Santo ha sido puesto detrás de una falsa espiritualidad que ha estado causando el desprecio de los dones y talentos de aquellos que verdaderamente quieren servir a Dios en su Reino local; Es decir, en Su iglesia, la cual está atrapada en el descarado egoísmo del cual se comentará más adelante y, como consecuencia, cada uno, tiene desconfianza del otro. Lamentablemente, ¡estamos hablando de cristianos evangélicos!

---

[158] Gálatas 5:22.
[159] Génesis 3:1, RV, 1960.

¿Pero es verdad que la desconfianza está entre el liderazgo de algunas Iglesias Cristianas Evangélicas? ¡Tristemente, sí! Por ejemplo. En una Iglesia Cristiana Evangélica, el pastor deseaba ampliar el liderazgo de la que consideraba su iglesia. Por aquellos días comenzó a visitarles un estudiante del Seminario Bautista; era una persona preparada en Biblia y Teología.

Era un buen cristiano y trabajador; más de una iglesia lo estaba llamando a que les ayudara, en una como pastor y en otras como ayudante del pastor. Nunca dejó de diezmar ni de ofrendar; cortaba el pasto del terreno de la iglesia, la iglesia creció numéricamente con su presencia, pues era un buen evangelista, y en las reuniones siempre fue el primer asistente. A pesar de las llamadas que le hacían para servir en otras iglesias, por simpatía con el pastor, se quedó en esa iglesia.

Después de casi un año de estar con aquella iglesia, el pastor lo nombró maestro de jóvenes en la Escuela Dominical. Comenzó muy bien, pero, en la primera reunión que el pastor tuvo con el liderazgo, le preguntaron el por qué ese hermano estaba como maestro de los jóvenes. Uno de ellos dijo que él no era miembro de la iglesia, aunque ya había estado todo un año con ellos y había graduado con un Diploma en teología del Seminario Bautista. La verdad detrás de la falsa espiritualidad fue que tenían desconfianza de lo que fuera a enseñar. Dos de los líderes aconsejaron a los jóvenes que no asistieran más a sus clases dominicales. ¡La Escuela Dominical para Jóvenes fue un fracaso! ¡La desconfianza en el maestro por parte del liderazgo local la arruinó!

En esa misma iglesia, el pastor les propuso al liderazgo poner a otra persona en el Departamento de la Tesorería, la respuesta inmediata fue: *"No está preparada"*. Se propuso también que un varón dirigiera el Programa del Culto los domingos, la respuesta fue la misma. La iglesia estaba creciendo numéricamente, así que, después de varios intentos por hacer que otros trabajaran en la iglesia en otros ministerios, la respuesta del liderazgo siempre fue la misma: *"No está preparada"*. Y, por cierto, los que supuestamente si estaban preparados, ¡no lo estaban haciendo bien! En otro capítulo se mencionará otro ejemplo de su ineficacia a causa de su necedad de la desconfianza.

Otro ejemplo negativo provocado por la desconfianza que sucedió en una Iglesia Cristiana Evangélica Contemporánea fue que, a petición de dos de los principales líderes de la iglesia, le sugirieron al pastor que invitará a una hermana a dar un estudio a las damas de la iglesia. El pastor lo hizo y la hermana presentó un buen estudio bíblico.

Sin embargo, el mismo día (Domingo por la tarde), la crítica negativa surgió; algunas hermanas presentes les comentaron a sus esposos sobre lo estudiado y la desconfianza se hizo presente. Una de las primeras preguntas que le hicieron al pastor fue si *esa mujer* – noten, no hermana en Cristo, sino *"esa mujer"*- seguiría dando los estudios a las mujeres. ¡Ah, la desconfianza!

En fin, luego de criticar y acusar al pastor a sus espaldas, porque nunca lo hacían de frente, por permitir que *una persona*; noten una vez más; *"una persona"*, no hermana en Cristo, se pare al frente para dar un estudio bíblico, después de eso, en una reunión, se acordó, en contra de la opinión del pastor, que "*esa mujer*" no diera más estudios. La desconfianza del liderazgo les llevó a otro paso, además de juzgarla como no cristiana con la expresión: "*Esa mujer*", además de eso, la desconfianza los llevó a la hipocresía, tema que se aclarará en otro capítulo.

Otro ejemplo más sobre los peligros de la desconfianza en las Iglesias Cristianas Evangélicas Contemporáneas. Una de estas iglesias se quedó sin pastor. Un mes después ya estaba un pastor con ellos, pero solo como predicador dominguero, aunque pronto estaba también enseñando en la Escuela Dominical, enseñaba el Estudio Bíblico entre semana, visitaba a los enfermos, tenía un Grupo Pequeño a su cargo, su oficina siempre tenía a alguien para aconsejar. Es decir, el predicador, ya era el pastor con todas las funciones pastorales, excepto su salario.

Todo marchaba bien hasta que uno de los supuestos líderes, uno que nadie lo había nombrado como líder, comenzó a decir que; *Primero*, el pastor no era pastor, tomó la expresión de un comentario que el pastor hizo en un estudio bíblico diciendo que él había sido pastor pero que en ese tiempo, cuando lo invitaron a predicar, era solo un predicador y pastor asociado de otra iglesia. Aquel individuo, en su envidia, porque eso fue más fuerte que la desconfianza, es más, la desconfianza fue solo el pretexto, ¡era una persona envidiosa de los conocimientos del pastor!

En *segundo* lugar, comenzó a decir que el pastor era un seguir del pastor y doctor, Ronald Vides y del famoso pastor Rick Warren. Para él, el primero era un charlatán y mentiroso. Alguien le había llenado la cabeza de malas actitudes que supuestamente tenía el Doctor Vides. En cuanto al pastor Rick Warren, dijo que era un negociante del evangelio de Jesucristo, pues hace negocio con la venta de sus libros. Cuando el pastor le preguntó si esa actitud que tenía hacia ellos y hacia el pastor, era por celos, porque él no había logrado tal educación y habilidad de escribir libros, con un enojo muy descarado que lo notaron algunos de los presentes, dijo: "amigo, esos no son cristianos, son charlatanes y negociantes del evangelio".

Ahora bien, si el pastor era un seguidor de ellos, entonces, ¿en qué papel quedaba ante la iglesia? ¡Sí!, tal y como este, supuestamente "amigo", le había dicho: un sinvergüenza, mentiroso y seguidor de hombres que hacen negocio con el evangelio.

Estos son solo algunos de los ejemplos de la desconfianza de aquellos que han sido nombrados para velar por la salud emocional y espiritual de la iglesia pero que, esconden a verdad de Dios detrás de la máscara de la falsa espiritualidad.

Así que, tenemos que preguntarnos: ¿Qué le sucede a la Iglesia Cristiana Evangélica Contemporánea? ¿Qué le pasa? ¿Por qué esta enfermedad de la desconfianza? Al parecer la iglesia de nuestros tiempos se ha acomodado a un libértenle provocado por el Humanismo Religioso. "El humanismo religioso es una corriente religiosa que busca integrar la filosofía del humanismo con rituales religiosos y creencias centradas en la ética fuera de cualquier indicio del actuar de Dios en la libertad humana, el avance científico y las necesidades y aspiraciones humanas, rechazando toda referencia a entidades o principios sobrenaturales".[160]

---

[160] Wikipedia, la enciclopedia libre. *Humanismo Religioso*. (La Habra,

El *Humanismo Religioso* no se debe confundir con el *Humanismo Secular* y *Humanismo Cristiano*. El *Humanismo Cristiano* es aquel que en cierta forma todavía le da cierto valor a los principios bíblicos, y a la Doctrina Cristiana Evangélica, aunque, su origen es dentro del Catonismo Romano. Es decir que: "El humanismo cristiano es un término que se refiere a los cristianos que siguen los principios del humanismo. Según los proponentes del término, la palabra engloba principios como la dignidad humana universal y la libertad individual, junto con la primacía de la felicidad humana como algo esencial y acorde con los principios de las enseñanzas de Jesús".[161] Aun así, pues, se debe hacer dicha distinción, pues: "El humanismo religioso, tal como se entiende a partir del siglo XX, rechaza toda revelación, la moralidad basada en normas dictadas por una divinidad y todo aquello que pueda calificarse de sobrenatural".[162] Ahora bien, El *Humanismo Religioso* y el *Humanismo Cristiano*, "se distingue del llamado *Humanismo Secular* en que mantiene formas de organización y prácticas similares a las de las religiones convencionales, aunque desprovistas de todo contenido místico o sobrenatural".[163]

California. Internet. Consultado el 8 de octubre del 2020), ¿? https:// es.wikipedia.org/wiki/Humanismo_religioso
[161] Wikipedia, la enciclopedia libre. *Humanismo Cristiano*. (La Habra, California. Internet. Consultado el 8 de octubre del 2020), ¿? https:// es.wikipedia.org/wiki/Humanismo_cristiano
[162] Wikipedia, la enciclopedia libre. *Humanismo Religioso*. (La Habra, California. Internet. Consultado el 8 de octubre del 2020), ¿? https:// es.wikipedia.org/wiki/Humanismo_religioso
[163] Wikipedia, la enciclopedia libre. *Humanismo Religioso*. (La Habra, California. Internet. Consultado el 8 de octubre del 2020), ¿? https:// es.wikipedia.org/wiki/Humanismo_religioso

Pues, bien, el haberse metido en eso campos filosóficos, o mejor dicho, el que la iglesia haya permitido la influencia del humanismo en los tres aspectos que se han mencionado, ha causado la desconfianza dentro del cuerpo de liderazgo eclesiástico a tal grado que, Paul Washer, ha dicho: "El falso evangelio hace que el cerdo se sienta cómodo creyéndose oveja, mientras se sigue revolcándose en el lodo".[164] Ese "*lodo*" que el liderazgo desconfiado, egocéntrico, dado a la crítica destructiva y que ha tomado el lugar del Espíritu Santo y los decretos bíblicos e ignorando la Doctrina Cristiana Evangélica, mientras se revuelca en el lodo de su desconfianza, es el tipo de liderazgo que ha escondido la verdad detrás de la máscara de la falsa espiritualidad.

La Verdad detrás de la máscara de la espiritualidad es:

Primero: Que Dios nos tiene confianza.

Dentro del huerto del Edén puso un árbol del cual prohibió se comiera su fruto. Retó a Satanás para que atacara y casi destruyera la vida de Job. Dejó que Sansón hiciera de las suyas. Permitió que el Pueblo de Israel escogiera un rey, y dejó que su propio Hijo fuera maltratado, ultrajado, calumniado, aborrecido, golpeado, crucificado y asesinado. ¡Increíble, no es así! ¡Dios tiene confianza en el ser humano! ¿Por qué los que han tomado el lugar del Espíritu Santo no confían en los cristianos?

Segundo: Qué Dios ama al ser humano.

El Señor no solo confía en el ser humano sino que lo ama. El apóstol Juan dijo: "Pues Dios amó tanto al mundo que dio

---

[164] Paul Washer. *16 mejores imágenes de Frases de Paul washer | Frases de Paul...* (La Habra, California. Internet. Consultado el 12 de agosto del 2020), ¿? https://co.pinterest.com/magalza23/paul-washer/

a su único Hijo, para que todo – ser humano - que crea en él no se pierda, sino que tenga vida eterna. Dios no envió a su Hijo al mundo para condenar al mundo, sino para salvarlo por medio de él".[165] Su amor por los humanos no tiene límite aunque una y otra vez le fallen, Él los sigue amando. Es un amor tan profundo que tiene el atrevimiento de seguir confiando en él. Cuando el liderazgo cristiano de hoy no tiene confianza en los servidores de Cristo Jesús, sencillamente, ¡nos los ama!

Tercero: Qué ha puesto su Espíritu en todo creyente.

Al poner Su Espíritu Santo en la vida del creyente, todo cristiano está capacitado para toda buena obra, todo lo que se debe de hacer es entrenarlo para el buen desempeño de la actividad eclesiástica. ¡Nadie nace sabiendo! ¡Todos necesitamos aprender! El papel del liderazgo cristiano es entrenar, es sacar aquellos dones o habilidades que Dios ha puesto en el cristiano para que llegue a manifestar con calidad y claridad la presencia del Espíritu Santo en su vida. La función del liderazgo no es tomar el lugar del Espíritu Santo, esto es una Gran Herejía entre el Cuerpo del Liderazgo, además de ser un desagradable y terrible atrevimiento que puede causar hasta la misma muerte física, pues ya con esta actitud, están en una muerte espiritual: Es decir, están viviendo con la máscara de la falsa espiritualidad.

Cuarto: Que Dios nos llamó para servir.

Aunque no estemos capacitados para ciertas actividades, eso no quiere decir que no debemos dar oportunidad de servir, con la idea de que se cometerán errores. Todo cristiano

---

[165] Juan 3:16-17, (NTV).

es llamado para servir. Esto es que todo cristiano tiene por lo menos un Don espiritual, de lo contario, no es cristiano.

El liderazgo de la iglesia no tiene ningún derecho de impedir que un cristiano sirva al Señor en su reino, a menos que, dicho cristiano esté moralmente incapacitado o que el liderazgo tenga algo malo que ocultar y no quiere que se descubra por el trabajo de otra persona. ¡Dios nos llamó a servir, no a impedir servir!

Quinto: Que Dios es el Señor de la Iglesia.

En algunas Iglesias Cristianas Evangélicas, el liderazgo actúa como el que hubiese muerto por la iglesia. Es decir que no solo toma el lugar del Espíritu Santo sino que además se hace dueño del Cuerpo de Cristo como si fuese un dios todopoderoso como para alimentar y sustentar la iglesia. ¡Lideres, la Iglesia Cristiana Evangélica es del Señor Jesucristo! El la compró con su sacrificio vicario. "Porque –fue - Cristo mismo –el que - sufrió la muerte por nuestros pecados, una vez para siempre. Él era inocente, pero sufrió por los malos, para llevarlos a ustedes a Dios".[166]

¡Líderes, noten lo que dice Pedro, que Cristo murió "por los malos" y en estos también están ustedes! Arrojen a la basura la máscara de la falsa espiritualidad porque desconfiando de ustedes mismos y de los otros siervos de Dios, ¡no son espirituales sino carnales!, y sean los líderes que sanen a la iglesia, comiencen por sanarse ustedes desechando la desconfianza, esa es una actitud diabólica.

---

[166] I Pedro 3:18, (DHH).

Líderes de la Iglesia Cristiana Evangélica Contemporánea, recuerden: *Dios es el Señor de la Iglesia, no ustedes.*

La verdad, pues, detrás de la máscara de la falsa espiritualidad es parte de aquello que el predicador Henry Tolopilo a dicho: "La iglesia carece de discernimiento porque está poblada de creyentes infantiles que no han crecido en la fe".[167] Lamentablemente, algunas de las Iglesias Cristianas Evangélicas Modernas tienen un liderazgo que desconfía hasta de sí mismos, por eso, como *"creyentes infantiles que no han crecido en la fe"*, nunca llegan a un acuerdo con los principios bíblicos y teológicos para sanar a la iglesia, sino que sus desconfianzas los ciegan y son guías ciegos tratando de conducir el Barco Eclesiástico haciéndose su propio capitán. ¡Qué Dios los perdone!

---

[167] Henry Tolopilo. *Rescatando la Pureza del Evangelio.* (La Habra, California. Facebook. Publicada el 18 de Septiembre del 2020 a las 14:18. Consultada el 28 de Septiembre del 2020), ¿? https://www.facebook.com/rescatandolapurezadelevangelio

Capítulo Cuatro:

LA HIPOCRESÍA.

Pero cuando Pedro vino a Antioquía, le resistí cara a cara, porque era de condenar. Pues antes que viniesen algunos de parte de Jacobo, comía con los gentiles; pero después que vinieron, se retraía y se apartaba, porque tenía miedo de los de la circuncisión.

Y en su simulación participaban también los otros judíos, de tal manera que aun Bernabé fue también arrastrado por la hipocresía de ellos.

Pero cuando vi que no andaban rectamente conforme a la verdad del evangelio, dije a Pedro delante de todos: Si tú, siendo judío, vives como los gentiles y no como judío, ¿por qué obligas a los gentiles a judaizar?"

Gálatas 2:11-14, (RV, 1960).

Ahora, en este Capítulo Cuatro nos enfocaremos en la hipocresía en la Iglesia Cristiana Evangélica. Sabemos que esta actitud está también presente en las otras iglesias y aun en los clubes y grandes compañías a nivel mundial, pero nuestro interés es la Iglesia Cristiana Evangélica Contemporánea. Hablaremos, pues enfáticamente de la Iglesia de Jesucristo, del Cuerpo de Creyentes en Cristo Jesús que han sido llamados a ser santos.[168] Hablaremos específicamente de "aquellos que recibieron de Dios todo lo necesario para vivir una vida completamente dedicada a su servicio".[169]

---

[168] I Corintios 1:2.

[169] Comentario en la *Biblia de Estudio Esquematizada.* (Brasil. Sociedades

I.- Definición de hipocresía.

Pero, ¿existe la hipocresía en la Iglesia que está formada por los redimidos y limpiados por la sangre de Cristo y en los cuales mora el Espíritu Santo? ¿Existe entre los santificados la mentira y la hipocresía?

Parte de las respuestas a las preguntas anteriores son que si sabemos la definición de la palabra hipocresía, entonces nos damos cuenta de que sí existe la posibilidad de que la mentira y la hipocresía sean una parte de la vida eclesiástica evangélica contemporánea. Así que, debemos definir este término. Y lo hacemos, diciendo:

"Hipócrita es aquel que actúa con hipocresía. Es decir que finge sentimientos o cualidades que, en realidad, contradicen lo que verdaderamente siente o piensa. El concepto de hipocresía proviene de un vocablo griego que hace referencia a la función de desempeñar un papel, de actuar".[170]

El *Diccionario Bíblico Ilustrado* dice que la hipocresía es: "Pretensión de ser lo que uno no es, ante todo en el sentido de ser mejor persona de lo que uno realmente es. ... En el concepto griego, un hipócrita podría ser un intérprete de sueños, un orador, un recitador de poesía o un actor".[171] En

Bíblicas Unidas. 2010), 1704).

[170] *Definición de hipocresía.* (La Habra, California, Internet. Consultado el 14 de obre del 2020), ¿? https://www.google.com/search?q=definici%C3%B3n+de+hipocres%C3%ADa&rlz=1C1GCEA_enUS764US764&oq=Definici%C3%B3n+de+hipocr&aqs=chrome.0.0i45 7j0j69i57j0i22i30l5.16876j1j15&sourceid=chrome&ie=UTF-8

[171] Leticia S. Calcada. (Edición General). *Diccionario Bíblico Ilustrado Holman.* (Nashville, Tennessee. – Impreso en China -. B and H Publishing Group. 2008), 780

mi país, México, decimos que un hipócrita es aquel que tiene doble cara; presenta una o la otra de acuerdo a lo que le conviene o de acuerdo el mal que desea hacer a su vecino, amigo o familiar.

La Wikipedia dice que: "La hipocresía puede venir del deseo de esconder de los demás motivos reales o sentimientos. En muchos idiomas, incluido el francés, un hipócrita es alguien que esconde sus intenciones y verdadera personalidad. La palabra proviene del latín tardío *hypocrisis* y del griego ὑπόκρισις (*hypokrisis*), que significan *'actuar'*, *'fingir'* o *'una respuesta'*. También se puede entender como viniendo del griego *hypo* que significa *'máscara'* y *crytes* que significa *'respuesta'* y por lo que la palabra significaría *'responder con máscaras'*."[172] Notemos; "responder con mascara". Esto es que la verdad queda oculta detrás de una máscara.

Así que, cuando el liderazgo eclesiástico o cualquier cristiano/a o persona incrédula miente, lo que está haciendo es ocultar la verdad detrás de una máscara. Lo que han hecho y siguen haciendo algunos líderes cristianos es esconder la verdad de Dios revelada en las Sagradas Escrituras detrás de una máscara de la falsa espiritualidad o del conocimiento humano sobrepuesto a la revelación divina. Unas palabras que estuvieron circulando en las redes sociales decían que podemos descubrir en tres pasos o acciones a una persona que es hipócrita. Los pasos son:

1.- Cuando habla… Miente.
2.- Cuando promete… No cumple.

---

[172] Wikipedia, la Enciclopedia Libre. *Hipocresía.* (La Habra, California. Internet. Consultado el 14 de octubre del 2020), ¿? https://es.wikipedia.org/wiki/Hipocres%C3%ADa

3.- Cuando le entregas tu confianza…. Te traiciona.[173]

Es decir que, si miente, si no cumple y si es traicionero/a, entonces, ciertamente cumple con esta idea: "un hipócrita es alguien que esconde sus intenciones y verdadera personalidad": Esto es una persona en la cual no se puede confiar para nada porque lo que muestra es una máscara que aparenta una verdad o una espiritualidad que realmente no existe; es una mentira y no la verdad.

II.- La hipocresía en la Biblia.

El hipócrita es una persona mala y que piensa en la maldad. Hipócrita, en la Biblia tiene un sentido negativo. "Con frecuencia, la palabra se refiere al mal o al pecado en general y no a la simulación en particular. En el AT, las versiones tradicionales usaban 'hipócrita' en pasajes en donde las versiones posteriores dicen 'impío' o 'falso' (Job 8:13; 1534-35; 17:8; Is. 9:17; 33:14)… La palabra hebrea que a menudo se traduce hipócrita se refería a contaminación o corrupción".[174]

En el Nuevo Testamento, para Jesucristo, un hipócrita era el que juzgaba a los demás sin juzgarse así mismo. El condenó tal práctica con un muy corto discurso o enseñanza que dice:

---

[173] Sarcasmo puro. *Existen tres maneras de descubrir a una persona hipócrita.* (La Habra, California. Internet. Consultado el 1 de julio del 2020), ¿? https://images.search.yahoo.com/yhs/search;_ylt=AwrWmjAS4vxeKwMA5BUPxQt.;_ylu=X3oDMTEy MzgybTlqBGNvbG8

[174] Leticia S. Calcada. (Edición General). *Diccionario Bíblico Ilustrado Holman.* (Nashville, Tennessee. – Impreso en China -. B and H Publishing Group. 2008), 780.

"No juzguen a otros, para que Dios no los juzgue a ustedes. Pues Dios los juzgará a ustedes de la misma manera que ustedes juzguen a otros; y con la misma medida con que ustedes den a otros, Dios les dará a ustedes. ¿Por qué te pones a mirar la astilla que tiene tu hermano en el ojo, y no te fijas en el tronco que tú tienes en el tuyo? Y si tú tienes un tronco en tu propio ojo, ¿cómo puedes decirle a tu hermano: "Déjame sacarte la astilla que tienes en el ojo"? *¡Hipócrita!*, saca primero el tronco de tu propio ojo, y así podrás ver bien para sacar la astilla que tiene tu hermano en el suyo".[175]

En los primeros doce versículos del Capítulo siete de Mateo, Jesús trata sobre la espiritualidad que debe de haber entre el liderazgo y las personas que los rodean. Es decir que: "Jesús dedicó un espacio considerable para condenar a los líderes religiosos por su hipocresía, que les llevaba a dar una apariencia externa de justicia para ser elogiados por las personas (6:1-18). Ahora reconoce que también sus discípulos pueden caer en la hipocresía (7:1-5)".[176] De la misma manera como han caído algunos de los líderes religiosos de la Iglesia Cristiana Evangélica Contemporánea. Líderes que tratan de solucionar la vida espiritual y moral de otros pero que ellos mismos no solucionan la suya, sino que, esconden la verdad detrás de una máscara de una falsa espiritualidad.

En la Iglesia Primitiva había una comida que se llamaba *agape*, o *Fiesta de Amor*. Todos los cristianos participaban

---

[175] Mateo 7:1-5, (DHH). Las *itálicas* y **bols** son mías.
[176] Michael J. Wilkins. *Comentario Bíblico con aplicación. MATEO. Del texto bíblico a una aplicación contemporánea.* (Nashville, Tennessee. Editorial Vida. 2016), 308.

de ella. Posiblemente esta era la única comida decente que comían los esclavos. Todo se veía muy bien en ese compañerismo eclesial, sin embargo, no se debe de pasar por alto el legalismo judío. Algunos de ellos eran muy rígidos; eran exclusivistas rígidos. Como pueblo de Dios, rechazaban a los otros pueblos.[177] Decían:

"El Señor es misericordioso y lleno de gracia.
Pero lo es solamente con los israelitas; a las otras naciones las aterra.
Los gentiles son como estopa o paja que se quema, o como las motas que dispersa el viento'.
Si un hombre se arrepiente, Dios lo acepta; pero eso se aplica solamente a Israel, y no a los gentiles'.
'Ama a todos, pero odia a los herejes'.

Este exclusivismo entraba en la vida diaria",[178] de tal manera que un judío no se podía sentar al lado de un gentil o en la misma mesa para comer el *agape* o la *Fiesta de Amor*.

En la ciudad de Antioquia de Siria sucedió un lamentable evento en el que el protagonista principal fue el apóstol Pedro. Él llegó a esa ciudad y se sentó a comer con los gentiles, algo que les estaba prohibido a los judíos no cristianos y también para algunos legalistas judeo/cristianos. El gran Bernabé, el llamado "Hijo de consolación", también le siguió el juego a Pedro. "Los otros judíos se retiraron con Pedro y por ultimo

---

hasta Bernabé se vio implicado en esta secesión".[179] ¡La hipocresía es contagiosa! Un día llegaron algunos hombres de Jerusalén y Pedro, por temor a la crítica o al rechazo por ser judío y estar comiendo con gentiles, dejó de hacerlo. Esto se llama hipocresía.

Aunque fue notoria la conducta de Pedro, al parecer nadie dijo nada al respecto, con la excepción del apóstol Pablo pues, "solo Pablo se levantó y reprendió a Pedro en presencia de todos... Le dijo que estaba derribando lo que había él establecido; que lo que Dios le había mostrado en Jope que era limpio, el hombre no debería de llamarlo inmundo. Pero Pedro disimulaba y retrocedía porque ciertos maestros judaizantes de Jerusalén llegaron a Antioquia e insistieron en que era necesario poner fin a ese negocio".[180]

Lo anterior se llama hipocresía. Esto es lo que sucedió en la Iglesia Primitiva, sin embargo, sucede también en la Iglesia Cristiana Evangélica Contemporánea. Pero, aunque suceda en dicha institución, William Barclay nos pone a pensar seriamente sobre esta práctica de mentir o de fingir que se ama a todas las personas en la iglesia o entre los cristianos, pues dice que: "Una iglesia deja de ser cristiana cuando hace discriminación de clases. En la presencia de Dios, una persona no es judía ni gentil, noble ni plebeya, rica ni pobre; es un pecador por quien Cristo murió".[181]

[179] William, Barclay. *Comentario al Nuevo Testamento. Volumen 10. Gálatas y Efesios.* Td. Alberto Araujo. (Terrassa (Barcelona), España. Editorial CLIE. 1998), 39.

[180] B. H. Carroll, *Comentario Bíblico No. 8: Gálatas, Romanos, Filipenses y Filemón.* Trd. Sara A. Hale. (Terrassa, (Barcelona), España. Editorial CLIE. 1987), 28.

[181] William, Barclay. *Comentario al Nuevo Testamento. Volumen 10.*

Es una persona que merece el respeto. ¿Cuánto más lo merece un pastor que ha sido llamado por Dios? Los líderes cristianos evangélicos que son hipócritas ante el Pastor de su iglesia, en este contexto, son mentirosos y además, se llega a pensar que han dejado de ser una iglesia cristiana. Será una comunidad con la máscara del cristianismo y con una falsa espiritualidad en donde nadie tiene confianza en nadie, por la terrible razón que tiene un liderazgo hipócrita.

III.- La hipocresía en el mundo contemporáneo.

Entonces, pues, ¿Qué es un hipócrita? En pocas palabras que definen qué es un hipócrita, Thomas Watson, dijo: "El hipócrita es piadoso en el templo, allí todos lo miran, pero es un extraño a la comunión secreta con Dios; es un cristiano en la iglesia, pero en su closet de oración es un ateo".[182] ¿Un ateo? Pues sí. Si no hace caso a los mandatos de Dios escritos en la Biblia o los usa para su elevar su hipocresía, entonces, ¡sí es un ateo, pues no cree en lo que Dios dice! Más bien, hace, dice y presenta una supuesta verdad detrás de una máscara que tiene un letrero que dice: "Falsa Espiritualidad".

La máscara de: "Estamos contigo pero no aceptamos tus estrategias de evangelismo, de misiones y de cambios en la práctica del culto". Es una barrera ministerial; es una barrera para la visión pastoral y para el deseo servil de los creyentes. En una iglesia cristiana evangélica, los líderes le pedían

---

Gálatas y Efesios. Td. Alberto Araujo. (Terrassa (Barcelona), España. Editorial CLIE. 1998), 39.

[182] Rescatando la Pureza del Evangelio. *Lo que es un hipócrita*. (La Habra, California. Internet. Declaración publicada el 3 de agosto de 2019. Consultada el 12 de agosto del 2020), ¿? https://www.facebook.com/rescatandolapurezadelevangelio/photos/a.2297810371

permiso al pastor para algunas actividades de la iglesia, pero detrás de la máscara de la hipocresía se hacía otra cosa.

Por ejemplo, Cierto día el pastor sorprendió a dos de los líderes haciendo planes para la Escuela Dominical. Ya se habían hecho y todos habían aceptado el *Proyecto 2019-2020* sobre la Escuela Dominical; todos los maestros y los materiales ya estaban listos para empezar a funcionar en los siguientes quince días. Pero, para algunos no fue de agrado que dos de los maestros enseñaran. No lo dijeron en la reunión, sino que, en su hipocresía, aquellos dos líderes, sin el aviso ni el consentimiento del pastor y de los otros líderes y mucho menos de la congregación, se estaban autonombrando los maestros de la Escuela Dominical con un tema diferente al *Proyecto 2019-2020*. El *Proyecto 2019-2020*, estaba basado en una educación bíblica y de desarrollo cristiano. Tenía como refuerzo el estudio de la *Disciplina Cristiana* entre los días de la semana.

Para aquellos líderes, el supuesto pastor estaba equivocado y tomando una autoridad que, según ellos, no le correspondía. Sin embargo, en su hipocresía, no tuvieron el valor de sentarse con el pastor y dialogar sobre el *Proyecto 2019-2020*, sino que, sencillamente, en su hipocresía estaban descartando a dos de los maestros y las lecciones dominicales, ellos escogieron lo que supuestamente era más educativo y espiritual para la iglesia. La verdad detrás de la máscara de la falsa espiritualidad es que aunque le llamaban pastor al siervo de Dios, para ellos, ¡nunca lo fue! ¡Pero nunca se lo dijeron! Esto se llama hipocresía.

Una de las verdaderas eclesiológicas que existe desde que la Iglesia Cristiana Evangélica es IGLESIA, es que: "La Iglesia no es perfecta, nunca lo ha sido. Algunas personas utilizan este hecho como una excusa para permanecer alejados de la Iglesia, diciendo: 'Me gustaría asistir a una Iglesia, pero hay muchos hipócritas allí'. Yo les digo: 'Ven, tenemos espacio para uno más'."[183]

Esta es la realidad contemporánea. Sin embargo, el problema es que algunos de los que llegan a la iglesia como hipócritas, con el tiempo, llegan a formar parte del liderazgo de la iglesia y siguen siendo hipócritas. ¡Este es un serio problema! Es el problema en donde la Verdad de Dios es ocultada por una máscara de falsa espiritualidad; es en donde el humanismo cristiano oculta la enseñanza bíblica por conveniencia: ¡Esto es hipocresía!

El domingo 27 de Septiembre del 2020 escuché decir a un predicador que un hermano le dijo: "Me retiré de la iglesia porque es una situación toxica".[184] El otro lado de la moneda sería reflexionar y pensar que si en la iglesia existe tal situación toxica, entonces; ¡hay que oxigenarla! ¿Por qué?, porque si Dios te ha dado los recursos necesarios para no dejar morir a la iglesia intoxicada, ¿no debes oxigenarla? ¿Por qué dejarla morir apartándote de ella? ¡Esto también se llama hipocresía!

El Comentario del escritor y pastor Gary Miller es muy atinado en este aspecto, él dice:

---

[183] John MacArthur. Declaración en el correo electrónico de Eddy Gopar el 21 de enero de 2014. Consultado el 17 de Septiembre del 2020), ¿? https://www.facebook.com/eddy.gopar

[184] Miguel Zúñiga. El siervo de Dios. (Buena, Park, California. Servicio de ordenación. Domingo 27 de Septiembre. 5:30 p.m.).

"Hay que reconocer que nadie es perfecto y como iglesia tenemos mucho campo para crecer y mejorar. Cuando nos comparamos con los primeros creyentes en el libro de los Hechos, ¿Cómo medimos nosotros? ¿Nos falta el dinamismo, la pasión, y el poder que ellos poseían? ¿Se nos dificulta lograr que nuestros vecinos asistan a los cultos?... Las iglesias que vemos en el libro de los Hechos tenían la reputación de trastornar el mundo. Y quizá nosotros, a duras penas mantenemos unida la iglesia. ¿Cuál es el problema?"[185]

¿Qué cuál es el problema? Qué el liderazgo de la Iglesia Cristiana Evangélica Contemporánea está escondiendo la verdad de Dios revelada en las Escrituras bajo una máscara de falsa espiritualidad.

La verdad detrás de la máscara de la falsa espiritualidad.

La verdad, cualquiera que esta sea, en la mayoría de las veces duele. Vissen Hernández, en su libro *El Dolor de la Verdad*, dice:

"Me agradan las personas que se quieren, me llenan de amor. Imposible no sentirse orgulloso de ellas. Y es que me encanta rodearme de personas que se quieren bonito, esas que no envidian a los demás, esas que son seguras de sí mismas, que saben lo que valen, que están orgullosos de ellos mismos... esas personas son únicas y

---

[185] Gary Miller. *El Cristianismo en el mundo evangélico.* (Costa Rica. La Antorcha de la Verdad. Revista Cristiana. Mayo - Junio. 2020. Volumen 34, Numero 3. La Antorcha de la verdad se publica bimestralmente por Publicadora La Merced en Costa Rica C.A), 13.

muy geniales, pues no intentan opacar o copiar a nadie, no están afanados por agradarle a alguien, no están dispuestos a que nadie los hagan sentir menos, no esperan que otras personas los elogien pues ellos mismos son capaces de hacerlo".[186]

¡Bienvenidos estos amigos! ¡Bienvenidos estos seres humanos con esta conducta que anhela Vissen Hernández ver en algunas personas!

Sin embargo, sabemos que dentro de la humanidad están los hipócritas; están aquellos/as que se lastiman con la verdad al mismo tiempo que perjudican a los otros. Algunos de ellos salen de ese dolor y le damos gloria a Dios por esta decisión, sin embargo otros, llamados líderes de la Iglesia Cristiana Evangélica Contemporánea siguen lastimándose al saber la verdad y continúan lastimando a otros con su falsa espiritualidad y falso conocimiento: Es decir, en su hipocresía, hasta su propia familia sufre.

En cuanto este tipo de sufrimiento, la Biblia dice:

"Los justos claman, y el Señor los oye; los libra de todas sus angustias. El Señor está cerca de los quebrantados de corazón, y salva a los de espíritu abatido. (Salmos 34:17-18).

Dichosos los que lloran, porque serán consolados (Mateo 5:4).

Depositen en él toda ansiedad, porque él cuida de ustedes (1 Pedro 5:7).

---

[186] Vissen Hernández. *El dolor de la verdad.* (La Habra, California. Internet. Consultado el 19 de Octubre del 2020), ¿? https://www.amazon.com/dolor-verdad-Spanish-Vissen-Hernandez/dp/B0875XG2QL

El hipócrita con la boca daña a su prójimo:
Mas los justos son librados con la sabiduría
(Prov. 11:9).

¡Hipócrita! saca primero la viga de tu propio
ojo, y entonces verás bien para sacar la paja del
ojo de tu hermano (Mateo 7:5).

Detrás de la máscara de la falsa espiritualidad.

Detrás de la máscara de la falsa espiritualidad y en este caso, de la hipocresía, podemos hacer mención de cinco verdades que hablan de hipocresía y que, las encontramos en la historia, en la Biblia, en Teología Cristiana y en la experiencia cristiana. Estas verdades, son:

1.- La hipocresía es contagiosa.
Existe un dicho de los abuelos que dice: "Dime con quién andas y te diré quién eres". Júntate con hipócritas y con el tiempo serás un hipócrita. La hipocresía es como el coronavirus que se mete en la nariz de cualquiera que esté cerca de él, lo debilita, lo enferma y puede matarlo. Otro de los dichos dice: "Cuanto más conozco a la gente más entiendo porque Noé solo permitió animales en el arca".[187] ¡No quería que su familia se infectara con la hipocresía!

2.- La hipocresía debe ser opacada o sacada de la iglesia por un juicio correcto.
Si existe algo que a los hipócritas no les agrada es un juicio sano; un juicio en donde la verdad sea presentada con claridad. Un juicio en donde: "Los verdaderos

---

[187] *Frases del día.* (La Habra, California. Internet. Consultado el 19 de Octubre del 2020), ¿? https://www.pinterest.es/pin/2582539784751419/?nic_v2=1a54yEd7J

discípulos – o los verdaderos líderes cristianos – no se juzgaran impropiamente los unos a los otros, puesto que han experimentado la misericordia y el perdón de Dios y extenderán a los demás esta misma misericordia y perdón en una actitud de agradecimiento a Dios (7:1-5)".[188]

Donde exista este tipo de juicio, la VERDAD será la reina de la Comunidad Cristiana. Donde existe este tipo de juicio, ¡Dios será glorificado! Donde exista este tipo de juicio, la verdad detrás de la máscara de la falsa espiritualidad dejara ver su luz para que la Comunidad Cristiana pueda caminar en la Verdad de Dios.

3.- La hipocresía tiene que ser sometida a la regla de oro.

Para Jesucristo, la regla de oro es: "Haz a los demás todo lo que quieras que te hagan a ti. Esa es la esencia de todo lo que se enseña en la ley y en los profetas".[189] El filósofo romano Seneca "(4 a.C. -65 d.C.) expresó este principio de manera positiva: 'Mostremos generosidad de la misma manera que nos gustaría que se nos brindase a nosotros' (*De benefisiis 2.1.1*), mientras que Confucio, el filósofo chino (551-479 a.C.), lo declaró de manera negativa: 'No hagas a los demás lo que no quieres que te hagan a ti' (*Analectas 15:23*)".[190]

Si la hipocresía se somete a la regla de oro, entonces, la Iglesia Cristiana Evangélica será la "sal" y la "luz' del mundo. ¡Esta es la VERDAD detrás de la máscara de la falsa espiritualidad!

---

[188] Michael J. Wilkins. *Comentario Bíblico con aplicación. MATEO. Del texto bíblico a una aplicación contemporánea.* (Nashville, Tennessee. Editorial Vida. 2016), 314.

[189] Mateo 7:12, (RV, 1960).

[190] Michael J. Wilkins. *Comentario Bíblico con aplicación. MATEO. Del texto bíblico a una aplicación contemporánea.* (Nashville, Tennessee. Editorial Vida. 2016), 315.

4.- La hipocresía es el claroscuro que desilusiona.

Manejar por una carretera en donde la neblina ha opacado al sol y solo se puede ver algo de su luz, allí se debe enfocar la mirada en lo poco que se puede ver de la carretera. No se puede observar el paisaje. El viaje es cansado; la vista se cansa de estar puesta solo en una parte de la carretera. Así es la hipocresía, solo permite ver una parte de la belleza de la naturaleza de Dios; solo permite ver una porción de la verdad de Dios. Por cierto, una verdad que, a la larga, desilusiona, pues solo es aburrimiento y cansancio a causa del tradicionalismo.

Así que: "La hipocresía es ese modo de vivir, de obrar, de hablar, que no es claro. Quizás sonríe, tal vez está serio... No es luz, no es tiniebla... Se mueve de una manera que parece no amenazar a nadie, como la serpiente, pero tiene el atractivo del claroscuro. Tiene esa fascinación de no mostrar las cosas claras, de no decir las cosas claramente; la fascinación de la mentira, de las apariencias... A los fariseos hipócritas, Jesús también les decía que estaban llenos de sí mismos, de vanidad, que a ellos les agradaba pasear por las plazas haciendo ver que eran importantes, gente culta...".[191]

"Es probable que el debate más famoso sobre la hipocresía sea Mateo 23. Los líderes religiosos no practicaban lo que predicaban (Mat. 23:3), y Jesús los comparó con vasos limpios por fuera pero sucios por dentro, y con sepulcros blanqueados (Mat. 23:25-28)".[192] Es decir, una vida de claroscuro. Es un capitulo en donde "Cristo lanza las más violentas diatribas

---

[191] El Papa Francisco. *Homilía del Papa: La hipocresía es un virus en la sombra.* (La Habra, California. Internet. Consultado el 19 de Octubre del 2020), ¿? https://www.catalunyareligio.cat/es/node/197440

[192] Leticia S. Calcada. (Edición General). *Diccionario Bíblico Ilustrado Holman.* (Nashville, Tennessee. – Impreso en China -. B and H Publishing Group. 2008), 781.

contra los hipócritas escribas y fariseos... No encontramos Cristo, toda su predicación, tan severo con ninguna clase de gente, como con estos escribas y fariseos".[193]

Jesús estaba por terminar su ministerio terrenal antes de que fuera levantado en la cruz del Gólgota y en este tiempo: "Jesús hace una última denuncia mordaz de los maestros de la ley y los fariseos como advertencia a sus discípulos y a las multitudes. ... Estos líderes religiosos son los de mayor influencia sobre la gente común, porque estaban situados en los pueblos y aldeas de todo Israel y participaban en la vida de la sinagoga".[194] Es decir, que ellos eran los encargados de tomar las decisiones teológicas, políticas y sociales. De acuerdo a Jesucristo, sus vidas, sus prácticas y sus enseñanzas eran claroscuros: Eran algo que impedían ver la realidad total de Dios y de su Palabra.

5.- La hipocresía es un pecado que, como los otros pecados, trae serias consecuencias entre ellas el divisionismo y el orgullo.

Haciendo mención de las enseñanzas de los líderes del judaísmo del tiempo de Jesucristo, Jesús les fijo: "Hipócritas, bien profetizó de vosotros Isaías, cuando dijo: Este pueblo de labios me honra; Mas su corazón está lejos de mí".[195]

¡Ah, la hipocresía! ¡Esta sí es un pecado! Es un pecado que el judaísmo del tiempo de Jesucristo no lo veía como tal. El liderazgo del judaísmo, para Jesús, eran guías ciegos que

---

[193] Matthew Henry. *Comentario exegético-Devocional a toda la Biblia. MATEO.* Td. Francisco Lacueva. (Terrassa (Barcelona), España. Editorial CLIE. 1984), 433.

[194] Michael J. Wilkins, *Comentario Bíblico con aplicación. MATEO. Del texto bíblico a una aplicación contemporánea.* (Nashville, Tennessee. Editorial Vida. 2016), 743.

[195] Mateo 15:7-8, (RV, 1960).

estaban conduciendo a los otros ciegos y que su fin no era nada agradable: Es decir que: "La hipocresía de los fariseos no solo los hace ciegos a su propia impureza interior, sino que, en su ceguera, guían mal al pueblo, puesto que no ven la verdad de la voluntad de Dios en el Antiguo Testamento".[196] Para ellos, la verdad de Dios está escondida bajo la máscara de la falsa espiritualidad que profesaban.

En esta actitud hipócrita, algunos líderes de nuestras iglesias evangélicas contemporáneas han mal usado el texto de Mateo 7:6, que dice: "No den las cosas sagradas a los perros, no sea que se vuelvan contra ustedes y los hagan pedazos. Y no echen sus perlas a los cerdos, no sea que las pisoteen" (DHH). Han dicho que no debemos de dar lo sagrado a los perros o a los cerdos. "Un antiguo dicho afirma: 'Nunca intentes enseñar a cantar a un cerdo, porque pierdes el tiempo y molestas al cerdo'. No obstante, algunos de los que consideramos cerdos o perros responden a las perlas que tenemos".[197] Sin embargo, para el hipócrita, es mejor cerrar las puertas de la iglesia para que estos "cerdos" y "perros" no entren a contaminar con sus pecados la "sagrada congregación". Ellos, en su falsa espiritualidad son los santos, los amados de Dios, los otros no.

"En seis oportunidades, los escritores del NT señalan que la sinceridad (sin la hipocresía, *anupokritos*) debía ser característica de los cristianos. En ellos, el amor (Rom. 12:9; 2 Cor. 6:6; I Ped. 1:22), la fe (I Tim.1:5; 2 Tim. 1:5) y la

---

[196] Michael J. Wilkins, *Comentario Bíblico con aplicación. MATEO. Del texto bíblico a una aplicación contemporánea.* (Nashville, Tennessee. Editorial Vida. 2016), 537.

[197] Michael J. Wilkins. *Comentario Bíblico con aplicación. MATEO. Del texto bíblico a una aplicación contemporánea.* (Nashville, Tennessee. Editorial Vida. 2016), 319.

sabiduría (Sgo 3:17) debían ser sinceros".[198] Esta es la verdad bíblica que los líderes hipócritas de nuestras congregaciones cristianas evangélicas han cubierto con la máscara de la falsa espiritualidad.

---

[198] Leticia S. Calcada. (Edición General). *Diccionario Bíblico Ilustrado Holman.* (Nashville, Tennessee. – Impreso en China -. B and H Publishing Group. 2008), 781.

Capítulo Cinco:

"TÚ ERES EL ENDEMONIADO"

Entonces llegaron al otro lado del lago, a la región de los gerasenos. Cuando Jesús bajó de la barca, un hombre poseído por un espíritu maligno salió del cementerio a su encuentro. Este hombre vivía entre las cuevas de entierro y ya nadie podía sujetarlo ni siquiera con cadenas. Siempre que lo ataban con cadenas y grilletes —lo cual le hacían a menudo—, él rompía las cadenas de sus muñecas y destrozaba los grilletes. No había nadie con suficiente fuerza para someterlo. Día y noche vagaba entre las cuevas donde enterraban a los muertos y por las colinas, aullando y cortándose con piedras afiladas.

Cuando Jesús todavía estaba a cierta distancia, el hombre lo vio, corrió a su encuentro y se inclinó delante de él. Dando un alarido, gritó: '¿Por qué te entrometes conmigo, Jesús, Hijo del Dios Altísimo? ¡En el nombre de Dios, te suplico que no me tortures!'. Pues Jesús ya le había dicho al espíritu: 'Sal de este hombre, espíritu maligno'.

Entonces Jesús le preguntó: — ¿Cómo te llamas? Y él contestó: —Me llamo Legión, porque somos muchos los que estamos dentro de este hombre".

Marcos 5:1-9, (NTV).

Cuando al pecado se le da cabida, poco a poco va formando cadenas cada vez más resistentes. En este caso notamos que de la hipocresía se corre el riesgo de llegar a ser poseído por uno o más demonios. Si la puerta de la verdad de Dios se cierra a causa de la falsa espiritualidad, la puerta de la maldad se abre de par en para dar lugar a que Satanás envié a sus demonios para sean ellos los que tomen el control de la o las persona/s. Por ejemplo: "América que en un tiempo promovió a Dios y los valores bíblicos, ahora se opone a ellos; y Rusia, que en un tiempo se opuso a Dios y a los valores bíblicos, ahora les da la bienvenida y los promueve".[199]

Richard Ing, en el capítulo 15, titulado: *El espíritu del control mental*, de su libro: *Guerra Espiritual*, dice que: "Satanás quiere controlar las mentes de todos los habitantes del mundo para forzarlos a que lo adoren. Dios, por otro lado, nos da libertad para amar y servirle a Él".[200] El relato que hemos leído dice que aquel hombre estaba poseído por demonios en su totalidad, no solo había un control de su mente, sino de todo su ser. Cuando vio a Jesús corrió hacia el para hacerle una súplica o tal vez para reclamarle su inoportuna orden. Noten lo que le dicen – y digo dicen, porque eran muchos - a Jesús: "¿Por qué te entrometes conmigo, Jesús, Hijo del Dios Altísimo? ¡En el nombre de Dios, te suplico que no me tortures!".[201] El hombre endemoniado sabe quién

[199] Tim LaHaye y David Noebel. *Asedio de la mente: La batalla por la verdad en el nuevo milenio.* (Nashville, TN-Miami, Florida. Editorial Caribe, Inc. Una división de Thomas Nelson, Inc. 2002), 133. Comentario de Cal Thomas.
[200] Richard Ing. *Guerra Espiritual.* (New Kensington. Whitaker House.2006), 234.
[201] Marcos 5:7, (NTV).

es Jesús, le llama "Hijo del Dios Altísimo". Al mismo tiempo que reconoce la autoridad del Señor sobre él.

El endemoniado vivía fuera de la comunidad del pueblo; estaba viviendo entre los sepulcros. Luego, pues, nos preguntamos; ¿Es posible que un endemoniado pueda estar entre las personas? Es más, ¿es posible que un endemoniado puede estar entre la Comunidad Cristiana? La respuesta en base a nuestra experiencia es que ¡Sí!, sí es posible que un endemoniado pueda estar conviviendo entre los cristianos evangélicos. Para Richard Ing, no solo un endemoniado puede estar entre los cristianos sino que, según él, un cristiano puede estar endemoniado. Richard dice que la pregunta para los ministerios de liberación es:

"¿Pueden tener demonio los cristianos?, no es una exageración. Las experiencias con miles de sesiones de libración no me dejan dudas en mi mente de que los cristianos no solo pueden, sino que tienen demonios. Un famoso maestro, Frank Hammond, dice: 'La pregunta no es si los cristianos pueden tener demonios, sino por el contrario, ¿puede alguna vez, encontrar cristianos sin demonios?' La gente se pone de pie en los servicios y declara: '¡Yo no tengo demonios!' Sin embargo, el demonio del orgullo se ve manifestado en sus rostros".[202]

La pregunta ahora es: ¿Pueden los demonios poseernos como cristianos? Para dar respuesta a esta pregunta debemos hacer una diferencia entre *"poseer"* y *"tener"*. Tim LaHaye cuenta que un domingo que estaba en la iglesia, después de

---

[202] Richard Ing. *Guerra Espiritual*. (New Kensington. Whitaker House.2006), 9.

escuchar un buen mensaje de parte del pastor Ron, cantaron el Himno titulado: Castillo fuerte es nuestro Dios. Al comenzar la segunda estrofa el grupo de música se desafinó y dejaron de cantar. Un grupo de policías tomó al directo de música y lo separó del grupo. Antes de que el pastor Ron pudiera llegar al pulpito para preguntar qué era lo que estaba sucediendo, también fue arrestado. Un instante después, la concejal Evelyn Dirks pasó al frente y después de pedir disculpas por la interrupción, presentó al Reverendo Philip Spencer, miembro de la Sociedad Humanista de Amigos como el nuevo pastor de la iglesia. Después de presentarse una vez más, les dijo:

"Mis queridos amigos,... no permitamos que la maldad de unos pocos ensombrezca lo bueno de la mayoría, sino alegrémonos de que la justicia y el derecho prevalecerán y la intolerancia y el mal serán vencidos. ¡Amén! – Con la congregación en completo silencio, el Reverendo Spencer, siguió diciendo – Esta mañana me gustaría estudiar con ustedes el gran poder libertador de las palabras pronunciadas por un verdadero profeta de nuestro tiempo. Este hombre, un heraldo digno de confianza del nuevo orden mundial, nos dio la verdad y nos liberó cuando dijo: 'Por sus grandes logros, el hombre, usando los recuerdos y las leyes de la naturaleza, y sin ayuda de la divinidad, tiene credibilidad total. De igual modo, es responsable totalmente de sus deficiencias. El humanismo le asigna al hombre nada menos que la tarea de ser su propio salvador y redentor'."[203]

---

[203] Tim LaHaye y David Noebel. *Asedio de la mente: La batalla por la verdad en el nuevo milenio.* (Nashville, TN-Miami, Florida. Editorial Caribe, Inc. Una división de Thomas Nelson, Inc. 2002).

¡Esto es tener demonios en su persona! Los cristianos pueden "tener" demonios pero no pueden poseerlos. "Desafortunadamente, la Versión Reina Valera de la Biblia emplea una palabra incorrecta. En el griego la palabra correcta es 'endemoniado' o tener demonios".[204] No necesariamente un control demoniaco como se presenta en la narrativa de Marcos cinco.

Por ejemplo, tener demonios, se puede entender con las siguientes dos historias. En una iglesia evangélica en el Condado de Orange en California, uno de los líderes del grupo de oración comenzó a decir que cierto hermano tenía demonios. En un principio se pensó que estaba bromeando, pues era el líder del grupo de oración. Después dijo lo mismo de otro hermano y así fue haciendo con otros y otras. Un día, uno de los pastores lo saludó de mano y la presencia demoniaca se hizo presente; el pastor lo notó y de inmediato lo comunicó a los otros líderes. Todos le creyeron al pastor pero, increíblemente el líder principal dijo que eso no era posible.

El tiempo pasó. Mientras tanto, el líder de oración, ya había llevado a algunos de los jovencitos a casas de citas, les había enseñado a ver pornografía y había citado a dos hermanas para que participaran en sus visitas a los centros nocturnos. También, les había robado dinero a dos hermanos; supuestamente se los había pedido prestado pero cuando le pidieron que se lo pagaran, sencillamente les dijo que nunca lo haría. Fue hasta entonces que, primero, se le destituyó del liderazgo de oración. Segundo, un grupo de cristianos/as

---

[204] Richard Ing. *Guerra Espiritual.* (New Kensington. Whitaker House.2006), 11.

se puso a orar y en pocos días, el hombre con el disfraz del cristianismo, desapareció de la iglesia y de la comunicación entre los hermanos.

¡Sí puede un endemoniado estar entre la Comunidad Cristiana! Estamos hablando de uno que puede "tener" uno o más demonios en su vida pero que no lo controlan en su totalidad. Dicho personaje, no solo puede estar entre los cristianos y ser nombrado como cristiano sino que su propósito será hacer que los cristianos tomen una conducta o una moral no cristiana. Su meta es esconder la verdad de Dios bajo una máscara de falsa espiritualidad.

En otra iglesia cristiana evangélica del Sur de California, el pastor predicó dos sermones sobre Marcos 5:1-20. Desde el primer mensaje, el pastor, desde el pulpito, notó que uno de los presentes tenía una risa burlona reflejada en su rostro. Terminada la predicación, en el estacionamiento de la iglesia, esa persona hizo algunos comentarios muy negativos sobre la predicación; y los hizo con una risa burlona. Aunque los demonios, a los cristianos no pueden poseer, al parecer, los cristianos sí podemos poseer demonios.[205]

Al siguiente domingo, se presentó desde el pulpito el segundo mensaje; es decir, la predicación del Endemoniado Gadareno. En su mensaje, el pastor, puso al descubierto lo que era y es el reino de Satanás. Richard Ing, asegura que el pasaje de Marcos 5:1-20 contiene diez elementos que los demonios tienen y saben, El décimo es que "los demonios conocen la Palabra de Dios. Los demonios sabían lo que la Palabra de Dios dice acerca del fin cuando ellos serán consignados al

---

[205] Richard Ing. Guerra Espiritual. (New Kensington. Whitaker House.2006), 11.

abismo (Apocalipsis 20:1, 3). También ellos sabían que Jesús era el Hijo de Dios (Marcos 5:7).[206] Pero aún más asombroso son las expresiones o mejor dicho declaraciones, en especial, la última oración, pues es una declaración sumamente bíblica y con una profunda Teología Judeo/Cristiana. Notemos que: "Aunque a veces los hombres van a los extremos para negar la deidad de Cristo, no hacen esto los demonios; nótese el título sublime dado al Maestro por el vocero de los espíritus inmundos que moraban en este hombre. ¡Le llama nada menos que Jesús –es- 'Hijo del Dios Altísimo'! Y exactamente esto era y es Jesús. Cf. Gen. 14:18, 19; Is. 6:3 (a la luz de Juan 12:41); Luc. 1:23, 35, 76; 6:35; 8:28; Heb. 7:1)".[207]

Después de los mensajes sobre Marcos 5:1-20, las reuniones de los líderes siguieron una tras otras y, lamentablemente, todo lo que se estaba haciendo era bajo la risa burlona del enemigo que al parecer el pastor era el único que se daba cuenta del control demoniaco pero nadie le hizo caso. El pastor notó que entre el liderazgo de la Iglesia Cristiana Evangélica de ese lugar, no había amor entre ellos, notó que el odio y el orgullo gobernaban sus acciones. La humildad de ser siervos de Dios había quedado escondida bajo la máscara de la falsa espiritualidad: Es decir que los demonios, de una manera indirecta, pues, al parecer no estaban posesionados de los líderes eclesiásticos sino que por lo menos, de acuerdo a lo que el pastor se dio cuenta, solo uno de ellos tenía más de un demonio en su persona.

---

[206] Richard Ing. Guerra Espiritual. (New Kensington. Whitaker House.2006), 14-15.

[207] Guillermo Hendriksen. *El Evangelio Según San Marcos. Comentario del Nuevo Testamento.* Td. Humberto Casanova. (Grand Rapids, Michigan. EE.UU. Subcomisión Literatura Cristiana de la Iglesia Cristiana Reformada. Distribuido por T.E.L.L. 1987), 199-205.

En poco tiempo se descubrió que la tal persona no era miembro de la iglesia local y aun así, le habían permitido ser uno del Cuerpo del Liderazgo. La presencia demoniaca había cerrado las mentes y los ojos espirituales para que no se dieran cuenta de la presencia negativa que, por cierto, ya estaba causando serios problemas entre la Comunidad Cristiana. Dicha presencia, en la persona de ese líder, hizo lo que Tim LaHaye dice como título en su libro: *Asedio de la mente*, el espíritu demoniaco, ¡controló las mentes de todos los presentes a tal grado que, en una Reunión de Liderazgo, cuando se le dijo que él no era miembro de la iglesia y que solo debería de asistir a los cultos pero no tomar decisiones, le dijo al líder que lo atacó: "Amigo" – palabra favorita de él, aunque no era amigo de nadie -, pero, en fin, le dijo: "Amigo, tú aquí solo eres el cartero". Increíblemente, nadie le reprendió por este atrevimiento.

En una entrevista entre el pastor y aquel hermano que tenía demonios en su persona, se trató el asunto familiar y también el del liderazgo de la iglesia. Cuando el pastor le dijo que como no era miembro de la iglesia, no debería de estar en el Cuerpo del Liderazgo Eclesiástico. Una vez más, burlándose de las mujeres líderes, le dijo al pastor: "Amigo, a esas viejas yo las controlo". Y era cierto, nadie de las mujeres líderes ni las que eran solamente miembros de la iglesia se atrevían a contradecir lo que él ordenaba. Una de los líderes le dijo al pastor: "El solo quiere ayudar a hacer creer la iglesia". Pero era lo contrario, a los que llegaban por primera vez, les tomaba su dirección y esa misma semana estaba en sus hogares interrogándolos; a algunos le dijo que no volvieran a la iglesia; que ellos nunca serian parte de ellos.

Cuando se es un agente de Satanás en algunas ocasiones su disfraz de cristiano es tan real que es casi imposible darse cuenta que la verdad de Dios está siendo opacada bajo una máscara de una falsa espiritualidad. El doctor, pastor e investigador Kurt E. Koch, cuenta la siguiente historia:

"Un evangelista de una iglesia pentecostal extremada, tuvo una campaña de reuniones al final de las cuales dijo: 'Si alguien desea recibir el bautismo del Espíritu Santo que se quede después del culto para una pequeña reunión especial'. Cierto número de señoras y muchas se quedó. El evangelista les dijo: 'Hay aquí 50 ángeles presentes para ser testigos del bautismo del Espíritu Santo'. La señora que me contó esta historia me dijo que en cuanto el predicador puso sus manos sobre su cabeza quedó inconsciente. Cuando se despertó se halló en un cuarto cerrado con rejas y descubrió por la enfermera, que había sido internada en un manicomio, del que afortunadamente pronto pudo ser dada de alta. La mujer sentía como si hubiese quedado poseída por el demonio. Aun en su casa comenzó a ver espíritus y figuras horripilantes, los vecinos la oían gritar con voces de hombres. ... No podía orar y que voces de animales y de hombres salían de ella. A pesar de ser una mujer tan inteligente y piadosa que había dado estudios bíblicos por casi veinte años, se sentía como poseída. Estaba convencida de que el evangelista que puso sus manos sobre ella era un servidor de Satanás, y no un hombre de Dios. Esto fue conformado por otros datos. Se descubrió que este falso evangelista, había robado mil dólares de una persona mientras se encontraba en estado hipnótico, y que en otras ocasiones, ponía sus manos sobre los pechos y las nalgas de las señoras y señoritas, con la excusa de que todo el cuerpo tenía que ser lleno del Espíritu Santo".[208]

Bien dijo el apóstol Pablo, que algunos predicarían "doctrinas de demonios". Al pastor Timoteo le advirtió de esta enseñanza o predicación, diciéndole: "Pero el Espíritu dice manifiestamente, que en los postreros tiempos algunos apostatarán de la fe, escuchando a espíritus de error y a doctrinas de demonios;..."[209] Este es un caso en que las personas *tienen* y puede que sean *poseídas* por demonios.

Para que notemos más claramente la diferencia entre *tener* y ser *poseído*, volvamos a Marcos 5:1-20 y notemos la actitud del hombre gadareno. Notamos que vivía entre los sepulcros, lugar favorito, según se creía de los demonios. Era un hombre fuerte y feroz. No lo podían atar porque rompía todo aquello conque lo ataban, y además espantaba con su agresividad. Así que debemos de pensar: "hasta qué punto este hombre se sentía poseído se ve por su manera de hablar. Algunas veces usa el singular como si fuera el mismo el que hablaba; pero otras usa el plural, como si todos los demonios estuvieran hablando... Cuando Jesús le preguntó cómo se llamaba, contestó que legión.... Una legión era un regimiento romano de 6,000 soldados".[210] Entonces, pues, estamos hablando de un control total del gadareno: ¡Esta es una posesión demoniaca!

---

[208] Kurt E. Koch. *El Diccionario del Diablo: Una exposición de las ciencias ocultas ilustrada con 175 casos auténticos.* Td. Samuel Vila. (Terrassa (Barcelona), España. Editorial CLIE.1988), 54-55.

[209] I Timoteo 4:1, (Biblia Jubileo 2000).

[210] William Barclay. *Comentario al Nuevo Testamento. Volumen 3: MARCOS.* Trd. Alberto Araujo. (Terrassa (Barcelona), España. Editorial CLIE. 1970), 143.

En otra reunión, en la que se trataba un problema familiar en la Iglesia Cristiana Evangélica de la que se ha hecho mención, fue un problema de los muchos que había provocado ese "cristiano" entre la Comunidad Cristiana. Pues bien, a esa reunión fue llamado el pastor para ayudar con la solución a dicho problema. Aun el pastor no había pronunciado una sola palabra, con ojos de gran ira, el que tenía demonio se dirigió al pastor y le dijo: "Amigo, tú eres un hipócrita, mentiroso y calumniador". Fue en ese momento que uno de los líderes tomó valor y le dijo a esa persona: "¡Tú eres el endemoniado! ¡Tú eres el endemoniado del que predicó el pastor!" Con su característica risa burlona, solo se dio la vuelta y guardó silencio. Los demonios son astutos, no se dejan engañar ni se manifiestan con poder cuando se ven acorralados.

Con tal de destruir la obra de Dios, los demonios son capaces de hacer todo lo posible para que la obra de Dios deje de progresar. Una de las falacias que usan los demonios es llenar de envidia y de un falso orgullo a algunos líderes de la Iglesia Cristiana Evangélica. Tal y como sucedió entre el liderazgo de una Iglesia evangélica en el Sur de California. Uno de los líderes que, por cierto, se autonombró líder, en poco tiempo ya se había nombrado pastor de la iglesia sin que nadie lo supiera con excepción de la tesorera de la iglesia.

La ceguera que la fuerza demoniaca causa en los líderes que se descuidan en su ministerio de servir por amor al Señor Jesucristo y a Su Iglesia, se hizo notar en esta iglesia cristiana. Tal y como le había dicho en días pasados al pastor: "Amigo, a esas viejas yo las controlo", lo estaba haciendo. En uno de esos actos dominantes pidió dinero a la tesorera y ella, sin consultar ni decir nada a nadie se lo dio. Nadie, ni siquiera el pastor lo sabía. Esta persona usó ese dinero para registrase como pastor de la iglesia.

Cuando se presentó en la Oficina de la denominación con el documento que lo acreditaba como pastor, la primera pregunta que le hicieron fue si el pastor había renunciado. Mintiendo dijo que no pero que ya estaba por salir y que el tomaría el pastorado. Cuando al pastor le dijeron lo que se estaba haciendo a sus espaldas, le anticiparon que lo que él había hecho era un Fraude eclesiástico y que podría ir a la cárcel. Era un robo a la tesorería, era una posible mentira a la tesorera, era un acto oculto de la iglesia y era una actitud de usurpación eclesiástica.

Lamentablemente, el liderazgo y gran parte de la iglesia a la que hacemos referencias, cuando el pastor les comentó lo sucedido, ¡no hicieron nada para pararlo! La iglesia se dividió. Este es el trabajo de los demonios: ¡Esconder la verdad de Dios detrás de la máscara de la falsa espiritualidad!

La verdad detrás de la máscara de la falsa espiritualidad.

Para cerrar este capítulo, hablemos de tres pasos que presenta la Biblia y la Teología Cristiana para sacar a luz la verdad de Dios que algunos llamados líderes cristianos de la Iglesia Cristiana Evangélica, con un espíritu demoniaco, la han escondido detrás de la máscara de la falsa espiritualidad.

1.- Jesucristo es la Máxima Autoridad.

Guillermo Hendriksen dice que: "La relación entre la historia precedente (Mr. 4:35-41) y esta narración (5:1-20) es fácil de recordar. De la descripción del *fiero* mar (4:37) el evangelista pasa a la de un hombre *fiero* (5:3-5). Humanamente hablando *ambos eran indomables*, pero Jesús dominó a los dos".[211]

Kurt E. Koch cuenta que una mujer se vendió dos veces al diablo. Luego:

"Cuando se vio embarazada, en el primer año de su matrimonio, vendió también al diablo a su bebé que iba a nacer. Cuando nació mostró evidentes señales de senilidad. A la edad de ocho años, la niña había perdido gran parte de su cabello y le ha salido arrugas como si tuviera 50 años de edad. La madre posee poderes mediumnisticos. Hallándose en estado de trance declaro que a la niña la poseen cuatro demonios. Tiene ataques durante los cuales es fuerte como un oso. Una vez que la visitó un pastor... lo atacó con tal fuerza que se vio incapaz de desasirse. Sin embrago, cuando gritó: 'Yo estoy protegido por la sangre de Cristo', la mujer le soltó y lo dejó ir".[212]

¡La autoridad de Jesucristo es mayor que la de los demonios!

En todo el ministerio de Jesucristo en esta tierra, desde su bautismo en el rio Jordán hasta poco antes de ser crucificado, dejó físicamente y espiritualmente libres a aquellos que

---

[211] Guillermo Hendriksen. *El Evangelio Según San Marcos. Comentario del Nuevo Testamento.* Td. Humberto Casanova. (Grand Rapids, Michigan. EE.UU. Subcomisión Literatura Cristiana de la Iglesia Cristiana Reformada. Distribuido por T.E.L.L. 1987), 199-200.

[212] Kurt E. Koch. *El Diccionario del Diablo: Una exposición de las ciencias ocultas ilustrada con 175 casos auténticos.* Td. Samuel Vila. (Terrassa (Barcelona), España. Editorial CLIE.1988), 97.

estaban de alguna manera posesionados por los demonios y, al final, "la victoria completa de Jesús sobre el reino de Satanás vino por medio de la Cruz y Su Resurrección. El, por nosotros, destruyó principados y derrotó a Satanás, sellando así la suerte del diablo (Colosenses 2:15)".[213] Como Jesús es la máxima autoridad, entonces, la autoridad de los demonios no supera a la que los cristianos poseemos. ¡No hay nada que Jesús no pueda dominar!

2.- *Una de las barreras contra la posesión demoniaca es la humildad.*

Una y otra vez la Biblia hace énfasis en que el ser humano y en especial el cristiano deben ser humilde. Por ejemplo, el apóstol Pablo enseño la actitud de humildad en las iglesias que el fundo o ayudo a fundación, a los Efesios les dijo que fueran: "Siempre humildes y amables, pacientes, tolerantes unos con otros en amor". A los filipenses les dijo: "No hagan nada por egoísmo o vanidad; más bien, con humildad consideren a los demás como superiores a ustedes mismos". A la iglesia de Roma les dijo: "Vivan en armonía los unos con los otros. No sean arrogantes, sino háganse solidarios con los humildes. No se crean los únicos que saben". A los colosenses los exhorta a vivir como "escogidos de Dios", diciéndoles: "Por lo tanto, como escogidos de Dios, santos y amados, revístanse de afecto entrañable y de bondad, humildad, amabilidad y paciencia".[214]

Pablo sabía que esta manera de vivir evitaría que Satanás tomara ventaja y que sus demonios pudieran controlar a los

---

[213] Richard Ing. *Guerra Espiritual.* (New Kensington. Whitaker House.2006), 16.
[214] Efesios 4:2; Filipenses 2:13; Romanos 12:16; Colosenses 3:12.

cristianos con el orgullo, las mentiras, los robos, los engaños y todas las otras cosas carnales. ¡Qué importancia es ser humilde! Esto no le gusta a Satanás, pues él, desde que entró en su vida el orgullo quiso derribar a Dios de su trono; no quiso seguir siendo humilde ante Dios. Así que, quien no es humilde es muy probable que tenga uno o más espíritus demoniacos en su vida.

Lo que se está diciendo es que la verdad bíblica y sin la máscara de lo espiritual, es aquella que está dirigida por el Espíritu Santo, esa la verdad pura y santa que nos presentan las Escrituras, y esa es la humildad. Entonces, pues, la verdadera humildad; la que es controlada por el Espíritu de Dios, es un freno para cualquier ataque demoniaco. Los que se humillan ante la verdad bíblica y a la Soberanía de Dios, ponen una fuerte barrera contra los ataques del enemigo. Es decir que:

> "La palabra Humildad proviene del latín *humilitas*, que significa 'pegado a la tierra'. Es una virtud moral contraria a la soberbia, que posee el ser humano en reconocer sus debilidades, cualidades y capacidades, y aprovecharlas para obrar en bien de los demás, sin decirlo. De este modo mantiene los pies en la tierra, sin vanidosas evasiones a las quimeras del orgullo. La persona humilde, reconoce su dependencia de Dios; no busca el dominio sobre sus semejantes, sino que aprende a darles valor por encima de sí mismo. El apóstol Pablo dijo una vez que no debemos tener más alto concepto de nosotros mismos del que debemos tener. Así es el humilde, no mira lo suyo propio, sino lo de los demás. Sale en ayuda de los

afligidos, extiende su mano al menesteroso. Viene a servir y no a ser servido".[215]

El consejo para aquellos que, como el hermano cristiano o que por lo menos se le consideraba así en la iglesia de Jesucristo, es: "Se humilde en esta vida, con tus gestos y acciones, porque el que sube como palmera, puede caer como coco".[216] Esta es una verdad que es respaldada por las Escrituras, por ejemplo, uno de los salmistas bíblicos dice que Dios "a los humildes concede el honor de la victoria".[217] En este Salmo de alabanza, se aclara que Dios se agrada de su pueblo, es decir que Dios tiene interés en "cada uno de los seres humanos, pero cuidado especial en los humildes".[218]

3.- La verdad demoniaca, sin la máscara de la falsa espiritualidad es que estamos en una guerra espiritual que un día llegará a su fin.

Volvamos a Marcos 5:7 y notemos una vez más que los demonios saben que tienen un final no agradable. Hoy tienen libertad limitada pero al fin es libertad. Pero también entienden que esa poca o mucha libertad que tienen, Jesucristo, "El Hijo del Dios Altísimo" como ellos lo llamaron, se las quitará. La pregunta que le hacen es: "¿Has venido a torturarnos antes

---

[215] Concepto Definición. *¿Qué es Humildad?* (La Habra, California. Internet. Consultado el 21 de Septiembre del 2020), ¿? https://conceptodefinicion.de/humildad/

[216] *Se humilde.* Correo electrónico enviado a mi correo por Miguel Zúñiga el 18 de Septiembre del 2020. ¿? Facebook.com/miguelzuniga.3386585/post/4911292942214947?from_clase_friend=1

[217] Salmo 149:4, (NVI).

[218] Daniel Carro, José Tomás, Rubén O. Zorzoli (Editores Generales). Eduardo Nelson G., Mervin Breneman y Ricardo Souto Copeiro. *Comentario Bíblico Mundo Hispano: Salmos. Tomo 8.* (El Paso, Texas. Editorial Mundo Hispano. 2002), 442.

del tiempo establecido?", indica que ellos saben su fin. Es decir que: El mundo de los demonios sabe que al llegar el día del juicio final la libertad relativa que gozan para recorrer el mundo y el cielo circundante (Ef. 2:2; 612) cesará para siempre y está determinado para ellos su castigo final y más terrible".[219]

El teólogo Reformado Louis Berkhof, hablando del estado final de los malvados, dice:

"Evidentemente, hay en la teología actual una tendencia entre algunos círculos, a desterrar la idea del castigo eterno. Los aniquilacionistas, que todavía están representados en sectas como la de los adventistas y los del amanecer milenario, y los abogados de la inmortalidad condicional, niegan la existencia continuada de los impíos, y por lo tanto consideran necesario un lugar para el castigo eterno. En la teología amplitudista moderna la palabra 'infierno' se considera, por lo general, como una designación figurada de una condición puramente objetiva, en la que los hombres pueden encontrase aun cuando todavía estén sobre la tierra, y que se hará permanente en el futuro.

Pero estas interpretaciones, en verdad, no hacen justicia a los datos de la Biblia. No hay lugar para la duda razonable de que la Biblia enseña la existencia continuada de los impíos, Mateo 24:5; 25:30, 46; Lucas 16:19-31".[220]

[219] Guillermo Hendriksen. *El Evangelio Según San Marcos. Comentario del Nuevo Testamento.* Td. Humberto Casanova. (Grand Rapids, Michigan. EE.UU. Subcomisión Literatura Cristiana de la Iglesia Cristiana Reformada. Distribuido por T.E.L.L. 1987), 205.

[220] Louis Berkhof. *Teología Sistemática.* (Grand Rapids, Michigan. Libros

La verdad detrás de la máscara de la falsa espiritualidad es que Satanás, la demonología y la maldad tienen un lamentable fin eternal. Es un fin en que los Redimidos por la sangre de Cristo estarán con Dios eternamente mientras que los que se dicen ser cristianos y los no cristianos estarán eternamente fuera del gozo, la alegría y la paz de Dios; estarán en un lugar de eterno sufrimiento.

Lo triste es que mientras llega ese fin para Satanás, los demonios y para los incrédulos, la verdad detrás de la máscara de la falsa espiritualidad que en la Iglesia Cristiana Evangélica Contemporánea encontramos es que tenemos líderes cristianos y no cristianos que están ministrando con un espíritu demoniaco; son líderes que se les puede decir acertadamente: *"Tú eres el endemoniado"*. Son ellos los que esconden la verdad de Dios detrás la máscara de la falsa espiritualidad.

Desafío. 2002), 881.

Capítulo Seis:

¡ESTO NO ES ÉTICO!

"No malinterpreten la razón por la cual he venido. No vine para abolir la ley de Moisés o los escritos de los profetas. Al contrario, vine para cumplir sus propósitos. Les digo la verdad, hasta que desaparezcan el cielo y la tierra, no desaparecerá ni el más mínimo detalle de la ley de Dios hasta que su propósito se cumpla.
Han oído que a nuestros antepasados se les dijo: 'No asesines. Si cometes asesinato quedarás sujeto a juicio'. Pero yo digo:...
'Han oído el mandamiento que dice: No cometas adulterio'. Pero yo digo....
'Han oído la ley que dice: Un hombre puede divorciarse de su esposa con solo darle por escrito un aviso de divorcio'. Pero yo digo:....
'También han oído que a nuestros antepasados se les dijo: No rompas tus juramentos; debes cumplir con los juramentos que le haces al Señor'. Pero yo digo: ....
'Han oído la ley que dice que el castigo debe ser acorde a la gravedad del daño: Ojo por ojo, y diente por diente'. Pero yo digo:....
Han oído la ley que dice: Ama a tu prójimo y odia a tu enemigo'. Pero yo digo:....."

Mateo 5:17-43, (NTV).

El Sermón del monte, es uno de los más extensos de los que predicó Jesús durante sus tres años de Ministerio Terrenal. Es un largo mensaje de enseñanzas éticas y morales que incluye tres de los veintiocho capítulos del Evangelio de Mateo. Entonces, pues: "Aquí comienza el sermón del monte (cap.5-7), primero de los cinco discursos de Jesús en este Evangelio".[221] Repetimos, este primer mensaje registrado por Mateo está saturado de una ética que supera a todas las prácticas y conocimientos de sus oyentes. Las expresiones: *"Pero yo digo:...."*, indican que la Ética de sus paisanos no estaba llenado la vida social de bienestar, tal y como se propone en la Ética Cristiana. La Ética de Jesús sorprendió a los presentes, pero no solo a ellos sino que: "Desde que Jesús pronunciara estas palabras por primera vez hasta el día de hoy, personas de todos los trasfondos y tradiciones han sido intensamente motivadas por su potente expresión de la vida moral y ética".[222]

La Ética que Jesús ha propuesto era superior a la que practicaban y enseñaban los fariseos. Por eso, Jesús, les dice a sus oyentes que deben tener una calidad de vida superior a la de ellos, diciéndoles: "Les advierto: a menos que su justicia supere a la de los maestros de la ley religiosa y a la de los fariseos, nunca entrarán en el reino del cielo".[223] ¡¿No entrarán en el reino de los cielos?! ¡Qué declaración! No cabe duda de que "esta era una doctrina extraña para los que consideraban a los escribas y fariseos como a quienes habían escalado las cimas de la piedad religiosa. Por lo tanto, fue una

---

[221] Comentario en la *Biblia de Estudio Esquemática*. (Brasil. Sociedades Bíblicas Unidas. 2010), 1387.

[222] Michael J. Wilkins. *Comentario Bíblico con aplicación. MATEO. Del texto bíblico a una aplicación contemporánea.* (Nashville, Tennessee. Editorial Vida. 2016), 190.

[223] Mateo 5:20, (NTV).

gran sorpresa para ellos oír que debían ser mejores que los escribas y fariseos".[224]

En la Iglesia Evangélica Contemporánea, al parecer el liderazgo de esta iglesia está actuando bajo la Ética que es casi contraria a la Ética de la Biblia y en especial a la de Jesús. Cuando se dice "*casi*", es porque la doctrina de los escribas y fariseos no estaba del todo equivocada, Jesús, les dijo a sus oyentes: "Claro, obedézcanlos. ¡Hagan lo que dicen, pero no se les ocurra hacer lo que ellos hacen! Porque ellos mismos no hacen lo que dicen que se debe hacer".[225] Es decir, enseñaban lo que enseñan las Escrituras pero no lo practicaban, su ética era pública no privada.

Lo que entendemos es que el liderazgo de la Iglesia Evangélica Contemporánea, puede, como ya se ha dicho en otro capítulo, hipócrita, pues: "Los que hacen y enseñan el bien son en verdad honorables, y dignos de gran estima en la Iglesia de Cristo; porque los que no hacen lo que enseñan, derriban con una mano lo que edifican con la otra".[226] Lo derriban porque algunos de ellos están escondiendo la verdad bajo una máscara que tiene un letrero que dice: Falsa Espiritualidad.

Ética. Estamos hablando de la Ética de Jesús, de la ética de los escribas y fariseos del tiempo de Jesús y de la ética de los líderes de la Iglesia Cristiana Evangélica Contemporánea,

[224] Matthew Henry. *Comentario exegético-Devocional a toda la Biblia. MATEO.* Td. Francisco Lacueva. (Terrassa (Barcelona), España. Editorial CLIE. 1984), 77.
[225] Mateo 23:3, (NBV).
[226] Matthew Henry. *Comentario exegético-Devocional a toda la Biblia. MATEO.* Td. Francisco Lacueva. (Terrassa (Barcelona), España. Editorial CLIE. 1984), 77.

pero, ¿qué es la Ética? Les presentamos algunas definiciones de los diferentes aspectos o conceptos de esta arte de la humanidad.

1.- Ética Filosófica.

Esta arte de la conducta humano es conocida o llamada *Ética Filosófica* porque: "La ética es el estudio filosófico de la conducta humana. La voz ética aparece ya en el título de los tres tratados morales del corpus aristotélico (*Ética a Nicómaco, Ética a Eudemo y Gran ética*). Procede del vocablo *ēthos* que significa carácter, modo de ser, que se deriva a su vez de *éthos*, que se traduce por hábito, costumbre [*Aristóteles, Ética a Nicómaco, II, 1: 1103 a 17-18*].[227]

Aunque hablaremos un poco sobre el origen de la Ética, por el momento decimos que: "El estudio de la ética se remonta a los orígenes mismos de la filosofía en la Antigua Grecia, y su desarrollo histórico ha sido amplio y variado. Una doctrina ética elabora y verifica afirmaciones o juicios determinados".[228]

Repetimos: "La ética es una rama de la filosofía que abarca el estudio de la moral, la virtud, el deber, la felicidad y el buen vivir".[229] Sin embargo, aunque abarque rodos estos

---

[227] Ángel Rodríguez Luño. *Ética: Ética Filosófica.* (La Habra, California. Internet. Consultado el 23 de octubre del 2020), ¿? http://www.philosophica. info/voces/etica/Etica.html

[228] Wikipedia. La enciclopedia Libre. *Ética Filosófica.* (La Habra, California. Internet. Publicado por Joseph. Consultado por Eleazar Barajas el 23 de octubre del 2020), ¿? http://eticafilosoficaitla.blogspot.com/2010/10/definicion-de-la-etica-filosofica.html

[229] Wikipedia. La enciclopedia Libre. *Ética Filosófica.* (La Habra, California. Internet. Publicado por Joseph. Consultado por Eleazar Barajas

aspectos de la vida, conducta y proceder intelectual y social de la humanidad, esto no significa que la Ética Filosófica sea del todo correcta pues: "En contraste con la ética filosófica que tiende a ser más abstracta y centrada en lo humano, la moralidad bíblica estaba directamente relacionada con la fe religiosa. De allí que los hombres y las mujeres inmorales eran por esa misma razón hombres y mujeres irreligiosos, y las personas irreligiosas eran también personas inmorales (Sal. 14:1)".[230] Esto es lo que le da una importancia destacada en la vida social de la humanidad de todos los tiempos: Ser irreligiosos o religiosos, pues su *Modus Vivendus* depende de estas conductas.

2.- Ética Social.

Aunque no es fácil el estudio de la ética social por los conceptos y espacios sociales y morales que abarca, sí la podemos definir de esta manera: "La ética social trata de las acciones del ser humano, cuyos efectos directos recaen sobre los otros. ... Abarca las normas de comportamiento en convivencia, frente a los demás, es decir, en sociedad".[231]

Hablamos, pues de ¿cómo vivir en sociedad? ¿Qué valores debemos de aportar e importar en sociedad? Los temas que

---

el 23 de octubre del 2020), ¿? http://eticafilosoficaitla.blogspot.com/2010/10/definicion-de-la-etica-filosofica.html

[230] Leticia S. Calcada. (Edición General). *Diccionario Bíblico Ilustrado Holman*. (Nashville, Tennessee. – Impreso en China -. B and H Publishing Group. 2008), 585.

[231] Google. *Definición de Ética Social*. (La Habra, California. Internet. Artículo publicado el 11 de abril del 2016. Consultado el 26 de octubre del 2020), ¿? https://www.google.com/search?q=definici%C3%B3n+de+etica+social&rlz=1C1GCEA_enUS764US764&oq=

trata esta tesis se resaltan en este aspecto, es decir que las mentiras, el egoísmo, la hipocresía, el robo, las calumnias, las blasfemias y las otras cosas y actividades que algunos de los líderes de algunas iglesias cristianas evangélicas tratan de esconder detrás de una máscara de la falsa espiritualidad, en la ética social y en las otras éticas, como la bíblica, son claramente visibles. No es posible vivir en sociedad y al mismo tiempo esconder por largos periodos de tiempo los frutos de la carne.

El escritor Nahum Montagud Rubio dice que:

"La ética social es un concepto que se ocupa de la conducta moral de los individuos así como de sus realidad colectivas y la combinación de sus individualidades. Se trata de todas las normas de comportamiento que tenemos las personas para poder convivir de forma pacífica con los demás, respetando la integridad física y moral propia y ajena. – Y el mismo hace el siguiente comentario - Es decir, se trata de aquellos comportamientos socialmente deseables que se deberían llevar a cabo en una sociedad para que esta sea un buen espacio de convivencia en el que poder vivir".[232]

¡Interesante ideal social! Este pensamiento social es lo que debe de reinar en la Iglesia Cristiana Evangélica Contemporánea. Es un ideal que atraería a las personas a disfrutar de una mejor vida; los llamaría a una convivencia superlativa. La Iglesia de Jesucristo siguiendo este ideal

---

[232] Nahum Montagud Rubio. *Ética social: componentes, características y ejemplos: Un resumen sobre la ética social, concepto utilizado en ciencias sociales y en filosofía.* (La Habra, California. Internet. Consultado el 26 de octubre del 2020), ¿? https://psicologiaymente.com/social/etica-social

se convertiría en un paraíso terrenal. Sin embargo, siendo realistas, a la Iglesia Cristiana Evangélica Contemporánea, además de que le hace falta la práctica de la Ética Bíblica – de la cual se habla más adelante, también le hace falta la experiencia vivencial de la Ética Social "para que esta sea un buen espacio de convivencia en el que poder vivir".

Por ejemplo: "De acuerdo con el filósofo alemán Georg Wilhelm Friedrich Hegel, la ética social está conformada por tres componentes: la familia, la sociedad y el Estado".[233] Estar en una completa relación social, moral, religiosa y espiritual entre ambos componentes, es algo muy difícil. Lo mismo sucede en la sociedad y el estado. Esta es parte de la razón por la cual también en la Comunidad Cristiana se presentan estos aspectos sociales. Esta también es parte – aunque injustificada – de la razón por la que algunos líderes cristianos esconden la verdad bíblica y teológica con la máscara de la falsa espiritualidad.

3.- Ética Moral.

La ética moral no difiere mucho de la ética social de la cual ya hemos hecho un buen comentario, así que, en este espacio, solamente decimos que la ética moral son los valores éticos que nos informan o nos conducen a tomar las decisiones morales. En el Nuevo Testamento notamos que: "Los apóstoles y las primera comunidades cristianas proclamaban una fe que tenía una dimensión moral".[234]

---

[233] Nahum Montagud Rubio. *Ética social: componentes, características y ejemplos: Un resumen sobre la ética social, concepto utilizado en ciencias sociales y en filosofía.* (La Habra, California. Internet. Consultado el 26 de octubre del 2020), ¿? https://psicologiaymente.com/social/etica-social
[234] Ismael García. *Introducción a la Ética Cristiana.* (Nashville, Tennessee.

Aquellos primeros cristianos dejaron algunas de las prácticas inmorales trasmitidas desde sus antepasados.

Por ejemplo, el apóstol Pedro les dijo a los cristianos de su tiempo lo siguiente:

"Por lo tanto, despójense de toda clase de maldad, todo engaño, hipocresía y envidia, y toda clase de chismes. Como niños recién nacidos, busquen con ansia la leche espiritual pura, para que por medio de ella crezcan y tengan salvación, ya que han gustado la bondad del Señor.

Acérquense, pues, al Señor, la piedra viva que los hombres desecharon, pero que para Dios es una piedra escogida y de mucho valor. De esta manera, Dios hará de ustedes, como de piedras vivas, un templo espiritual, un sacerdocio santo, que por medio de Jesucristo ofrezca sacrificios espirituales, agradables a Dios".[235]

También el apóstol Pablo les recomendó a los cristianos de la ciudad de Éfeso que vivieran una vida moral diferente a la que Vivian sus paisanos. Pablo les dijo: "Alejen de ustedes la amargura, las pasiones, los enojos, los gritos, los insultos y toda clase de maldad. Sean buenos y compasivos unos con otros, y perdónense mutuamente, como Dios los perdonó a ustedes en Cristo".[236]

Es claro, pues, que en la Biblia, la Ética Moral, es una manera de vivir de acuerdo a los conceptos y mandamientos

---

Abingdon Press. 2003), 14.
[235] I Pedro 2:1-5, (DHH).
[236] Efesios 4:31-32, (DHH).

del Todo SANTO Dios y no de acuerdo a los pensamientos, - aunque parezcan del todo correctos – de los seres humanos.

4.- Ética Bíblica.

Esta es también llamada Ética Cristiana. Este tipo de ética debe "de tener una base teológica, ha de ser expresión de la fe llevada a la vida cotidiana. Pero, al mismo tiempo, es cierto que la manera en que practicamos la fe afecta a la teología".[237] El *Diccionario Bíblico* dice que la Ética: "Es el estudio del buen comportamiento, la motivación y la actitud a la luz de la revelación de Jesucristo y de la Biblia. La disciplina de la ética trata temas como: ¿Qué debo hacer?, ¿Cómo debo de actuar para hacer lo que es bueno y correcto?, ¿Qué es el bien?, ¿Quién es una buena persona?".[238]

Es cierto que ni el Antiguo ni el Nuevo Testamentos mencionan la palabra "ética", sin embargo, sus normas vivenciales y espirituales son reglas y principios éticos.

Por ejemplo: "La palabra que más se aproxima a 'ética', 'virtud', o 'ideales' en el AT, es *musar*, que significa 'disciplina' o 'enseñanza' (Prov.1:8); o incluso *Derek*, que significa 'camino' o 'sendero' de lo bueno y lo correcto. En el NT, la palabra griega que más ofrece un paralelo es *anástrofe*, que significa 'tipo o estilo de vida' (aparece 9 veces en sentido positivo, y en 2 Pedro 3:11- leer el texto

---

[237] Ismael García. *Introducción a la Ética Cristiana*. (Nashville, Tennessee. Abingdon Press. 2003), 9.
[238] Leticia S. Calcada. (Edición General). *Diccionario Bíblico Ilustrado Holman*. (Nashville, Tennessee. – Impreso en China -. B and H Publishing Group. 2008), 584.

en la nota de pie de página [239]- se encuentran los usos más significativos). La palabra *ethos* aparece 12 veces en el NT... Comúnmente se traduce 'conducta', 'costumbre', 'manera de vivir' o 'practica'."[240]

En otras palabras, aunque la palabra o término "ética" no aparece en las páginas de la Biblia, las enseñanzas de la Biblia son principios y normas éticas que Dios ha dejado en Su libro para que la humanidad pueda vivir de una manera correcta o como lo indica el termino *Derek*: Andar por el 'sendero' de lo bueno y lo correcto.

5.- Ética Bíblica/histórica y cristiana.

Este tipo de ética no deja de ser cristiana, por eso decimos que es histórica y cristiana. Es una ética que, tomando su fondo histórico, podemos decir que es la ética del fin del Antiguo Testamento y de los primeros cien años de la historia de la Iglesia Cristiana. Por eso es también cristiana.

A.- La Ética de Jesús en los Evangelios.

Sobre esta ética - Ética Bíblica/histórica y cristiana -, principalmente nos basamos para los fines de este libro en esta sección, Este es un párrafo en la cual hacemos énfasis en la ética que Jesús practicó durante su ministerio terrenal. No es una ética muy agradable en el contexto bíblico en donde se enfatiza una moral de amor y una espiritualidad que haga

---

[239] Puesto que todas estas cosas han de ser deshechas, cómo no debéis vosotros andar en **santa y piadosa manera de vivir**. (2 Pedro 3:11, RV, 1960). Las *itálicas* y las **bols**, son mías.

[240] Leticia S. Calcada. (Edición General). *Diccionario Bíblico Ilustrado Holman*. (Nashville, Tennessee. – Impreso en China -. B and H Publishing Group. 2008), 584.

santa a la sociedad. Jesucristo fue Todo SANTO, con una ética social y bíblico/teológica insuperable pero digna de imitar. Su ética en muchos de los actos sociales nos sorprende. Así que, les invitamos a que pensemos de una manera muy breve en diez actos éticos de la vida de Jesús.

1.- Guardó silencio.

Los evangelios presentan la narrativa de que Jesús permaneció treinta años en silencio mientras la nación judía sufría bajo las mentiras, bajo las atrocidades de los líderes religiosos y políticos, pues estaban bajo un gobierno sacerdotal descarrillado de los principios, de las normas y de las enseñanzas de los libros de Moisés y de las enseñanzas y advertencias de los profetas; además, al estar bajo el dominio de los romanos, eran doblemente esclavos: Del pecado porque sus líderes les ponían el ejemplo de cómo pecar. También, como nación conquistada por los ejércitos de Roma, eran esclavos del Imperio Romano.

¿Y qué estaba haciendo Jesús durante esos primeros treinta años de su vida? Al parecer, estaba encerrado en el taller de carpintería que había heredado de su padre José. ¿Era ético lo que Jesús estaba haciendo? Jesús llegó a Palestina para salvar a Su pueblo, pero no lo hizo durante treinta años. Y cuando se presenta la oportunidad para defender a los suyos, guarda silencio; un silencio que agravó su sentencia de muerte.

La profecía de Isaías dice: "Angustiado él, y afligido, no abrió su boca; como cordero fue llevado al matadero; y como oveja delante de sus trasquiladores, enmudeció, y no abrió su boca. Por cárcel y por juicio fue quitado; y su generación, ¿quién la contará? Porque fue cortado de la tierra de los vivientes, y por la rebelión de mi pueblo fue herido".[241] Cuando Jesús estaba siendo juzgado por el Sanedrín o Concilio,[242] se presentaron dos testigos que dijeron que Jesús había dicho que derribaran el templo de Dios que estaba en Jerusalén y que él lo reconstruiría en tres días (Mat. 26:61) - aunque Jesús habla de su cuerpo, no del Templo Judío que había sido reedificado por Herodes en cuarenta y seis años -. El sumo sacerdote lo retó a dar una respuesta pero, en cumplimiento de la profecía de Isaías, Mateo dice que: "Mas Jesús callaba" (Mat.26:63). Aunque Jesús tenía todas las respuestas, su ética ministerial y soberana no le permitió defenderse en este asunto particular.

Ante esa acusación que habían tergiversado, Jesús guardó silencio. Es decir que: "Estas acusaciones patentemente distorsionadas no pueden responderse, porque cualquier cosa que Jesús pudiera decir para defenderse seria también tergiversada. Por ello, permanece en silencio. Pero es 'un silencio soberano'... El tema del silencio se nota en diversos momentos durante las pruebas, cumpliendo Isaías 53:7 y volviendo toda la responsabilidad por su muerte en contra de sus acusadores".[243] La ética de Jesús en aquella noche en que fue juzgado con un juicio irregular en donde se notan anomalías cometidas por los líderes religiosos de la nación de Israel; taparon la verdad acerca de Jesús el Mesías de Dios de acuerdo a lo que dice la *Tanak* (La Biblia Judía), en base

---

[241] Isaías 53:7-8, (RVR1960).

[242] Este Concilio trataba los asuntos religiosos y civiles del pueblo judío. No tenía autoridad para aplicar la pena de muerte, pues eso solo lo podían hacer las autoridades romanas (Jn 18:31). Nota de pie de página en la Biblia de Estudio Esquemática. (Brasil. Sociedades Bíblicas Unidas. 2010), 1436.

[243] Michael J. Wilkins. *Comentario Bíblico con aplicación. MATEO. Del texto bíblico a una aplicación contemporánea.* (Nashville, Tennessee. Editorial Vida. 2016), 863

una falsa espiritualidad que se mostraba en su ritualismo y su manera de interpretar las Escrituras. Algunos de los líderes de la Iglesia Cristiana Evangélica Contemporánea han seguido este ejemplo y esconden la verdad Bíblica y eclesiológica con la máscara de la falsa espiritualidad. Pero "Jesús guardó silencio".

2.- Se bautizó para cumplir con la ley judía.

El Evangelio de Lucas dice que: "Cierto día, en que las multitudes se bautizaban, Jesús mismo fue bautizado. Mientras él oraba, los cielos se abrieron, y el Espíritu Santo, en forma visible, descendió sobre él como una paloma. Y una voz dijo desde el cielo: 'Tú eres mi Hijo muy amado y me das gran gozo'." [244] Aquella fue una confirmación publica –por lo menos delante de aquellos que estaban siendo bautizados – de que Jesús, el hijo de José y María, el llamado Carpintero de Nazaret, era mucho más que eso: ¡Era el Amado Hijo de Dios!

Ante tal declaración, uno debe de pensar que Jesús ahora sí a defender a sus paisanos de la tiranía romana, sin embargo, ¿qué fue lo que hizo? ¡Desapareció de la vista pública! Se fue al desierto. El doctor Lucas dice que: "Entonces Jesús, lleno del Espíritu Santo, regresó del río Jordán y fue guiado por el Espíritu en el desierto, donde fue tentado por el diablo durante cuarenta días…." [245] Este es otro acto de Jesús que algunos no comprendemos, sin embargo, debemos de entender que en su humanidad, "Jesús fue puesto a prueba para ver si sería fiel a Dios (Heb 2:18; 4:15)". [246]

---

[244] Lucas 3:21-22, (NTV).
[245] Lucas 4:1-2a, (NTV).
[246] Comentario en la *Biblia de Estudio Esquemática.* (Brasil. Sociedades Bíblicas Unidas. 2010), 1497.

Una vez notemos que Jesús fue bautizado y tentado como humano, pues Dios no necesita ser puesto a prueba. En todo este asunto, la acción protectora y de ayuda del Espíritu Santo es esencial. Y lo es porque: "La ayuda del Espíritu es seria".[247] Su ayuda está disponible a cada momento y en cada circunstancia. "El Espíritu Santo ayudó a Jesús"[248] en los momentos más difíciles mientras estaba siendo tentado por el diablo en el desierto.

Si algunos de los líderes de nuestras iglesias cristianas evangélicas contemporáneas se dejaran usar y ayudar por el Espíritu Santo, nunca esconderían la verdad de Dios detrás de una máscara de falsa espiritualidad. Su ética cristiana seria como la ética de Jesús el Nazareno.

3.- Abandonó a su madre para hacer la misión de Dios.

Después de que Jesús salió victorioso de sus ataques satánicos, la Biblia dice que "volvió en el poder del Espíritu Santo a Galilea". Llegó 'a Nazaret donde se había creado" y en lugar de atender a su madre, se fue a la Sinagoga "conforme a su costumbre". Cuando terminó el culto en la Sinagoga se fue a la ciudad de Capernaum. Después de hacer varias sanidades, dejó por un tiempo a Capernaum y se fue al desierto. En esos días anuncio que le era necesario ir a otras ciudades para anunciar las nuevas del Reino. Es decir que, Jesús, al comenzar su ministerio dejó a su madre para dedicarse a su Obra Redentora.[249]

---

[247] Mark Driscoll. *Jesús lleno del Espíritu: Viva por su poder.* (Lake Mary, Florida. Casa Creación. 2015), 1

[248] Mark Driscoll. *Jesús lleno del Espíritu: Viva por su poder.* (Lake Mary, Florida. Casa Creación. 2015), 1

[249] Lucas 4:14; 4:16; 4:31; 4:42; 4:42-44.

No estamos diciendo que la abandonó para dedicarse al ministerio tal y como algunos pastores lo hemos hecho. La ética ministerial de Jesús cumplió con amas responsabilidades. Recordemos que su madre era viuda, José, su marido había muerto y entonces:

"Es posible que Jesús hubiera que tenido que asumir responsabilidades de adultos a temprana edad, ya que probablemente, José habría muerto en algún momento entre el viaje a Jerusalén cuando él tenía doce años (Lc 2:41-51) y el comienzo de su ministerio público a los treinta (Lc 3:23). La pérdida de un padre era una experiencia muy dura para su familia, porque añadía más carga y expectativas sobre el resto de ella".[250]

En otras palabras, es lógico pensar que desde la muerte de José, siendo Jesús el primogénito, su deber era cuidar a su madre. En su vida ética y ministerial, Jesús se tomó tiempo para cumplir con ambos ministerios; Cumplir con Su misión y cumplió con cuidar de su madre. Esta última responsabilidad la cumplió hasta en las últimas horas de su vida. Mientras estaba muriendo en la cruz, le dijo al discípulo amado que cuidara de su madre."[251]

¿Por qué algunos líderes de nuestras iglesias cristianas evangélicas contemporáneas no pueden o no quieren cumplir con la responsabilidad de ver por el bienestar de la iglesia o de la Comunidad Cristiana a la cual supuestamente están sirviendo y al mismo tiempo ser transparentes en lo que es

---

[250] Michael J. Wilkins. *Comentario Bíblico con aplicación. MATEO. Del texto bíblico a una aplicación contemporánea.* (Nashville, Tennessee. Editorial Vida. 2016), 118.
[251] Juan 19:26-27.

la verdad de Dios? ¿Por qué tienen que esconder la verdad detrás de una máscara de falsa espiritualidad? La Biblia dice que Jesús regresó a su tierra *lleno del Espíritu Santo o en el poder del Espíritu Santo,*[252] entonces, aquí está la respuesta a las preguntas anteriores; a nuestros líderes cristianos les hace falta la llenura del Espíritu Santo, ¡les hace falta el poder del Espíritu Santo en sus vidas! Al menos que no sean cristianos y, es posible que tengamos algunos de estos que se han puesto la máscara de cristianos, y recodemos que cuando se usa una máscara es un acto de hipocresía. Esta puede ser la otra razón por la cual los llamados servidores de Cristo en la iglesia, se hacen dueños de ella escondiendo la verdad de Dios con una máscara de falsa espiritualidad.

4. Escogió a un traidor como parte de su equipo ministerial.

¿Qué clase de ética es esta? ¡Escoger a un traidor para formar parte del Grupo de los Doce! Es difícil entender esta acción de Jesús a menos que uno tenga conocimiento de las profecías y de la misión del Mesías Judío, el cual tenía que cumplir con todo lo escrito en la Ley de Moisés, con todo lo escrito en los profetas y con todo lo escrito en los Salmos que hablara de la persona y misión de Jesús de Nazaret. [253] El Antiguo Testamento anunciaba "no solo que el Mesías tenía que sufrir y resucitar, sino también que el mensaje de arrepentimiento y el perdón de los pecados seria anunciado a todas las naciones".[254]

---

[252] Lucas 4:14, (RV. 1960).

[253] Isaías 42:1-4; 51:4-6; Lucas 24:44.

[254] Comentario en la *Biblia de Estudio Esquemática.* (Brasil. Sociedades Bíblicas Unidas. 2010), 1554.

El Salmista David, hablando de sus amigos que hablaban mal de él y que hacían chismes de su persona, dijo: "Hasta mi mejor amigo, en quien tenía plena confianza, quien compartía mi comida, se ha puesto en mi contra".[255] Esta es una profecía acerca de Judas, el hombre que Jesús escogió para ser parte de su equipo misional. Siguiendo sus principios éticos ministeriales, Jesús, oró por todo su Equipo Misionero; cuando decimos "todo", estamos incluyendo a Judas, del cual, Jesús le dijo al Padre: "Cuando yo estaba con ellos en este mundo, los cuidaba y los protegía con el poder de tu nombre, el nombre que me has dado. *Y ninguno de ellos se perdió, sino aquel que ya estaba perdido, para que se cumpliera lo que dice la Escritura*".[256]

¿Por qué Jesús escogió a Judas en su Equipo Misionero? Jesús mismo nos da la respuesta: "... para que se cumpliera lo que dice la Escritura". En Su omnisciencia, Jesús, "vio en la experiencia del salmista una prefigura de su propia experiencia de la traición de Judas (Juan 13:18)".[257] Es decir que: "Jesús aplicó este versículo a Judas Iscariote como cumplimiento de la profecía bíblica (Jn. 13:18)".[258]

Jesús, en sus últimas horas antes de ser arrestado, estaba con sus discípulos en lo que conocemos como la *Ultima Cena*. Les dio las últimas enseñanzas comenzando con lavar

[255] Salmo 41:9, (NTV).

[256] Juan 17:12, (DHH). Las *itálicas* y **bols** son mías.

[257] Daniel Carro, José Tomás, Rubén O. Zorzoli (Editores Generales). Eduardo Nelson G., Mervin Breneman y Ricardo Souto Copeiro. *Comentario Bíblico Mundo Hispano: Salmos. Tomo 8.* (El Paso, Texas. Editorial Mundo Hispano. 2002), 174.

[258] Charles E. Stanley. *Biblia Principios de Vida.* (Nashville, Tennessee, USA. Impresa por Grupo Nelson y publicada por Thomas Nelson. 2010), 636.

los pies de sus amados discípulos y termina con la Oración Sacerdotal (Jn. 13-17). Después de que les lavó los pies, Jesús, con profunda tristeza dijo:

"— ¿Entienden ustedes lo que les he hecho? Ustedes me llaman Maestro y Señor, y tienen razón, porque lo soy. Pues si yo, el Maestro y Señor, les he lavado a ustedes los pies, también ustedes deben lavarse los pies unos a otros. Yo les he dado un ejemplo, para que ustedes hagan lo mismo que yo les he hecho. Les aseguro que ningún servidor es más que su señor, y que ningún enviado es más que el que lo envía. Si entienden estas cosas y las ponen en práctica, serán dichosos.

No estoy hablando de todos ustedes; yo sé quiénes son los que he escogido. Pero tiene que cumplirse lo que dice la Escritura: 'El que come conmigo, se ha vuelto contra mí'. Les digo esto de antemano para que, cuando suceda, ustedes crean que Yo Soy".[259]

Este es un pasaje en que William Barclay dice que se encuentran tres cosas. Son cosas que a nuestra mente humana son incomprensibles; es un acto de crueldad hacia Dios mismo aun cuando la fidelidad de los otros es exaltada. Notemos las tres cosas de las que, según Barclay, resaltan en esta lectura de Juan 13:12-19.

"(i) La brutal crueldad de la deslealtad de Judas se describe gráficamente de forma que resulta especialmente impactante para la mente oriental – Ellos estaban acostumbrados a quien comía

---

[259] Juan 13:12b-19, (DHH),

a su mesa era un fiel amigo y no compartir su compañerismo era un acto de crueldad -...

(ii) Este pasaje también subraya el hecho de que, de alguna manera, toda esta tragedia está en el plan de Dios, y de que Jesús la aceptó plenamente y sin la menor resistencia. Sucedió como estaba anunciado en las Escrituras....

(iii) Si en este pasaje se presenta la amargura de la deslealtad, también se subraya la gloria de la fidelidad. – Los otros discípulos serían los misioneros-; serían los representantes de Dios en el mundo".[260]

No cabe duda que la ética de Jesús es un proceder que no es comprensible a nuestra mente. Lo que también es incompresible es la ética cristiana que algunos líderes de la Iglesia Cristiana Evangélica Contemporánea practican. ¿Será que algunos de ellos fueron escogidos por Dios al igual que Judas, para cumplir un rol de hipocresía y de robo o de sentirse los que saben más sobre el plan de Dios; Judas, creyendo que entregando al Señor ante las autoridades judías, comenzaría el reino que tanto les había anunciado y enseñado levantándose en armas. Pesó que Jesús se levantaría en armas y entonces vendría la Guerra Civil y con ello el establecimiento del Reino Mesiánico. Algunos de los líderes de nuestras iglesias creen que ellos ya se las saben de todas y abusan de su poder; no entregan al siervo de Dios a las autoridades con un beso pero sí hablan mal de él a sus espadas y esta lo calumnian. En esto se cumple ésta declaración: "Cuando una persona está en

---

[260] William Barclay. *Comentario al Nuevo Testamento. Volumen 6: JUAN II* (Terrassa (Barcelona), España. Editorial CLIE. 1996), 164-165.

crisis, aun al amigo a quien ha ayudado puede volverse en su contra. Es el peor sufrimiento y así sufrió Jesús".[261]

Y así también han sufrido algunos pastores de parte de los líderes de sus propias iglesias. Conocemos una en particular en donde el pastor les dio clases de cómo ser buenos siervos de Jesucristo; de como mostrar amor hacia el desvalido o necesitado de amor. Cenó varias veces con ellos. Era una convivencia en donde se apreciaba un compañerismo digno de imitar. La verdad detrás de la máscara de la falsa espiritualidad era que, la mayoría de los líderes estaban tramando como sacar al pastor de la iglesia. Judas no logró que Jesús tomara las armas para fundar el Reino de los Cielos en la tierra, sin embargo, aquellos líderes de la iglesia que conocemos si lograron su objetivo; le levantaran calumnias al pastor y en su hipocresía y una serie de mentiras, lo despidieron. Su ética cristiana mal aplica estuvo escondiendo la verdad detrás de una máscara de falsa espiritualidad.

5.- *Entró al patio del templo y golpeó, tiró, gritó, se enojó y desalojó a los comerciantes.*

El relato bíblico dice que:

> "Jesús entró en el templo y echó de allí a todos los que estaban vendiendo y comprando. Volcó las mesas de los que cambiaban dinero a la gente, y los puestos de los que vendían palomas; y les dijo: —En las Escrituras se dice: "Mi casa será

---

[261] Daniel Carro, José Tomás, Rubén O. Zorzoli (Editores Generales). Eduardo Nelson G., Mervin Breneman y Ricardo Souto Copeiro. *Comentario Bíblico Mundo Hispano: Salmos. Tomo 8.* (El Paso, Texas. Editorial Mundo Hispano. 2002), 174.

declarada casa de oración", pero ustedes están haciendo de ella una cueva de ladrones".[262]

El Evangelio de juan dice: "Y haciendo un azote de cuerdas, echó fuera del templo a todos, y las ovejas y los bueyes; y espació las monedas de los cambistas, y volcó las mesas".[263] ¡Vaya manera de proceder! ¡¿Qué clase de ética es esta?! "El comercio del templo era, en ocasiones, notable por explotar a los más desfavorecidos",[264] y la ética de Jesús no permitía tal proceder social.

Recordemos la historia: "En este episodio Jesús visita el Templo de Jerusalén, el llamado Templo de Herodes, cuyo patio es descrito como 'lleno de ganado' y tablas de cambistas, que cambiaban las monedas griegas y romanas por monedas judías y tirias (las únicas que podían usarse en las ceremonias del Templo). Jesús se molestó tanto por esa situación que formó un látigo con varias cuerdas y a golpes hizo salir al ganado y tiró las mesas de los cambistas y de los vendedores de palomas, haciendo caer las monedas por el suelo".[265] ¡Sí que estaba enojado! ¡Y cómo no estarlo cuando se está usando un principio bíblico para hacer negocio! La Ética de Jesús no podía permitir esta manera de supuesta obra espiritual.

---

[262] Mateo 21:12-13, (DHH).

[263] Juan 2:15, (RV, 1960).

[264] Michael J. Wilkins. *Comentario Bíblico con aplicación. MATEO. Del texto bíblico a una aplicación contemporánea.* (Nashville, Tennessee. Editorial Vida. 2016), 691.

[265] Wikipedia, la enciclopedia libre. *Expulsión de los mercaderes del Templo.* (La habrá, California, Internet. Consultado el 29 de Octubre del 2020), ¿? https://es.wikipedia.org/wiki/Expulsi%C3%B3n_de_los_mercaderes_del_ Templo

Al contrario, en base a su Ética Misional y Redentora: "Jesús extiende su autoritativo pronunciamiento de juicio contra el personal del templo, ya que le han dado un uso incorrecto aprovechando el lugar para la actividad comercial y no para la pretendida actividad espiritual".[266] ¡Cuidado líderes de la Iglesia Cristiana Evangélica Contemporánea! No usen su supuesta ética cristiana para ocultar la verdad espiritual detrás de la máscara de la falsa espiritualidad; el juicio les poder llegar en el momento y en el lugar que menos lo esperan. Un chicote espiritual y unas manos santas pueden que les causen dolor y pérdida material o, tal vez, pérdida espiritual.

6.- Le llamó "perra" a una mujer afligida.

Ahora llegamos a una actitud que más nos sorprende en el ministerio de Jesucristo: Es una ética que nos deja con la boca abierta. Jesús y sus discípulos dejan la tierra en donde ministraban y se dirigen hacia Tiro y a Sidón. Salió del territorio de Palestina para entrar al territorio de Fenicia; Jesús quiere un tiempo a solas con sus seguidores. Mientras se dirigen hacia esos lugares, una mujer con un profundo dolor emocional y una gran necesidad física pero con una gran fe, se acerca al grupo y le expone a Jesús su dolor y su necesidad. El relato que hace Mateo de este encuentro, dice:

> "Luego Jesús salió de Galilea y se dirigió al norte, a la región de Tiro y Sidón. Una mujer de los gentiles, que vivía allí, se le acercó y le rogó: '¡Ten misericordia de mí, oh Señor, Hijo de David!

---

[266] Michael J. Wilkins. *Comentario Bíblico con aplicación. MATEO. Del texto bíblico a una aplicación contemporánea.* (Nashville, Tennessee. Editorial Vida. 2016), 691.

Pues mi hija está poseída por un demonio que la atormenta terriblemente'.
Pero Jesús no le contestó ni una palabra. Entonces sus discípulos le pidieron que la despidiera. 'Dile que se vaya —dijeron—. Nos está molestando con sus súplicas'.
Entonces Jesús le dijo a la mujer: — Fui enviado para ayudar solamente a las ovejas perdidas de Dios, el pueblo de Israel.
Ella se acercó y lo adoró, y le rogó una vez más: — ¡Señor, ayúdame!
Jesús le respondió: — No está bien tomar la comida de los hijos y arrojársela a los perros. — Es verdad, Señor — respondió la mujer —, pero hasta a los perros se les permite comer las sobras que caen bajo la mesa de sus amos.
— Apreciada mujer — le dijo Jesús —, tu fe es grande.
Se te concede lo que pides. Y al instante la hija se sanó".[267]

Este incidente no parece ser nada ético; es más, ¡no parece ser nada espiritual! No se nota misericordia de parte de Jesús y sus discípulos; la compasión está muy afuera de este relato. ¿Qué clase de Ética Cristiana o Ética Bíblica es esta? El término "perros" que usa Mateo en este relato era una palabra ofensiva, era un término que usaban los judíos para referirse a los gentiles. Pero no nos equivoquemos pues; "este relato contiene detalles singulares, sorprendentes y conmovedores, que arrojan una luz favorable para los pobres y despreciados gentiles".[268] Es decir que no juzguemos mal la Ética de Jesús

---

[267] Mateo 15:21-28, (NTV).
[268] Matthew Henry. *Comentario exegético-Devocional a toda la Biblia.*

por este acto, en su Soberanía y Omnisciencia Él sabe lo que haría en la vida de esta mujer gentil.

Mathew Henry hace una excelente aplicación de esta clase de Ética que Jesús puso en práctica ante sus discípulos y la mujer cananea o gentil. Mathew, dice que:

"Esta mujer siendo gentil, *estaba excluida de la ciudadanía de Israel* (Ef. 2:12), pero Dios tiene un 'remanente' en todas las naciones, en las regiones y en las islas más remotas, *vasos de elección* donde menos podría imaginarse. Si Cristo no hubiera hecho una visita a esta región, es probable que esta mujer nunca habría tenido la oportunidad de un encuentro con Jesús. ¡Cuán agradecidos hemos de estar con Dios de que un día le *hallamos sin buscarle!* (Ro. 10:20), de que un día se introdujo, por la acción de su Espíritu, dentro de nuestro territorio, cuando nosotros no pensábamos en adentrarnos en el Suyo".[269]

Lo que notamos en este relato es que Jesús mostró misericordia con la cananea; le sanó a su hija pero además, exaltó la fe de la mujer.

Líderes de la Iglesia Cristiana Evangélica Contemporánea, no critiquen algunos de los actos de sus pastores y menos los llamen hombres sin ética cristiana, ellos saben lo que está sucediendo y lo que puede resultar en su manera de actuar.

MATEO. Td. Francisco Lacueva. (Terrassa (Barcelona), España. Editorial CLIE. 1984), 292.

[269] Matthew Henry. *Comentario exegético-Devocional a toda la Biblia*. *MATEO*. Td. Francisco Lacueva. (Terrassa (Barcelona), España. Editorial CLIE. 1984), 292-293.

7.- Maldijo a una higuera estéril.

Jesús, en Ética Personal y Redentora, le ha llamado a una mujer gentil *"perra"*. Ya sabemos el uso judío de ese término. Ahora, notemos algo más de Su Ética en lo que escribió el Evangelista Mateo en cuanto a la maldición de una higuera. El relato bíblico dice:

> Por la mañana, cuando Jesús regresaba a Jerusalén, tuvo hambre y vio que había una higuera junto al camino. Se acercó para ver si tenía higos, pero solo había hojas. Entonces le dijo: '¡Que jamás vuelva a dar fruto!'. De inmediato, la higuera se marchitó.
>
> Al ver eso los discípulos quedaron asombrados y le preguntaron:
>
> — ¿Cómo se marchitó tan rápido la higuera?
>
> Entonces Jesús les dijo: — Les digo la verdad, si tienen fe y no dudan, pueden hacer cosas como esa y mucho más. Hasta pueden decirle a esta montaña: 'Levántate y échate al mar', y sucederá. Ustedes pueden orar por cualquier cosa, y si tienen fe la recibirán'."[270]

¡Sorprendente! Hablar de la Ética de Jesús como algo que imitar y encontrarse con relatos de su vida como este, nos sorprende una vez más su manera de actuar: ¡Maldecir a una higuera por no tener fruto! Era el mes de abril; cuando sucedió este evento y Marcos dice que no era tiempo de higos.[271] Vemos en este relato a "Jesús maldiciendo una higuera por no hacer lo que no podía hacer".[272] ¡Wauuu! ¿Qué

---

[270] Mateo 21:18-22, (NTV).

[271] Marcos 11:13.

[272] William Barclay. *Comentario al Nuevo Testamento. Volumen 2: MATEO*

clase de ética es esta? La verdad detrás de la máscara de una falsa espiritualidad es que: "Pocos sinceros lectores de la Biblia negaran que este es tal vez el pasaje que nos hace sentirnos más incomodos de todo el Nuevo Testamento. Si lo tomamos literalmente, nos muestra a Jesús en una acción que es incompatible con todo lo que creemos de Él".[273]

El contexto bíblico dice que Jesús tenía hambre. Por ese mismo contexto sabemos que Jesús era pobre y por lo tanto, no tenía dinero para comprar alimentos. Entonces, aun sabiendo – pues era Dios – que debajo o entre las hojas de aquella frondosa higuera no encontraría fruto, se dirige a ella. Jesús, aunque sí tenía hambre, quiso darles una lección de fe a sus discípulos, por eso el relato bíblico dice: "Ustedes pueden orar por cualquier cosa, y si tienen fe la recibirán". Notemos que: "Al no encontrar el fruto deseado, Cristo la sentencio a perpetua esterilidad".[274]

¡Cuidado! No juzguemos la ética de Jesús solamente por lo que vemos, pensemos en las lecciones y fijemos muy bien que: "Todos los milagros que Cristo había llevado acabo hasta este momento fueron para el bien de los hombres, fueron milagros que demostraban el poder de su gracia y de su bendición. Ahora, al fin, daba un ejemplo del poder de su ira y de su maldición; pero eso no lo hizo a ningún ser humano, sino a un árbol inanimado que servía de símbolo del pueblo judío, especialmente de los hipócritas, pues el árbol, con sus

---

II (Terrassa (Barcelona), España. Editorial CLIE. 1997), 293.

[273] William Barclay. *Comentario al Nuevo Testamento. Volumen 2: MATEO II* (Terrassa (Barcelona), España. Editorial CLIE. 1997), 292.

[274] Matthew Henry. *Comentario exegético-Devocional a toda la Biblia. MATEO.* Td. Francisco Lacueva. (Terrassa (Barcelona), España. Editorial CLIE. 1984), 402.

hojas ya salidas, daba impresión de llevar fruto, pero no lo llevaba".[275] Un claro ejemplo de lo que son algunos líderes de la Iglesia Cristiana Evangélica Contemporánea, aparentan estar sirviendo a Dios con un fruto que en realidad no lo es.

Líderes de la Iglesia Cristina Evangélica Contemporánea, una vez más le aconsejo que si no están para servir al Señor y a Su Iglesia, dejen de estar dando "hojas de aparente servicio espiritual". Si en verdad Dios los ha llamado a servir y lo hacen de corazón, ¡pues háganlo con honestidad! Cumplan con el o los propósitos de Dios para Su Iglesia. Les recuerdo que: "El fracasar en la realización del propósito de Dios trae como consecuencia el desastre. Cualquier persona es juzgada en el mundo en términos de utilidad".[276] Si algunos de ustedes no sirven exponiendo ante todo la verdad de Dios en lugar de esconderla detrás de la máscara de la falsa espiritualidad, la sequedad espiritual puede llegar muy pronto a sus vidas.

¡La ética de Jesús en ocasiones es incomprensible! Pero, ¡Efectiva! "Dios es incomprensible. Es tanto más grande que nosotros que lo más sabio del hombre no alcanza ni siquiera la insensatez de Dios (I Corintios 1:25)".[277] Esto es lo que no entienden algunos líderes de la Iglesia Cristiana Evangélica Contemporánea y por eso tratan de esconder la verdad de Dios detrás de una máscara de falsa espiritualidad.

---

[275] Matthew Henry. *Comentario exegético-Devocional a toda la Biblia. MATEO.* Td. Francisco Lacueva. (Terrassa (Barcelona), España. Editorial CLIE. 1984), 402.

[276] William Barclay. *Comentario al Nuevo Testamento. Volumen 2: MATEO II* (Terrassa (Barcelona), España. Editorial CLIE. 1997), 295.

[277] Ronald Yoder. *Dios es... Algunos Atributos de Dios: El Dios omnipotentes, omnipresente, y omnisciente.* (Costa Rica. Publicadora la Merced. Revista: La Antorcha de la Verdad. Julio-agosto, 2020. Volumen 34. Número 4. 2020), 4

8.- Advirtió a los principales sacerdotes y a los fariseos que estarían fuera del reino de Dios.

Jesús, cuenta una historia que está dirigida al liderazgo religioso de Israel. Es, pues, una historia que también se aplica muy bien a algunos cristianos que son parte del liderazgo de la Iglesia Cristiana Evangélica Contemporánea. Parte de este relato dice que Jesús, dirigiéndose a los líderes religiosos de Israel, dijo:

> "Les digo que a ustedes se les quitará el reino de Dios y se le dará a una nación que producirá el fruto esperado. Cualquiera que tropiece con esa piedra se hará pedazos, y la piedra aplastará a quienes les caiga encima. Cuando los principales sacerdotes y los fariseos oyeron esa parábola, se dieron cuenta de que contaba esa historia en contra de ellos, pues ellos eran los agricultores malvados".[278]

Ahora bien, Jesús, como se ha dicho anteriormente, el no maldijo a ningún ser humano pero, si aseguró que había seres humanos que eran malditos o malvados: Dijo que había "agricultores malvados". ¿Cómo explicamos esta clase de ética si Jesús dijo que deberíamos de amar al prójimo?

El que esta clase de sociedad tenga un espíritu de maldad no significa que los dejemos de amar; ellos también son dignos del amor de Dios, pero también no significa que debemos de estar de acuerdo con su ética de una moral legalista. No creemos que Jesús los odiaba, Jesucristo ama a las personas peo odia el pecado; no debemos de odiar a nuestros semejantes

---

[278] Mateo 21:43-45, (NTV).

pero si despreciar sus prácticas inmorales y antibíblicas. No son sus prácticas supuestamente correctas las que les llevan al cielo o les permiten tener una buena relación con Dios; es la aceptación del perdón de Dios en Cristo Jesús y la Fe Redentora que cambia toda la personalidad: "Esto significa que todo el que pertenece a Cristo se ha convertido en una persona nueva. La vida antigua ha pasado; ¡una nueva vida ha comenzado!"[279]

La ética de Jesús demanda un cambio de vida. El hecho mismo de ser un líder de la Iglesia Cristiana evangélica Contemporánea no garantiza que sea cristiano verdadero ni que tenga la garantía de entrar a la presencia de Dios en las actividades de su Reino. En la parábola de la viña, "los líderes religiosos no habían cumplido la tarea que Dios les había encomendado, es decir, cuidar del pueblo de Dios".[280] Los actuales líderes, algunos de ellos en lugar de cuidar del pueblo de Dios, lo destruyen oponiéndose al liderazgo del siervo de Dios que ha puesto en la iglesia local. En su hipocresía y mentiras, le roban y lo acusan falsamente mientras el pueblo está sufriendo y agonizando hasta que en algunos casos se divide. ¡Ah, la ética de estos malvados líderes!

Jesús dijo que los líderes de Israel "habían rechazado a los profetas (Mt. 21:34-36), y finalmente, matarían al hijo del dueño de la viña, es decir, al Hijo de Dios (21:29)".[281] Si esto hicieron los líderes del pueblo de Israel, entonces, al parecer, no existe mucha esperanza de que algunos de los líderes

---

[279] 2 Corintios 5:17, (NTV).

[280] Comentario en la *Biblia de Estudio Esquemática.* (Brasil. Sociedades Bíblicas Unidas. 2010), 1424.

[281] Comentario en la *Biblia de Estudio Esquemática.* (Brasil. Sociedades Bíblicas Unidas. 2010), 1424.

de la Iglesia Cristiana Evangélica Contemporánea hagan relucir la verdad de Dios, sino que, en su maldad seguirán apoderándose de la iglesia "*matando*" a todo líder o siervo o hijo de Dios que se oponga a sus intereses personales. ¡Esta no es la ética de Jesús!

Entonces, pues, a la luz de este relato, ¿cuál es la ética de Jesús? Debemos hacer notar que "este pasaje nos advierte sobre el peligro de tomar a la ligera la promesa de Dios. … los arrendatarios pensaban que la viña seria siempre suya – lo mismo que piensan algunos líderes contemporáneos -, pero se equivocaban. Dios fue a la viña buscando fruto pero solo se encontró hostilidad y amargura".[282] Esto es como si Jesús entrara a algunas de nuestras iglesias Cristianas Evangélicas Contemporáneas, lo que encontraría en lugar del Fruto del Espíritu (Gal. 5:22-23), sería un liderazgo que está causando hostilidad y amargura entre la Comunidad Cristiana.

Lo que podemos notar en esta declaración de Jesús en la que advierte a los principales sacerdotes y a los fariseos que estarán fuera del reino de Dios,[283] es una ética que habla de un juicio para todos aquellos líderes que obran de acuerdo a su intereses personales. Entendemos que: "El juicio de Dios no es arbitrario; sino más bien la culminación de un largo proceso. Dios solo rechaza a las personas tras prolongados esfuerzos por obtener una respuesta suya. Jesús lloró al entrar a Jerusalén, porque lo que Dios desea para la humanidad no es el juicio (2P 3:9). Este bien únicamente porque no

---

[282] Bock, L. Darrell. *Comentarios Bíblicos con Aplicación: LUCAS. Del texto bíblico a una aplicación contemporánea.* (Miami, Florida. Editorial Vida. 2011), 467.
[283] Mateo 21:43.

respondemos a la compasión de Dios".[284] En este contexto, algunos de los líderes que están escondiendo la verdad de Dios detrás de una máscara de falsa espiritualidad, corren el riesgo de un justo juicio divino. ¡Esta es la ética de Jesús!

9.- Acusó seriamente a los escribas y a los fariseos.

¿Es ético acusar a alguien de algún delito o de su mala conducta? No tenemos una respuesta clara. Lo que si tenemos es un largo relato en el que Jesús acusa la mala conducta y la mala hermenéutica de las Sagradas Escrituras por parte de los líderes de la nación de Israel (Mateo 23). ¿Es esto ético? Sí no lo es para nosotros, en Su ética divina, Jesús lo hizo. Sin embargo, también, después de esta larga acusación, "Jesús declara su gran amor por Jerusalén (Mt.23:37-39)".[285]

Ahora bien, aunque la ley era y sigue siendo buena, pues la ley de Dios; es una ley que le dio a Moisés y Moisés a Josué y Josué a los ancianos y los ancianos a los profetas y estos los escribas y los fariseos la obtuvieron.[286] Sin embargo, en este relato de Mateo 23, cuando Jesús les dice a la gente y a sus discípulos: "Los maestros de la ley y los fariseos enseñan con la autoridad que viene de Moisés. Por lo tanto, obedézcanlos ustedes y hagan todo lo que les digan;..."[287], debemos de darnos cuenta que en ninguna manera, Jesús, estaba diciendo que los escriba y los fariseos están del todo correctos, ¡no!, porque el mismo Señor les dice que ellos enseñan lo correcto

---

[284] Bock, L. Darrell. *Comentarios Bíblicos con Aplicación: LUCAS. Del texto bíblico a una aplicación contemporánea.* (Miami, Florida. Editorial Vida. 2011), 467.

[285] Comentario en la *Biblia de Estudio Esquemática.* (Brasil. Sociedades Bíblicas Unidas. 2010), 1427.

[286] William Barclay. *Comentario al Nuevo Testamento. Volumen 2: MATEO II* (Terrassa (Barcelona), España. Editorial CLIE. 1997), 330.

[287] Mateo 23:2-3, (DHH).

pero no hacen lo que correcto: Dicen pero no hacen. Por eso les llama "hipócritas", "guías ciegos", "insensatos y ciegos", "necios y ciegos", "sepulcros blanqueados" y "generación víboras". La ley de Moisés era y es divina; sus normas son eternas: Es decir que: "Estos principios – de la ley de Moisés – son eternos: y, en la medida en que los escribas y fariseos enseñan la reverencia a Dios y el respeto a los hombres, su enseñanza es eternamente vinculante y válida".[288]

El problema con los escribas y fariseos es que a la Ley de Moisés le añadían terminología y hermenéutica a tal grado que esa bendita ley de Dios "la convertían en una carga insoportable"[289] que ni ellos mismos la podían cumplir. No era una ética que elevara a las personas sino una carga religiosa que no dejaba volar a las personas a un nivel más alto que el ritualismo, mismo que Jesús condenó.

El liderazgo de algunas Iglesias Cristianas Evangélicas Contemporáneas tiene una religión de normas y reglas *impecables*. Sin embargo, Matthew Henry dice que: "Es muy conveniente conocer el verdadero carácter de las personas, para que no nos dejemos influir por los títulos, nombres y pretensiones de poder".[290] Tal y como sucedía con los escribas y fariseos, algunos de ellos eran, hasta cierto punto, idolatrados por el pueblo. Su idolatría hacia estos líderes era

---

[288] William Barclay. *Comentario al Nuevo Testamento. Volumen 2: MATEO II* (Terrassa (Barcelona), España. Editorial CLIE. 1997), 330.

[289] William Barclay. *Comentario al Nuevo Testamento. Volumen 2: MATEO II* (Terrassa (Barcelona), España. Editorial CLIE. 1997), 330.

[290] Matthew Henry. *Comentario exegético-Devocional a toda la Biblia. MATEO.* Td. Francisco Lacueva. (Terrassa (Barcelona), España. Editorial CLIE. 1984), 433

tal "que la gente creía que, aunque solo dos hombres fueran al cielo, uno de los tendría que ser fariseo".[291]

Conocemos una iglesia en donde uno de los líderes es idolatrado a tal grado que se le justifican todos sus malos actos. Es una persona que le encanta levantar calumnias, ha acusado a siervos de Dios de que le son infieles a sus esposas. Ha dicho mentiras tras mentiras; ha tomado dinero de la Tesorería sin autorización; ha criticado al Pastor y a otros pastores de otras iglesias y cuando se ha dicho esto en las reuniones de liderazgo, siempre hay alguien que dice que su único interés es ayudar. ¡Perdón! ¿Cómo puede esta conducta de un líder cristiano evangélico ayudar? Nos parece más bien que se está escondiendo la verdad de las Escrituras detrás de una máscara de falsa espiritualidad.

En fin, en Su ética divina, Jesús, no permite que la verdad de Dios sea un motivo para que la gente diga que el Cristianismo está formado por gente hipócrita, por gente que son guías ciegos, por gente que aparentan una cosa y son otra y que en conducta, son una generación de víboras. Jesús, en su ética, presenta un Cristianismo santo, puro y normas y reglas que elevan a las personas en un amor incomprensible.

10.- "El que conmigo no siembra, desparrama".

¡Qué falta de respeto! No de Jesús, sino de los fariseos hacía Jesús. Esto es lo que notamos en este relato bíblico de Mateo 12:22-37. Además de que es una falta de respeto hacia Jesucristo, es también una blasfemia contra el Espíritu Santo.

---

[291] Matthew Henry. *Comentario exegético-Devocional a toda la Biblia. MATEO.* Td. Francisco Lacueva. (Terrassa (Barcelona), España. Editorial CLIE. 1984), 433.

Le acercaron a Jesús un hombre que Mateo dice que estaba endemoniado y además estaba ciego y mudo, y Jesús lo sanó. La gente se admiró pero los fariseos, en su celo religioso, le faltaron el respeto a Jesús. ¿De qué manera lo hicieron? La Biblia dice: "Pero cuando los fariseos oyeron del milagro, dijeron: 'Con razón puede expulsar demonios. Él recibe su poder de Satanás, el príncipe de los demonios'."[292] La Versión Reina y Valera dice: "Mas los fariseos, al oírlo, decían: 'Este no echa fuera los demonios sino por Belzebú;…'."[293] Hablan con desprecio de Jesús: "Este; este *fulano*. No se dignan llamarle por su nombre".[294]

¡Qué gran lección tenemos aquí! Es una lección en especial para aquellos que han tomado el liderazgo de alguna iglesia Cristiana evangélica Contemporánea. ¿Qué es la lección? La lección es que "debemos de evitar todo desdén hacia un semejante, por pobre que sea, y por vil que nos parezca. Jesús trató a todo con respeto; con ira, a los fariseos y escriba; con

---

[292] Mateo 12: 24, (DHH).

[293] Wikipedia, la enciclopedia libre. *Belcebú o Beelzebub*, derivado de Baal Zebub o más propiamente Ba'al Z'vûv, (en hebreo: בעל זבוב, con muchas ligeras variantes), es la forma hebrea de un epíteto del dios cananeo Baal. Se cree que Belcebú o Beelzebuba deriva etimológicamente de "Ba'al Zvuv" que significa "el señor de las Moscas". Es, entre otras cosas, el señor de las tinieblas, el innombrable, el mismísimo demonio. Sin embargo, la palabra que compone este nombre suena en hebreo tsebal, morada, especialmente en el sentido de la Gran Morada, los infiernos, y en boca del pueblo se confundió con tsebub, mosca. Y pasó este imponente nombre de "señor de la Gran Morada" o "señor del Abismo" a "señor de las Moscas", que es la traducción que suele darse en los textos Bíblicos. (La Wikipedia. Internet. Consultado el 7 de noviembre del 2020), ¿? https://es.wikipedia.org/wiki/Belceb%C3%BA

[294] Matthew Henry. *Comentario exegético-Devocional a toda la Biblia. MATEO*. Td. Francisco Lacueva. (Terrassa (Barcelona), España. Editorial CLIE. 1984), 230.

mansedumbre y compasión, a todo los demás: pero a ninguno con desprecio".[295]

En Su ética divina dijo: "El que no está conmigo, a mí se opone, y el que no trabaja conmigo, en realidad, trabaja en mi contra. Por eso les digo, cualquier pecado y blasfemia pueden ser perdonados, excepto la blasfemia contra el Espíritu Santo, que jamás será perdonada".[296] En esta clase de ética, primeramente notemos que en la persona y ministerio de Jesús se puede notar claramente que "Jesús vino para hacer la voluntad de su Padre, no para agradar a los hombres (Juan 4:34)".[297] Segundo, que es muy ilógico que el mismo Satanás se eche fuera así mismo o que eche fuera a los demonios, a los cuales les tiene como servidores para cautivar, para molestar y para enfermar a los seres humanos. Tercero: Decir que el Hijo de Dios es un agente del Diablo para echar fuera demonios es una gran blasfemia y más lo es cuando esa acción se la atribuyen al Espíritu Santo. Sin embargo, Jesús dice algo que nos pone a pensar más allá de una simple meditación. Jesús da entender que lo que dicho acerca de él los perdona o que pueden ser perdonados porque el perdón de Dios es mucho más allá de los pensamientos y acciones de los seres humanos. Si la persona se arrepiente de sus pecados queda perdonado.

---

[295] Matthew Henry. *Comentario exegético-Devocional a toda la Biblia. MATEO.* Td. Francisco Lacueva. (Terrassa (Barcelona), España. Editorial CLIE. 1984), 230.

[296] Mateo 12:30-31, (DHH).

[297] Gary Miller. *El Cristianismo en el mundo evangélico.* (Costa Rica. La Antorcha de la Verdad. Revista Cristiana. Mayo - Junio. 2020. Volumen 34, Numero 3. La Antorcha de la verdad se publica bimestralmente por Publicadora La Merced en Costa Rica C.A), 11.

Entonces, ¿Qué es la blasfemia contra el Espíritu Santo? Matthew Henry tiene un buen explicación de lo que él cree es la blasfemia hacia el Espíritu Santo. Su comentario dice:

"La blasfemia contra el Espíritu Santo consiste en el acto consciente y voluntario de atribuir al espíritu inmundo, al poder de Satanás, las obras milagrosas de Jesucristo, llevadas a cabo mediante el dedo de Dios, el Espíritu de Dios (aparte de toda connotación trinitaria, que los interlocutores u oyentes de Jesús no habrían entendido), el cual da pruebas evidentes, mediante dichos milagros, de que la mesianidad de Cristo y la verdad de sus enseñanzas eran incuestionables y comprometedoras. El rechazo voluntario de esta evidencia cierra la puerta al perdón de Dios, no por falta de eficacia en la obra del Calvario, ni por falta de gracia y misericordia de parte de Dios, sino porque el que comete dicho pecado se priva voluntariamente así mismo de la necesaria disposición para recibir el perdón divino; es como el caso del ciego que se saca los ojos para no ver. Tomás de Aquino emplea la comparación del enfermo del estómago que podría ser sanado con algún remedio si el estómago no lo rechazara".[298]

En este contexto, entonces, el único pecado imperdonable es rechazar el perdón de Dios. Líderes, no escondan la verdad divina detrás la máscara de su falsa espiritualidad, esto es como estar rechazando lo que Dios provee por medio de ustedes lo que saludable a la iglesia. En la ética de Jesús,

[298] Matthew Henry. *Comentario exegético-Devocional a toda la Biblia. MATEO.* Td. Francisco Lacueva. (Terrassa (Barcelona), España. Editorial CLIE. 1984), 234.

esta acción que voluntaria y de conocimiento, pues la están escondiendo, es algo imperdonable.

¡Ah, la Ética! Lamentablemente algunos de los líderes de la Iglesia Cristiana evangélica Contemporánea, no saben a ciencia cierta lo que significa la Ética Cristiana o las otras éticas. En cuanto a la Ética de Jesús, como hemos notado es en algunos aspecto complicada y perturbadora. ¡No entendemos muchas cosas! Por ejemplo: En una reunión de liderazgo, nadie dijo nada sobre ética cuando el pastor renunció al apoyo moral, social y ministerial de una de las divisiones de la Convención Nacional Bautista a la cual pertenecía con el fin de evitar discusiones denominacionales y monetarias. La ceguera hipócrita y su falta de Ética Cristiana les impidió ver las necesidades pastorales, en lugar de aplicar las normas de la Ética Cristiana, en su falsa espiritualidad, acusaron al pastor de querer un salario pastoral más allá de lo usual: Es decir, lo calumniaron.

Pero cuando el pastor se para frente a la asamblea clandestina, es decir, a una reunión organizada por el liderazgo de la iglesia a la cual no invitaron al pastor, una mujer, que no era legalmente del Grupo de Liderazgo, pero que se estaba autonombrando para dicho puesto, se levantó y puesta de pie y con la ira manifestada en sus ojos, le dice al pastor: *"Esto no es ético"*.[299] ¡No era ético que el pastor se parara frente a su congregación! ¡Qué ceguera espiritual! ¡Qué ignorancia eclesiológica! ¡Ah, pero hablaba de ética!

Como al pastor no lo habían invitado a dicha reunión, entonces, al parecer eso fue lo que para aquella hermana en

---

[299] Mujer presente. *Reunión clandestina.* Celebrada el 12 de Junio del 2020 en una iglesia ubicada en una ciudad del estado de California.

Cristo no era ético. ¡Esperamos que eso fuera! El pastor se dio cuenta de la reunión clandestina y llegó de sorpresa. No llegó para reclamar ni acusar, ni regañar, ni aun para exhortar, sencillamente llegó a la reunión para darles las gracias por lo que le habían enseñado durante dos años; los capítulos que contiene esta tesis son parte de las enseñanzas aprendidas entre aquel grupo de cristianos. Así que, con la confianza de otras reuniones, se paró frente al grupo clandestino, solo para agradecerles sus enseñanzas. ¡Y eso le pareció NO ETICO a una mujer cristiana con aspiraciones al liderazgo cristiano!

B.- ¿Qué existe detrás de la máscara de la falsa espiritualidad?

Entonces, pues, ¿cuál es la verdad de Dios detrás de la máscara de la falsa espiritualidad? ¿Por qué hacemos tanto énfasis en este aspecto de la "falsa espiritualidad? ¿En realidad existen líderes cristianos en la Comunidad Evangélica Contemporánea con falsa espiritualidad? ¿No se supone que todos los líderes deben ser primeramente cristianos y después de carácter intachable? Además, tenemos que preguntarnos; ¿Acaso Dios usa a los líderes cristianos para hacer mal a Su Iglesia? Pensemos en estos seis puntos doctrinales:

1.- La Ética de Jesús incluye un amor incondicional.

Jesucristo dijo que el segundo gran mandamiento era amar a nuestros semejantes[300] Nunca dijo que habría que amar a ciertos semejantes; nunca dijo que hay seres humanos a los que no debemos amar. La Ética de Jesús es universal lo mismo que su amor incondicional.

---

[300] Mateo 22: 39

El apóstol Juan, en su Evangelio dijo: "Pues Dios amó tanto al mundo que dio a su único Hijo, para que todo el que crea en él no se pierda, sino que tenga vida eterna. Dios no envió a su Hijo al mundo para condenar al mundo, sino para salvarlo por medio de él".[301] Dentro de la Ética Ministerial de Jesús se hace una invitación para creer en El. ¿Y eso que significa? Significa que: "Creer en Cristo... es confiar en que él nos revela a Dios (Jn 1:18), que él es el camino para llegar al Padre (3:13; 14:6), y que él es el único que da vida eterna (3:14-15)".[302]

Enfatizamos que, el amor incondicional en la Ética de Jesús presenta el llamamiento a creer en El. Ahora bien, como ya sabemos lo que implica o significa creer en Jesucristo, dentro de Su Ética social/salvífica también tenemos que pensar que: "Aunque Jesús dice que todo juicio le ha sido confiado a Él (Jn 5:25), nos asegura que el no vino a la tierra a juzgarnos – como lo hacen los líderes cristianos de la Iglesia Cristiana Evangélica Contemporánea – sino a salvarnos. Lo que eso significa es que ya somos perdonados".[303]

¡Ah, el amor de Jesús! No existe una Ética tan amorosa como la de Jesucristo. ¡Ojalá que todos los líderes de la Iglesia Cristiana Evangélica Contemporánea tuvieran esta clase de ética! Lamentablemente existen algunos líderes que la conocen pero la esconden detrás de una máscara de falsa espiritualidad. William Barclay nos dice que:

---

[301] Juan 3:16-17, (NTV).

[302] Nota de pie de página en la *Biblia de Estudio Esquemática*. (Brasil. Sociedades Bíblicas Unidas. 2010), 1565

[303] Charles E. Stanley. *Biblia Principios de Vida*. (Nashville, Tennessee, USA. Impresa por Grupo Nelson y publicada por Thomas Nelson. 2010), 1179.

1.- "La iniciativa de la salvación pertenece a Dios". Es el amor de Dios que le motivo a tomar esta iniciativa en favor del ser humano. 2.- "Nos dice que el manantial de la vida de Dios es el amor"... Lo que nos sorprende este versículo (Jn 3:16) es que Dios no está actuando en beneficio propio, sino nuestro; no para satisfacer su deseo de poder – como lo hacen algunos líderes cristianos – ni para avasallar al universo – o como lo hacen algunos líderes cristianos enseñoreándose de la Iglesia de Jesucristo -, sino movido por su amor". 3.- Que este texto "nos habla de la amplitud del amor de Dios. Dios amó y ama al mundo". Sin embargo existen aquellos líderes que se han adueñado de la Iglesia de Jesucristo no para amarla sino para enseñorearse de ella; exprimirla, esconderle la verdad de Dios y la verdad eclesiológica; en su señorío tratan a los miembros de la iglesia local como sus servidores en lugar de siervos de Jesucristo.[304]

Es decir que, su llamada ética cristiana o bíblica no tiene nada de cristiana ni de bíblica sino que es una ética empapada de egoísmo, envidia, celos, mentiras, resentimiento, desamoradamientos, calumnias y demás deseos carnales. Es una ética muy diferente a la Ética de Amor que presenta Jesucristo: Una Ética de Amor Incondicional.

---

[304] , William Barclay. *Comentario al Nuevo Testamento. Volumen 5: JUAN I* (Terrassa (Barcelona), España. Editorial CLIE. 1996), 162-163

2.- La Ética de Jesús fue un liderazgo con una ética de corazón.

No notamos en su Ministerio Terrenal que, Jesús, en alguna ocasión odiara a muerte al ser humano; ni aun en aquel incidente en que sacó a los mercaderes del Templo, o cuando le dijo *"perra"* a una mujer que no era judía. Es cierto que su enfoque fue la nación de Israel, esto se hace claro en el dialogo con la mujer siro fenicia cuando Jesús le dijo que no estaba bien dar el pan de los hijos a los perrillos; es decir a los gentiles. Esto no significa que no amaba a los gentiles sino más bien que en su liderazgo divino, sabía que debería de preparar para el ministerio salvífico a los de su nación. Ellos serían los líderes. La salvación vino por medio de los judíos.

Lo que estamos diciendo es que "al enseñar como guiar al estilo de Jesús hemos descubierto que el liderazgo efectivo comienza desde adentro; es un asunto de corazón".[305] Es un compromiso hacia Dios. Esto es lo que el liderazgo de la Iglesia Cristiana evangélica Contemporánea debe de entender y poner a la práctica. ¡Es un compromiso con Dios, para hacer su voluntad en Su iglesia! No es una oportunidad para adueñarse de la Iglesia de Jesucristo.

La Biblia dice: "Porque el Hijo del Hombre ha venido para salvar lo que se había perdido".[306] ¡Esto es una Ética de corazón! Es la ética de la cual también habla la Biblia cuando dijo que Jesús, con un amor indescifrable amó a todos los seres humanos (Jn.3:16). Su ética fue una ética de corazón.

---

[305] Ken Blanchard & Phil Hodges. *Un Líder como Jesús*. (Nashville, TN. Grupo Nelson. 2006), 37.
[306] Mateo 18:11, (RV, 1960).

Esto es lo que se espera de los líderes que hablan de una Ética Cristiana.

3.- La Ética de Jesús es la de un Guía-Siervo.

El evangelista Juan comienza Su Evangelio diciendo:

"Antes de que todo comenzara ya existía aquel que es la Palabra.
La Palabra estaba con Dios, y la Palabra era Dios.
Cuando Dios creó todas las cosas, allí estaba la Palabra.
Todo fue creado por la Palabra, y sin la Palabra nada se hizo.
De la Palabra nace la vida, y la Palabra, que es la vida, es también nuestra luz.
La luz alumbra en la oscuridad, ¡y nada puede destruirla![307]"

El teólogo Raymond E. Brown dice que este pasaje bíblico es parte de un Himno; es parte del prólogo del Evangelio de Juan. Es decir que es "una síntesis poética de toda la teología y la narración del Evangelio, y también una introducción",[308] esta declaración es muy apropiada para la Ética de Jesús en este apartado número 3, pues es "una introducción" al servicio de Dios en bien o para la humanidad. Es una introducción misional/servicial que nos anticipa la vivencia eterna con Jesucristo. El Evangelio de Juan presenta, entonces, un ciclo en el que "el Hijo desciende del cielo a nuestro nivel – para servir -, y asciende de nuevo al cielo llevándonos consigo y

---

[307] Juan 1:1-5, (NTV).
[308] Raymond E. Brown. *El Evangelio y las cartas de Juan*. Td. María del Carmen Blanco Moreno. (España. Desclée de Brouwer. 2010), 35.

elevándonos al nivel divino".[309] Esta es la verdad de Dios que presenta el Guía-Siervo con Su Ética sin igual.

Es de notar que estos primeros cinco versículos de Juan nos remontan a los primeros dos capítulos del Génesis en el que "La PALABRA" estuvo haciendo todo aquello que era en bien de la futura humanidad: Una bóveda celeste, una tierra oxigenada, comida variada y en abundancia, un hogar sin igual y la presencia de Dios que, al parecer periódicamente estaba con ellos.[310] Dios, desde antes del principio de la humanidad, ya había hecho su plan de guiar como lo haría un buen siervo al ser humano en todos los aspectos sin esperar que le agradecieran. Ver a su creación humana feliz con la ayuda de Él, ¡le hace a feliz!

Entonces, pues: "La gran idea de Juan es que Jesús no es sino la Palabra creadora, vivificadora e iluminadora de Dios, y la Razón de Dios que sostiene el mundo, - Es la Palabra y la Razón de Dios - que ha venido a la Tierra en forma humana y corporal",[311] con el fin último de salvar lo que se había perdido y para guiar a la humanidad hacia un bienestar social y espiritual.

Esta "PALABRA" que dejó todo lo bueno que disfrutaba al lado del Padre Dios y de la Santa Comunión del Espíritu Santo, no se formó o fue creada para servir a la humanidad: "La palabra ya estaba allí en el mismo principio de todas las

---

[309] Raymond E. Brown. *El Evangelio y las cartas de Juan.* Td. María del Carmen Blanco Moreno. (España. Desclée de Brouwer. 2010), 35.
[310] Génesis 3:8.
[311] William Barclay. *Comentario al Nuevo Testamento. Volumen 5: JUAN I* (Terrassa (Barcelona), España. Editorial CLIE. 1996)-, 35

cosas".[312] Ella, "La PALABRA", entonces, no es una "*cosa*".

Es decir que: "La Palabra no es una de las cosas creadas; la Palabra ya existía cuando empezó la creación; la Palabra no es una parte del mundo que empezó a existir en un tiempo; la Palabra es parte de la eternidad y estaba con Dios antes que empezaran el tiempo y el universo".[313] La Palabra que se humanó con el fin de salvar y ayudar a la humanidad extraviada, desde la eternidad ya había en su mente divina el Plan Servicial de Guiar a la humanidad por un camino excelente y hacia una eternidad celestial.

Líderes de la Iglesia Cristiana Evangélica Contemporánea, ¿acaso son ustedes más sabios y divinos que "La PALABRA" hecha carne? Si Jesús vino a este mundo para salvar y guiar a la humanidad, ¿por qué algunos de ustedes se adueñan de la Iglesia que es de Jesucristo en lugar de guiarla a mejores campos espirituales? La Ética de Jesús es la guía de un Siervo que está dispuesto, por el bien de los demás, a pararse frente a la Comunidad Cristiana en peligro de ser más engañada por los hipócritas, egoísta, ladrones y deshonestos líderes, aunque erróneamente la digan: *"Esto no es ético"*.

4.- La Ética de Jesús es una Ética transformadora de personas.

Nadie esperaba que aquel grupo de Doce hombres seleccionados por Jesús pudieran tener un cambio en sus vidas. Un hablador y cobarde como Pedro, un ladrón y traicionero a su nación como Mateo, un incrédulo como

---

[312] William Barclay. *Comentario al Nuevo Testamento. Volumen 5: JUAN I* (Terrassa (Barcelona), España. Editorial CLIE. 1996)-, 51

[313] William Barclay. *Comentario al Nuevo Testamento. Volumen 5: JUAN I* (Terrassa (Barcelona), España. Editorial CLIE. 1996)-, 51

Tomás, un filósofo como Felipe y un tímido como Juan, ¡fueron transformados! Estos fueron hombres que formaron parte del Grupo de los Doce, y cada uno de ellos fue transformado en grandes hombres que, con un valor asombroso y una potencia espiritual cambiaron su mundo.

Una leyenda japonesa dice:

> "Se cuenta que a un jefe militar del Japón que vivió a finales del siglo 14, se le quebró su taza favorita. Se molestó mucho por lo acontecido y mandó la taza a China para repararla. Cuando se la llevaron reparada, se decepcionó mucho, pues habían unido las piezas de la taza con un tipo de grapas. Se veía muy fea. Les dijo a sus hombres que así no serbia y que buscaran una forma mejor de reparar la taza. Así que inventaron un tipo curioso de reparación. Unieron las piezas con una especie de goma y luego le hicieron un baño encima de la pega de un polvo de oro molido. Este método lo llamaron *'Kintsugi'*. *Kin* significa 'oro' o 'dorado', y *tsugi* significa 'unir las piezas'. Es decir, *Kintsugi* literalmente significa: 'unir con oro'. Este arte existe hasta el día de hoy y los utensilios tratados con el *'Kintsugi'* llegan a valer mucho más de lo que valían originalmente".[314]

Parte de la Ética transformadora de Jesús es la Reconciliación del ser humano con Dios. El hombre "se rompió" así mismo cuando pecó. Dios, en su misericordia, no quiso echarlo a la basura o regresarlo al polvo de donde había

---

[314] Duane Nisly. *Editorial.* (Costa Rica. Publicadora la Merced. Julio-Agosto, 2020. Volumen 34, Número 4. Artículo publicado en *La Antorcha de la Verdad.*

sido hecho sino que, en su Plan infinito de amor, compasión y restauración, usó la sangre de Cristo Jesús para unir al ser humano con Dios (goma). Lo santifico al darle la declaración de santo (baño de oro) y fue aceptado como algo de mucho más valor porque, había sido hecho pero además comprado (reparado) con lo más precioso en el campo espiritual: La muerte de Cristo Jesús (oro puro).

¡Jesús vino para servir! En su Ética transformadora. Jesús, no se detuvo en servir a la humanidad aunque esto le costara su propia vida y además, aunque los críticos erróneamente digan: *"Esto no es ético".*

El científico de la conducta Ken Blanchard, después de su conversión a Jesucristo – este es otro de los transfiramos por la Ética de Jesús -, se puso a leer los Evangelios y el libro de los Hechos de los Apóstoles. Como resultado de esa lectura, dice:

> "Al estudiar estos libros quedé fascinado por la forma en que Jesús transformó a aquellos doce hombres comunes y corrientes y tan diferentes en entre sí haciendo de ellos la primera generación de líderes de un movimiento que continua afectando el curso de la historia del mundo unos dos mil años después".[315]

Y luego Ken Blanchard agrega: "Me di cuenta que los cristianos tienen más en Jesús que solo un líder espiritual; tenemos un modelo de liderazgo efectivo y práctico para cualquier organización, para cualquier persona, y para

---

[315] Blanchard Ken & Phil Hodges. *Un Líder como Jesús*. (Nashville, TN. Grupo Nelson. 2006), VIII-IX.

cualquier situación".[316] La Ética ministerial de Jesús es una Fuente transformadora, no importa quien hayas sido, lo que eres o la sociedad o cultura a la que perteneces. ¡Su Ética es transformadora! Aunque erróneamente se pregunten: *"¿Qué clase de Ética es esta?"*

5.- La Ética de Jesús es un llamado a servir.

Notemos con atención este relato bíblico que el Evangelista Mateo nos ha dejado entre las páginas de su Evangelio para que aprendamos o reafirmemos que la Ética de Jesús es un *llamado a servir.*

"Entonces la madre de Santiago y de Juan, hijos de Zebedeo, se acercó con sus hijos a Jesús. Se arrodilló respetuosamente para pedirle un favor.
— ¿Cuál es tu petición? —le preguntó Jesús.
La mujer contestó:
—Te pido, por favor, que permitas que, en tu reino, mis dos hijos se sienten en lugares de honor a tu lado, uno a tu derecha y el otro a tu izquierda.
Jesús les respondió: — ¡No saben lo que piden! ¿Acaso pueden beber de la copa amarga de sufrimiento que yo estoy a punto de beber? — Claro que sí —contestaron ellos—, ¡podemos!
Jesús les dijo:
—Es cierto, beberán de mi copa amarga; pero no me corresponde a mí decir quién se sentará a mi derecha o a mi izquierda. Mi Padre preparó esos lugares para quienes él ha escogido".[317]

---

[316] Blanchard Ken & Phil Hodges. Un Líder como Jesús. (Nashville, TN. Grupo Nelson. 2006), IX.
[317] Mateo 20:25-28, (NTV).

Mientras Jesús y sus seguidores van de camino con rumbo la ciudad de Jerusalén, Jesús. Les anuncia una vez más que parte de su Misión Misional es morir crucificado pero que al tercer día resucitará (Mt 20: 17-19). Al parecer los seguidores no entendieron o no quisieron hacer caso del anuncio sacrificial que escucharon, pues se enfocaron en: ¿Qué lograremos siguiendo a Jesús? Énfasis muy natural en los seres humanos; siempre se piensa en que gano si hago algo.

Entre el liderazgo cristianos, existen algunos líderes que se hacen esta pregunta: ¿Qué gano con ser líder? Abren así la puerta para que un espíritu materialista, egoísta e hipócrita comience por edificar una vida con una mentalidad fuera de la voluntad de Dios: "—Te pido, por favor, que permitas que, en tu reino, mis dos hijos se sienten en lugares de honor a tu lado, uno a tu derecha y el otro a tu izquierda". La respuesta a esta petición indica que la verdad de Dios queda escondida detrás de la máscara de la falsa espiritualidad, pues no se busca la verdad y la voluntad de Dios sino los intereses personales.

"Jesús aprovecha el pedido de la madre de los hijos de Zebedeo para mostrar con qué espíritu y con qué finalidad el vino. Los discípulos querían honra y gloria. Jesús responde que, en el reino de los cielos, la honra y la gloria vienen del servicio humilde en beneficio de otros",[318] Por esa razón, con toda la sabiduría divina les dice: "Entre ustedes no será así". La Ética de Jesús es un llamado a servir a los otros no así mismos; es una ética que sale en defensa de los otros aunque erróneamente se diga: *"Esto no Ético"*.

---

[318] Comentario en la *Biblia de Estudio Esquemática*. (Brasil. Sociedades Bíblicas Unidas. 2010), 1420-1421.

El escritor y editor de la revista *La Antorcha de la Verdad*, Duane Nisly, dice que: "Cierto día Jesús regresó a Nazaret, el pueblo en el que se había criado. En el día de reposo, entró en la sinagoga como solía hacer y se le pidió que leyera las Escrituras. Se levantó y al recibir el libro del profeta Isaías, Jesús comenzó a leer: 'Me ha enviado... a vendar a los quebrantados de corazón, a publicar libertad a los cautivos, y a los presos apertura de la cárcel; a proclamar el año de la buena voluntad e Jehová (Isaías 61:1-2). Cuando terminó de leer, dijo estas palabras asombrosas: 'Hoy se ha cumplido esta Escritura delante de vosotros'."[319] En este tipo de ética no existe un plan "B", sino que es un plan divino excelente y concreto. Si no sirves fielmente como líder obedeciendo fielmente como lo que dice Dios en Su Palabra, definitivamente no estás en su plan; estás en tu orgullo e hipocresía escondiendo la verdad de Dios detrás de la máscara de tu falsa espiritualidad. El apóstol Santiago dijo:

> "Amados hermanos, cuando tengan que enfrentar cualquier tipo de problemas, considérenlo como un tiempo para alegrarse mucho porque ustedes saben que, siempre que se pone a prueba la fe, la constancia tiene una oportunidad para desarrollarse. Así que dejen que crezca, pues una vez que su constancia se haya desarrollado plenamente, serán perfectos y completos, y no les faltará nada.
>
> Si necesitan sabiduría, pídansela a nuestro generoso Dios, y él se la dará; no los reprenderá por pedirla. Cuando se la pidan, asegúrense de que su fe sea solamente en Dios, y no duden, porque

---

[319] Duane Nisly. *Editorial*. (Costa Rica. Publicadora la Merced. Julio-Agosto, 2020. Volumen 34, Número 4. Artículo publicado en *La Antorcha de la Verdad*.

una persona que duda tiene la lealtad dividida y es tan inestable como una ola del mar que el viento arrastra y empuja de un lado a otro. Esas personas no deberían esperar nada del Señor; su lealtad está dividida entre Dios y el mundo, y son inestables en todo lo que hacen".[320]

Jesús desea estar involucrado y relacionado en todos los aspectos de nuestra vida. Así que si eres líder de la Iglesia Cristiana Evangélica Contemporánea, deja que la verdad de Dios y la Ética de Jesús estén involucradas en todo el *Modus Vivendus* de la Comunidad Cristiana, no se la escondas a los miembros de tu iglesia local la verdad de Dios detrás de la máscara de la falsa espiritualidad en la que estás viviendo como líder cristiano.

Y, por favor, no te pares entre el auditorio con ese espíritu lleno de sabiduría humana y con un orgullo intelectual erróneo y digas erróneamente: *"Esto no es Ético"*.

6.- La Ética de Jesús es una Ética Humanitaria no Humanista.

Como se ha dicho en el apartado número cinco, *la Ética de Jesús es un llamado a servir,* con este otro apartado afirmamos que el énfasis de la Ética de Jesús fue el bien de los otros – Mostrar compasión que es igual a ser humanitario, tal y como lo muestra Jesús con la parábola del buen samaritano (Lc 10:25-37), – en lugar de buscar un beneficio personal – como enseña la Filosofía Humanista Secular -.

---

[320] Santiago 1:2-8, (NTV).

Al ciego Bartimeo, Jesús, le preguntó: *"¿Qué quieres que te haga?"* Cuando Bartimeo le dio la respuesta, Jesús, exaltó su fe, lo despidió pero se fue contemplando la belleza de los colores de este mundo.[321] Jesús hizo un gran bien sin pedir a cambio un aplauso, un salario, ni siquiera pidió un: ¡Gracias Señor!

El Evangelista Lucas dice que:

"Un día, siguiendo su viaje a Jerusalén, Jesús pasaba por Samaria y Galilea. Cuando estaba por entrar en un pueblo, salieron a su encuentro diez hombres enfermos de lepra. Como se habían quedado a cierta distancia, gritaron: — ¡Jesús, Maestro, ten compasión de nosotros! Al verlos, les dijo: —Vayan a presentarse a los sacerdotes. Resultó que, mientras iban de camino, quedaron limpios".[322]

En este relato, uno de los diez leprosos, mientras caminaban hacia el encuentro con los sacerdotes, se dio cuenta de que estaba sanado – todos "fueron sanados" (Lc 17:14). Así que antes de llegar ante los sacerdotes, este hombre se devolvió hacia Jesús para darle las gracias, aunque nunca Jesús se las pidió. Lo que sí Jesús comentó fue que quien le agradeció fue un samaritano; Es decir, uno que no era digno de ser sanado. En otras palabras y para vergüenza de algunos líderes cristianos evangélicos, en el ministerio de Jesús, "un extranjero (v.18; Lc 7:9), un samaritano v. 15; Lc. 10:33-37), sirve de ejemplo para el pueblo de Dios".[323] ¡Cuidado líderes

---

[321] Marcos 10:51-52, (RV, 1960).

[322] Lucas 17:11-14, (NVI).

[323] Comentario en la *Biblia de Estudio Esquemática.* (Brasil. Sociedades Bíblicas Unidas. 2010), 1535

cristianos evangélicos! Alguien dentro o fuera de la iglesia local puede mostrar la verdad de la sinceridad hacia Dios y descubrir sus intereses personales.

La Ética humanitaria de Jesús es la que sirve al ser humano, es una ética que consuela, que ayuda a la superación personal, que tiene una moral que agrada a Dios y hace bien a los seres humanos. Es una ética que viendo la necesidad del ser humano y en especial de Su pueblo, se para al frente aunque lo critiquen y digan erróneamente: "*Esto no es ético*".

En cambio la Filosofía del Humanismo Secular Moderno que, originalmente fue propuesta por el dominico Tomas de Aquino, el cual fue canonizado como Santo: *Santo Thomas de Aquino*, es su nombre actual, es una filosofía emocionalista, pasional y muy egoísta o centrada en la razón humana. Cuando el Humanismo Secular y anticristiano llegó a los Estados Unidos de América, sus doctrinas revolucionaron la ética moral que EE.UU. tenía.

Fue así que:

> "La ola de violencia actual, la pornografía, la promiscuidad, las enfermedades venéreas, el divorcio de mutuo acuerdo, la educación sexual libre de culpa, los niños habidos fuera del matrimonio, los abortos, la homosexualidad, la bisexualidad, el SIDA, la obsesión por uno mismo, los sueños y los corazones rotos se pueden colocar al lado del humanismo secular. 'La nación en la que vivimos hoy', dice Bill Bennet, 'es más violenta y vulgar, ordinaria y cínica, ruda y sin

remordimiento, desviada y deprimida, que aquella que tuvimos una vez".[324]

Con el nuevo gobierno en Estados Unidos de América, es muy probable que la puerta al Humanismo Secular se abra de par a par, o, tal vez, aun se quiten las puertas para que la cultura moral y atea del Humanismo Secular no tenga ningún obstáculo para entrar a donde se le dé la gana. Repetimos la ironía que ya se ha comentado: "... América, que en tiempo atrás promovió a Dios y a los valores bíblicos, ahora se opone a ellos, y Rusia, que en un tiempo se opuso a Dios y a los valores bíblicos, ahora les da la bienvenida y los promueve".[325]

Lo más lamentable es que algunos líderes cristianos evangélicos contemporáneos están escondiendo la verdad de los valores bíblicos, entre ellos la Ética de Jesús, detrás de una máscara de una falsa espiritualidad que al ponérsela no pueden ver lo que realmente es la Ética de Dios y con una impunidad asombrosa gritan erróneamente: *"Esto no es ético"*.

En fin, lo que notamos claramente en la Ética de Jesús es que: "Esta claro que Jesús tenía una preocupación profunda por las personas y sus necesidades. Mostró gran compasión por las necesidades físicas del hombre. Sin embargo, nunca fue transigente con la verdad ni trató de endulzar su mensaje para complacer a sus oyentes. Cuando llamaba a los hombres

---

[324] Tim LaHaye y David Noebel. *Asedio de la mente: La batalla por la verdad en el nuevo milenio.* (Nashville, TN-Miami, Florida. Editorial Caribe, Inc. Una división de Thomas Nelson, Inc. 2002), 135.

[325] Tim LaHaye y David Noebel. *Asedio de la mente: La batalla por la verdad en el nuevo milenio.* (Nashville, TN-Miami, Florida. Editorial Caribe, Inc. Una división de Thomas Nelson, Inc. 2002), 137. (Vea el Capitulo Cinco: "Tú eres el endemoniado", en la pág. 67).

a unirse a su reino, les hablaba de las verdades difíciles desde un principio: 'Cualquiera de vosotros que no renuncia a todo lo que posee, no puede ser mi discípulo' (Lucas 14:33)".[326]

Así fue su proceder en el Ministerio Terrenal aunque a ti te parezca que eso no fue ético.

---

[326] Gary Miller. *El Cristianismo en el mundo evangélico.* (Costa Rica. La Antorcha de la Verdad. Revista Cristiana. Mayo - Junio. 2020. Volumen 34, Numero 3. La Antorcha de la verdad se publica bimestralmente por Publicadora La Merced en Costa Rica C.A), 11

Capítulo Siete:

ROBANDO AL SIERVO DE DIOS

¿Robará el hombre a Dios? Pues vosotros me habéis robado. Y dijisteis: ¿En qué te hemos robado? En vuestros diezmos y ofrendas. Malditos sois con maldición, porque vosotros, la nación toda, me habéis robado. Traed todos los diezmos al alfolí y haya alimento en mi casa; y probadme ahora en esto, dice Jehová de los ejércitos, si no os abriré las ventanas de los cielos, y derramaré sobre vosotros bendición hasta que sobreabunde.

Malaquías 3:8-10, (RV, 1960).

El Diccionario de la Lengua Española dice que robar, es un término: "Del lat. vulg. *raubare*, y este del germ. *raubôn* 'saquear, arrebatar'; cf. a. al. ant. *roubôn*, al. *rauben*, ingl. *Reave*".[327] Otra definición es que: "La palabra robar es utilizada en el idioma castellano, para definir la acción de apoderarse de algo que no le pertenece; que le pertenece a otra persona y que por lo general, se recurre a la violencia física para intimidar al dueño del bien".[328] Desde el punto de

---

[327] Diccionario de la Lengua Española. *Definición de robar.* (La Habra, California. Internet. Consultado el 18 de noviembre del 2020), ¿? https://dle.rae.es/robar

[328] Diccionario de la lengua española | RAE... *Definición de robar.* (La Habra, California. Internet. Consultado el 18 de noviembre del 2020), ¿? https://www.google.com/search?q=definici%C3%B3n+de+robar&rlz=1C1GCEA_enUS764US764&oq=Definici%C3%B3n+de+robar

vista de la Biblia: "– Robar mediante engaño y abusando de la ignorancia del despojado se llama vulgarmente estafar, sisar, confiscar, arrebatar, desposeer. En todos los casos, sea de forma violenta o disimulada, robar es perjudicar al hombre e ir contra de la voluntad de Dios".[329]

Robar es pues, tomar para sí aquello que le pertenece a otra persona o institución. Por ejemplo, en el texto que hemos leído arriba, claramente se nota que es un robo a Dios directamente. ¿Robarle a Dios? Esto no parece humanamente aceptable no coherente. Sin embargo, pensemos en lo que Charles F. Stanley dice a continuación:

"Desde un punto de vista humano, la Biblia puede parecer un libro lleno de paradojas.[330] Por ejemplo dice que si realmente queremos tener vida, primero debemos de perderla (Mt 10:39). Si queremos entender la autoridad, primero debemos volvernos servidores ((Mt 20:26-27). Si queremos ser exaltados, debemos primero humillarnos (I P 5:6).

---

[329] ¿Qué es robar? *Concepto definición.* (La Habra, California ia. Internet. Consultado el 18 de noviembre del 2020), ¿? https://conceptodefinicion.de/robar/

[330] Eleazar Barajas. *Notas de Hermenéutica I.* (La Habra, California. Golden Gate Seminary. 201), 24. La paradoja. Esta figura retórica implica una afirmación contraria a la opinión común. Dicho en otras palabras: yo digo una cosa pero todos los demás afirman lo contrario. Ejemplo: Uno de los ejemplos bíblicos más notables tiene como autor al propio Jesús. Al enseñarle a sus discípulos, el Maestro dijo; "... es más fácil pasar un camello por el ojo de una aguja, que entrar un rico en el reino de Dios" (Mat 19:24). Si estudiamos además el contexto en el cual está inmerso el texto - el relato del joven rico - sacamos entonces una profunda enseñanza sobre la importancia que tenía - ¡y tiene! - el ser discípulo de Cristo y el predicar el Evangelio.

Y dar a Dios es el primer paso hacia la libertad financiera.

Tal vez pregunte: '¿Cómo puedo darle *cualquier cosa* a Dios cuando ni siquiera puedo pagar mis cuentas? ¿Acaso Dios no espera que me encargue primero de mis deudas?' A primera vista, ese cuestionamiento suena razonable. El problema es que ignora la autoridad y la perspectiva de Dios. El insiste en que si no damos, lo estamos robando y vamos a terminar en peores condiciones económicas que nunca (Mal 3:8,9). Siempre debemos de tener presente que todo lo que tenemos, Dios nos lo da, y que todo es suyo desde un principio: 'Pues todo es tuyo, y de lo recibido de tu mano te damos' (I r 29:14). Por lo tanto, lo que Dios pida de nosotros no es irrazonable".[331]

Lo que también es irrazonable es que conociendo este principio bíblico como el específico de no robar, existan líderes cristianos evangélicos contemporáneos que roban. Si un político u otra persona roba, lo medio justificamos diciendo que no tiene temor de Dios; que no es cristiano, pero, ¡que un cristiano robe! ¡Eso no es justificable! Es más, que líderes, aduanándose de la admiración de la Iglesia de Jesucristo, le roben al siervo de Dios que los está pastoreando, ¡eso sí que es una desengonzada conducta cristiana! ¡Qué Dios les perdone semejante pecado! ¡Que Dios les perdone por esconder la verdad de Dios escrita por el profeta Malaquías detrás de una máscara de supuesta espiritualidad!

[331] Charles F. Stanley. *Biblia Principios de Vida.* (Nashville, Tennessee, USA. Impresa por Grupo Nelson y publicada por Thomas Nelson. 2010), 1049.

Mientras escribo esta tesis, con motivo de las Elecciones Presidenciales 2020, el Periódico: *The New York Times*, ha hecho una investigación de los impuestos que el Presidente Donald Trump ha pagado y dejado de pagar al servicio estadounidense de hacienda (IRS, por su sigla en inglés). Son datos que salen a la luz después de que Trump los ha estado ocultando al público por años. Con esta investigación hoy se sabe que: "Como presidente, Donald Trump ha recibido más dinero de fuentes extranjeras y grupos de interés estadounidenses de lo que se sabía previamente. Los registros muestran conexiones con Rusia que no se hubieran reportado antes".[332] Dinero que, hasta la fecha, no se ha hecho público. Bueno, uno poder decir que, el Presidente es un político millonario y como tal sabe cómo manejar sus finanzas. ¡Cierto! Pero eso no lo excusa de no ser honesto.

Algunas personas que han sido entrevistadas por las cadenas televisivas en español en Estados Unidos han dicho que ellos pagan más impuestos que el Presidente Trump pero que no viven la vida que él lleva. Y están en lo correcto, pues: "Además de los 11 años en los que – Donald Trump - no pagó impuestos de los 18 años examinados por el Times, el mandatario solo pagó 750 dólares en cada uno de los dos últimos años: 2016 y 2017".[333] Es decir que, de

---

[332] David Leonhardt. *Las declaraciones de impuestos de Donald Trump en 18 puntos.* (La Habra, California. Internet. Artículo titulado: *Los impuestos de Donald Trump.* Publicado en The New York Times el 28 de septiembre de 2020. Consultado el 6 de octubre del 2020), ¿? https://www.nytimes.com/es/2020/09/28/espanol/estados-unidos/impuestos-donald-trump.html

[333] David Leonhardt. *Las declaraciones de impuestos de Donald Trump en 18 puntos.* (La Habra, California. Internet. Artículo titulado: *Los impuestos de Donald Trump.* Publicado en The New York Times el 28 de septiembre de 2020. Consultado el 6 de octubre del 2020), ¿? https://www.nytimes.com/es/2020/09/28/espanol/estados-unidos/impuestos-donald-trump.html

alguna manera, Trump, "se las ha ingeniado para evadir impuestos mientras sigue gozando del estilo de vida de un multimillonario, algo que afirma ser, mientras sus empresas cubren los costos de lo que muchos considerarían gastos personales".[334] De alguna manera algunos líderes cristianos evangélicos contemporáneos se la han arreglado para que el Pastor de su iglesia no reciba lo económicamente estipulado y, ¡eso es robo!

"El Apóstol Pablo advierte: 'Por la gracia que se me ha dado, les digo a todos ustedes: Nadie tenga un concepto de sí más alto que el que debe tener, sino más bien piense de sí mismo con moderación, según la medida de fe que Dios le haya dado' (Ro. 12:3 NVI). Aunque los pastores tenemos una elevada visibilidad, tenemos que resistir los antojos de realeza. El momento en que nos consideremos muy elevadamente, comenzamos un desliz traicionero hacia el orgullo".[335]

Nunca el orgullo, y mucho menos el orgullo de algunos líderes cristianos ha ayudado al crecimiento numérico, espiritual, psicológico y sociológico de las iglesias locales; esto es una hecho eclesiológico. Las palabras del apóstol Pablo en Romanos 12:3, "enseñan – que como cristiano – debo de participar en la iglesia local para ayudar a crecer a otros. Sea cual sea el don que se me ha dado, tengo la obligación ante mi Señor de utilizarlo para servir a su pueblo".[336] Notemos bien,

[334] David Leonhardt. *Las declaraciones de impuestos de Donald Trump en 18 puntos.* (La Habra, California. Internet. Artículo titulado: *Los impuestos de Donald Trump.* Publicado en The New York Times el 28 de septiembre de 2020. Consultado el 6 de octubre del 2020), ¿? https://www.nytimes.com/es/2020/09/28/espanol/estados-unidos/impuestos-donald-trump.html
[335] H. B. London y Neil B. Wiseman. *Me llaman Pastor: Como amar a los que usted guía.* (Brasil. Editorial Patmos. 2010), 34.
[336] Douglas J. Moo. *Comentario con Aplicación: ROMANOS: del texto*

Pablo habla de "servir" no de enseñorearse; ni mucho menos de robar. ¡Líderes, Dios nos ha llamado a servir, no a robar!

El pastorado de por sí ya es un trabajo especial y esencial. Entre otras cosas, el pastor debe ser una persona equilibrada, diligente, capacitada bíblica y teológicamente, emocionalmente maduro, una persona que sepa como escuchar, debe ser una persona de confianza y de confidencialidad, un ser asequible, buen colaborador, buen comunicador, una persona que estimule al bien personal y comunitario, buen consejero familiar, y se espera que sea una persona completamente espiritual.[337] Esto es algo que la Iglesia Cristiana Evangélica Contemporánea espera de su líder espiritual, y eso es correcto, sin embargo, en medio de todo eso, no se percatan de que también es un ser humano, con deficiencias, un ser que necesita del perdón y de la ayuda; un ser que tiene necesidades espirituales, físicas y económicas.

Hace unos días leí en el internet las siguientes palabras que hacen referencia al trabajo pastoral y con las cuales, el autor anónimo invita a la congregación a que ore por su pastor. Él dijo:

"El 97% de los pastores han sido traicionados, falsamente acusado o herido por sus colaboradores más cercanos.
El 70% lucha con la depresión.
Solo uno de los pastores se jubila como pastor.
El 80% de los pastores viven desanimados.

bíblico a una aplicación contemporánea. (Miami, Florida. Editorial Vida. 2011).
[337] H. B. London y Neil B. Wiseman. Me llaman Pastor: Como amar a los que usted guía. (Brasil. Editorial Patmos. 2010), 79-83.

El 94% de las familias pastorales son azotadas por las presiones ministeriales. El 78% de los pastores no tienen amigos. El 90% de los pastores trabajan de 55 a 75 horas por semana. La principal causa de muerte de los pastores son los infartos".[338]

La iglesia Evangélica sabe esto y aun así, todavía, bajo la máscara de la falsa espiritualidad, le roban al Siervo de Dios. Algunos no reciben un salario sino una ofrenda por sus servicios ministeriales; la mayoría de los pastores hispanos no tienen un seguro de vida; por lo general, no se provee al pastor latino un retiro pastoral; todos los miembros pueden tener sus salarios asegurados menos el pastor; si se le da una ofrenda, la llamada ofrenda o salario pastoral, se le recrimina de que no está haciendo lo suficiente como pastor, aunque tenga que tomar tiempo para visitar a los miembros resentidos y no resentidos, a nuevos creyentes, a los enfermos y a los que están en las cárceles, aunque tenga que tomar tiempo para hablar por teléfono, para dar consultas, para preparar y dar los estudios bíblicos, para preparar las predicaciones, para estar en las actividades de los departamentos de la iglesia; para impartir la Santa Cena, para celebrar matrimonios, aunque tenga que tomar tiempo para estudiar, para manejar para un cristiano que su esposo o esposa o hijo no puede hacerlo porque tiene otro compromiso y otras actividades que se suponen son la obligación del pastor, menos el cuidar de su familia o salir de vacaciones. Por cierto, algunos de los pastores que conozco han salido de vacaciones una vez al

---

[338] Anónimo. *Ora por tu pastor.* (La Habra, California. Internet. Mensaje enviado a mi correo por Miguel Zúñiga y por Martín Escobar el 24 de junio del 2020), ¿? https://www.facebook.com/martin.escobar.58367

año pero sin la ayuda económica: ¿Razón? Son vacaciones no trabajo pastoral.

El apóstol Santiago tiene unas fuertes palabras de amonestación sobre la actitud de robar. Él dijo:

"¡Oigan esto, ustedes los ricos! ¡Lloren y griten por las desgracias que van a sufrir! Sus riquezas están podridas; sus ropas, comidas por la polilla. Su oro y su plata se han enmohecido, y ese moho será una prueba contra ustedes y los destruirá como fuego. Han amontonado riquezas en estos días, que son los últimos. El pago que no les dieron a los hombres que trabajaron en su cosecha, está clamando contra ustedes; y el Señor todopoderoso ha oído la reclamación de esos trabajadores. Aquí en la tierra se han dado ustedes una vida de lujo y placeres, engordando como ganado, ¡y ya llega el día de la matanza! Ustedes han condenado y matado a los inocentes sin que ellos opusieran resistencia".[339]

El pastor y escritor William Barclay dice que: "Aquí tenemos la condenación de la riqueza egoísta y avasalladora, y el fin al que conduce. Este fin, lo explica en cuatro subtemas:

1.- *Los ricos egoístas han obtenido sus riquezas injustamente.*

La Biblia no deja lugar a dudas de que el obrero es digno de su salario (Lucas 10:7; I Tim 5:18). - Pero los pobres vivían paupérrimamente porque los ricos les robaban sus salarios -.

---

[339] Santiago 5:1-6, (DHH),

2.- Los ricos egoístas usaban egoístamente sus riquezas.

Vivian en lujos lugares y desenfrenadamente.
- Es decir, se daban la buena vida mientras que los pobres apenas comían una comida al día -.

3.- Los ricos egoístas habían asesinado al justo que no les había ofrecido resistencia. Al parecer esta expresión se refiere a Jesucristo y no tanto a los pobres, aunque claro está, los pobres siempre fueron humillados y maltratados. Sin embargo, la Biblia dice: 'En vez de pedir la libertad de aquel que era santo y justo, ustedes pidieron que se soltara a un criminal' (Hech 3:14, DHH). - De cualquier manera, aunque se refiera a Jesucristo, lo que vemos es el contexto de los pobres del tiempo de Santiago -.

4.- El que escoge ese camino escoge también su fin.

El destino del ganado engordado es la matanza; y los que no han buscado más que el lujo desbordado y los excesos egoístas se han engordado así mismos para el Día del Juicio. El egoísmo siempre conduce a la destrucción del alma".[340]

Pues bien, esta advertencia de robo contra los ricos del tiempo del apóstol Santiago, "probablemente fue escrita antes del Concilio de Jerusalén en el 50 d. C., por lo cual podría

[340] William Barclay. *Comentario al Nuevo Testamento. Volumen 14. Santiago y Pedro.* Td. Alberto Araujo. (Terrassa (Barcelona), España. Editorial CLIE. 1994), 141-143.

ser el libro más antiguo del Nuevo Testamento, con la posible excepción de Gálatas",[341] y desde ese tiempo neotestamentario, el robo ya era un acto penal. Pero al mismo tiempo, "este aviso a los ricos trae a la memoria la predicación de los profetas del AT, que denunciaban la explotación de que eran objeto los pobres y humildes (Is. 5:8-10; Jer. 5:26-30; Am. 8:4-8)".[342]

Lo anterior no significa que en el Antiguo Testamento el robo no fuera un acto penal: ¡Si lo fue! Y en algunos casos también fue un acto criminal. Antes de cerrar la escritura del Antiguo Testamento, Dios mismo le preguntó a su pueblo: "¿Robará el hombre a Dios? Pues vosotros me habéis robado. Y dijisteis: ¿En qué te hemos robado? En vuestros diezmos y ofrendas".[343]

Si hacemos esta pregunta a la Iglesia Cristiana Evangélica Contemporánea, diríamos: ¿Los cristianos evangélicos le robarán a Dios, a los siervos de Dios y a la Iglesia de Jesucristo? De esto somos testigos. Sabemos de por lo menos de un pastor en el Sur de California que han experimentado las injusticias y robo económico al siervo de Dios.

Los llamados profetas contemporáneos Guillermo Maldonado y su esposa Ana Maldonado han anunciado su divorcio. Después de estar casados por 33 años han decidido divorciarse. ¿Será que Dios les dio esa revelación a los llamados profetas? Bueno, para el caso de esta tesis,

---

[341] Charles E. Stanley. Comentario en la *Biblia Principios de Vida*. (Nashville, Tennessee, USA. Impresa por Grupo Nelson y publicada por Thomas Nelson. 2010), 1424.

[342] Comentario en la *Biblia de Estudio Esquemática*. (Brasil. Sociedades Bíblicas Unidas. 2010), 1853-1854.

[343] Malaquías 3:8, (Versión Reina-Valera 1960 © Sociedades Bíblicas en América Latina, 1960. Renovado © Sociedades Bíblicas Unidas, 1988).

creemos que el comentario de una cibernética, en este caso nos ayuda con la respuesta. Ella, dijo: "Ya no hay apóstoles, ¿por qué engañan a la gente? ¿Y profeta esta Sra? Por favor... Se habla de varios millones de pesos que la señora pide en la separación... Pero ese dinero se supone que es de la iglesia. No de ellos... ¿Oh sea que ellos, además de mentirosos roban? ¿Hacen fraude a la gente???"[344]

Y, al parecer las respuestas son: Engañan porque de eso se han alimentado. Ana Maldonado, ¿profeta de Dios? Ante aquellos que han sido engañados ¡Sí!, ante Dios ¡No! De que son mentirosos, sus mensajes en las redes sociales tienen varias mentiras y errores de hermenéutica, como el que el nombre de Dios es; "teta grande". De que han robado, bueno eso no nos consta aunque se nota en su manera de administrar los dineros y bienes de la iglesia.

A un pastor le pidieron que ayudara a una iglesia porque se habían quedado sin pastor. El amablemente aceptó. Se prometió una ayuda económica; una parte la daría la iglesia a la que ministraría y otra una organización denominacional. En los primeros cuatro meses la iglesia le comenzó a dar una ofrenda, no lo que le habían prometido, sino una ofrenda cada domingo. La organización que le prometió la otra parte de su ayuda económica no llegó durante los primeros seis meses. De alguna manera, el pastor pudo pagar parte de la renta de su apartamento y los gastos de su vehículo – otros les

---

[344] Marisela Ruiz. *Iglesia «El Rey Jesús» declara su posición ante la noticia de divorcio de los Maldonado.* (La Habra, California. Internet. Comentario en Bibliatodo Noticias. Artículo publicado el 23 de Septiembre del 2020. Consultado el 9 de Octubre del 2020), ¿? https://www.bibliatodo.com/ NoticiasCristianas/iglesia-el-rey-jesus-declara-su-posicion-ante-la-noticia-de-divorcio-de-los-maldonado/

ayudaron con los gastos -. Aún sigue en deuda con la renta de su dormitorio (Noviembre del 2020), y sus tarjetas de crédito ya no se puedan usar normalmente.

Cuando le comenzaron a dar la ofrenda que se le había prometido, comenzaron las acusaciones de que no estaba cumpliendo con lo que era el deber pastoral. Sin embargo, lo peor llegó cuando al fin la organización se acordó que el pastor tenía gastos y deudas económicas pendientes. Fue entonces que le envió un cheque por la cantidad de los meses que no le habían ayudado. Fue un cheque enviado a la iglesia con el nombre del pastor. Era parte de la ayuda pastoral.

Sin embargo, los líderes locales, al parecer pensaron que el pastor no necesitaba ese dinero. Dijeron, por medio de una carta dirigida al director de la organización que ellos no habían pedido tal ayuda. Y, con la carta, devolvieron el cheque. Era dinero del pastor no de la iglesia; era una ofrenda de hermanos cristianos conscientes de que el pastor también paga renta, que también paga mantenimiento del vehículo, que también come y bebe, y que también es merecedor de ir por lo menos una vez al mes al restaurante. Esto se llama robo. ¡Le robaron al pastor casi un año de ayuda económica entre las dos entradas!

Esta es la verdad detrás de la máscara de la espiritualidad, pues, las noticias del comportamiento de algunos de los líderes principales es que asisten a todas las reuniones de la iglesia, tienen un día de oración, a los visitantes a los cultos los saludan amablemente pero con cierta inquietud de: ¿Por qué nos visitan?, cantan en los cultos con una actitud que muestra una espiritualidad honesta y hablan de las cosas espirituales con fluidez, toman decisiones en oración pero sin que lo sepa la congregación y en mucho casos ni el pastor es invitado a dichas reuniones. Una de las razones es precisamente ocultar la verdad económica, pues, la congregación, por años, no sabe el manejo de los diezmos y de las ofrendas que son depositadas en el tesoro de la iglesia. En fin, la congregación ni siquiera sabía que el liderazgo se estaba robando el dinero pastoral.

Robar no es una práctica nueva, no es algo nuevo de nosotros. El Nuevo Testamento cuenta la historia de una pareja de la cual ya se ha hecho alusión en el tema de la mentira, pero también, de una manera muy discreta estaban robando, pues habían prometido dar todo el dinero de la venta del terreno, pero después se dijeron que darían una parte. Es decir, que, esto también se puede considerar como robo. En el Antiguo Testamento Jacob le robó con astucia la primogenitura a su hermano Esaú. Raquel le robó los dioses a su padre. También Siba calumnio a Mefi-boset y engaño a David.[345] Lo que estamos diciendo es que: "La cleptomanía es un trastorno mental en donde la persona no puede resistir la tentación de tomar cosas que no le pertenecen. Los cleptómanos, suelen tomar objetos que en realidad no necesitan, muchos de ellos ni siquiera tienen un valor económico significativo. Estas personas roban, porque no se pueden contener y al hacerlo sienten un gran placer".[346]

Esto es lo que notamos en uno de los líderes de una iglesia en el Sur de California, este hombre estaba robando

---

[345] Hechos 5:1-11; Génesis 25:27-34; Génesis 31:19; 2 Samuel 16: 1-4; 19:24-30.

[346] ¿Qué es robar? *Concepto definición.* (La Habra, California. Internet. Consultado el 18 de noviembre del 2020), ¿? https://conceptodefinicion.de/robar/

desde la Tesorería de la Iglesia; un uno de los principales en el robo económico del pastor local y, todos los demás lo contemplaban como se gozaba en el hecho de haber engañado y hecho mal a todos, no solo al pastor, sino a todos: líderes y miembros de la iglesia. Robaba de una manera muy descarada o con una faceta "espiritual" de tal manera que "al hacerlo –se notaba que sentía - un gran placer".

La verdad de Dios en cuanto al robo detrás de la máscara de la falsa espiritualidad es que:

1.- El robo, sea a quien sea, es pecado.

La Biblia dice que: "… ni los **ladrones**, ni los avaros, ni los borrachos, ni los maldicientes, ni los **estafadores**, heredarán el reino de Dios".[347]

Bíblicamente no hay manera de que uno que se llame cristiano y siga robando a la Iglesia de Jesucristo y haciendo mal al siervo de Dios, tenga la posibilidad de estar en la presencia de Dios. Sabemos, sin embargo, que si se arrepiente de su maldad, es perdonado. Pero esto no deja afuera el hecho de que el robo sea un pecado para Dios. Y, entonces, el juicio, solamente Él sabe cómo aplicarlo.

2.- El robo es un perjuicio para el que ha sido robado, y esto es condenable por Dios y las leyes humanas.

Uno de los Diez mandamientos dice: "No robarás".[348] Sí Dios es que le dijo a Moisés este mandamiento, entonces,

---

347 I Corintios 6:10, (RV, 1960), Los **bolds** y las *itálicas* son mías.
348 Éxodo 20:15, (RV, 1960).

es lógico pensar que para Dios, robar y una falta a los mandamiento de Dios es pecado.

Los seres humanos, en todas las culturas, han puesto leyes para evitar el robo. La Biblia tiene leyes severas en contra del robo. "Lo cierto es que robar ya sea por necesidad o por enfermedad, es un acto muy mal visto por la sociedad en general, es por esto que existen leyes que se encargan de penalizar estas acciones".[349]

Un caso de robo interesante y al mismo tiempo lamentable sucedió en África: "'Alto, policía', le grita un agente que sale a toda prisa del coche a un varón que porta una figura en las manos. 'Démela', ordena el uniformado, que esposa después al hombre en cuestión. La escena tuvo lugar el 10 de septiembre fuera del Museo de África, en la localidad de Berg en Dal (Países Bajos), y el detenido se llama Mwazulu Diyabanza Siwa Lemba. Congoleño de nacimiento, en su cuenta de Twitter se presenta como 'un sindicalista panafricano y portavoz de la organización Yankanku, que significa unidad, dignidad y valor'."[350]

¿Lo notaron? El ladrón pertenece a una organización que: "significa unidad, dignidad y valor". Nada diferente de algunos líderes de la Iglesia Cristiana Evangélica Contemporánea, son puestos en el liderazgo de la iglesia porque supuestamente son personas que aman y practican la "unidad, dignidad y

---

[349] ¿Qué es robar? *Concepto definición*. (La Habra, California. Internet. Consultado el 18 de noviembre del 2020), ¿? https://conceptodefinicion.de/robar/

[350] Mundo Global. *"¡Viva África libre!": un robo de arte africano orquestado por activistas*. (La Habra, California. Internet. Consultado el 18 de noviembre del 2020), ¿? https://elpais.com/internacional/2020/09/16/mundo_global/1600247268_869664.html

el valor" cristiano; ¡pero roban! Esto no enseña la Biblia. La Escritura enseña que todo líder debe ser honesto, digno de ese puesto eclesiástico y que defienda los valores cristianos.

3.- El robo produce divisiones y desconfianza.

La Biblia dice: "Si dos caminan juntos, es porque están de acuerdo;..."[351] La Versión Reina Valera dice: ¿Andarán dos juntos, si no estuvieren de acuerdo? En la vida matrimonial, La respuesta lógica y experimental es que si no existe un acuerdo mutuo, el divorcio es la consecuencia lógica. En la iglesia es lo mismo, a menos que, como sucede en algunas iglesias, se solape el pecado, se sigue en una aparente o hipócrita unidad. De lo contrario llega la división y la desconfianza.

Cuando la desconfianza y la división llegan a tomar las riendas de la iglesia local, el robo ha reinado. Es entonces cuando la verdad de Dios queda detrás de la máscara de la falsa espiritualidad.

4.- El robo crea una berrera para el crecimiento numérico y espiritual de la iglesia local.

Si, como se ha dicho, el robo es un pecado, y el pecado es una enemistad contra Dios, entonces, es casi imposible que en la iglesia local exista una armonía espiritual que haga florecer un crecimiento numérico y espiritual. Robando a la iglesia, robando al siervo de Dios y robándose unos a otros, las consecuencias son desastrosas. Esto es estar escondiendo la verdad de Dios detrás de una máscara de falsa espiritualidad.

---

[351] Amós 3:3, (DHH).

El apóstol Pablo les dijo a los líderes judíos que vivían en Roma: "...tú, pues, que enseñas a otro, ¿no te enseñas a ti mismo? Tú que predicas que no se debe *robar*, *¿robas?*"[352] Existen por lo menos tres interpretaciones sobre estas palabras de Pablo entre ellas es que algunos "piensan que Pablo puede estar haciendo referencia al templo de Jerusalén, y que su robo consiste en el impago de los impuestos destinados a su mantenimiento".[353] Si esto es así, entonces, el robo estaba causando que el crecimiento numérico y espiritual del Templo se estancara. Esto, además de un robo a Dios es también hipocresía: Decir que se haga pero no hacer.

Los líderes de las iglesias cristianas locales tienen la responsabilidad de enseñar que el robo es un pecado; que el robo es una barrera que impide el crecimiento numérico y espiritual de la iglesia pero ser ladrones ni hipócritas. Esto es que, si esto enseñan, entonces, ellos deben de poner el ejemplo: ¡Ellos deben de dejar de robar!

5.- El robo es un mal testimonio.

La Biblia dice:

> "Por lo tanto, imiten a Dios en todo lo que hagan porque ustedes son sus hijos queridos. Vivan una vida llena de amor, siguiendo el ejemplo de Cristo. Él nos amó y se ofreció a sí mismo como sacrificio por nosotros, como aroma agradable a Dios.

---

[352] Romanos 2:21, (RV, 1960).
[353] Douglas J. Moo. *Comentario con Aplicación: ROMANOS: del texto bíblico a una aplicación contemporánea.* (Miami, Florida. Editorial Vida. 2011), 89

Que no haya ninguna inmoralidad sexual, impureza ni avaricia entre ustedes. Tales pecados no tienen lugar en el pueblo de Dios. Los cuentos obscenos, las conversaciones necias y los chistes groseros no son para ustedes. En cambio, que haya una actitud de agradecimiento a Dios. Pueden estar seguros de que ninguna persona inmoral, impura o avara heredará el reino de Cristo y de Dios. Pues el avaro es un idólatra, que adora las cosas de este mundo.

No se dejen engañar por los que tratan de justificar esos pecados, porque el enojo de Dios caerá sobre todos los que lo desobedecen. No participen en las cosas que hace esa gente. Pues antes ustedes estaban llenos de oscuridad, pero ahora tienen la luz que proviene del Señor. Por lo tanto, ¡vivan como gente de luz! Pues esa luz que está dentro de ustedes produce solo cosas buenas, rectas y verdaderas.

Averigüen bien lo que agrada al Señor. No participen en las obras inútiles de la maldad y la oscuridad; al contrario, sáquenlas a la luz. Es vergonzoso siquiera hablar de las cosas que la gente malvada hace en secreto. No obstante, sus malas intenciones se descubrirán cuando la luz las ilumine, porque la luz hace todo visible. Por eso se dice:

'Despiértate, tú que duermes; levántate de los muertos, y Cristo te dará luz'."[354]

Esta es una invitación a vivir bajo la luz del evangelio; es vivir en santidad; es vivir para ser un buen ejemplo a los no cristianos de que en Jesucristo la vida es diferente. Un

---

[354] Efesios 5:1-14, (NTV).

buen testimonio es lo que el mundo necesita ver en los hijos de Dios; nunca creerán en la salvación y amor de Dios si los seguidores del Señor del Jesús están robando y mostrando una hipocresía descarada.

Sabemos y entendemos a la luz de la Biblia que existen líderes que escucharan las verdades de Dios, que aprenderán lo que es correcto desde el punto de vista de Dios, que aun enseñaran y que se arrodillaran ante Dios de vez en cuando, sin embargo, debemos de pensar en las palabras de advertencia de Jesús Subte cuando dijo: "¡Ten, cuidado! Judas escuchó todos los sermones, y vio todos los milagros, pero no cambió".[355] Esto es, lamentablemente, porque, mientras la iglesia exista en este mundo, líderes ladrones existirán, los veremos y tendremos conocimiento de ellos hasta que Dios los juzgue o Cristo regrese por Segunda vez.

[355] Jesús Subte. *Rescatando la Pureza del Evangelio.* (La Habra, California. Internet. Advertencia publicada el 27 de junio del 2019. Consultada el 12 de agosto del 2020), ¿? https://www.facebook.com/ rescatandolapurezadelevangelio/photos/a.229781037171651/1301

Capítulo Ocho:

EL ENGAÑO DESCARADO

Engañoso es el corazón más que todas las cosas,
y perverso; ¿quién lo conocerá? Yo Jehová, que
escudriño la mente, que pruebo el corazón, para
dar a cada uno según su camino, según el fruto
de sus obras.

Jeremías 17:9-11, (RV, 1960

Este mismo texto, la Versión Dios Habla Hoy, lo traduce de esta manera: "Nada hay tan engañoso y perverso como el corazón humano. ¿Quién es capaz de comprenderlo? Yo, el Señor, que investigo el corazón y conozco a fondo los sentimientos; que doy a cada cual lo que se merece, de acuerdo con sus acciones". Desde que el ser humano fue atrapado por Satanás en sus sentimientos y razonamiento, cuando le preguntaron: "— ¿Así que Dios les ha dicho que no coman del fruto de ningún árbol del jardín?", desde ese día, las palabras de Dios por medio del profeta Jeremías que dice: "Engañoso es el corazón más que todas las cosas, y perverso; ¿quién lo conocerá?", fueron y son el pan de cada día de los seres humanos. Su la apelación a su razonamiento y a sus sentimientos en el huerto del Edén tiene una respuesta que fue la respuesta catastrófica:

"—Podemos comer del fruto de cualquier árbol, menos del árbol que está en medio del jardín. Dios nos ha dicho que no debemos comer ni tocar el fruto de ese árbol, porque si lo hacemos, moriremos'. Pero la serpiente le dijo a la mujer:

179

'—No es cierto. No morirán. Dios sabe muy bien que cuando ustedes coman del fruto de ese árbol podrán saber lo que es bueno y lo que es malo, y que entonces serán como Dios'."[356]

I.- La facilidad para caer en el engaño.

Podemos caer fácilmente en *El engaño descarado* cuando comenzamos a razonar con Satanás; ¡nunca hay que hacer esto! ¿Por qué? Porque: "Satanás empieza a menudo a cuestionar los mandamientos de Dios y diciendo que la obediencia no es realmente necesaria - ¡Esto es *El engaño descarado*! -. Nos hacemos un gran daño a nosotros mismos cuando creemos que tendremos mayores bendiciones si hacemos lo que nos gusta, en vez de obedecer a Dios",[357] pero, esto es lo que Satanás desea y, por eso, engaña de una manera sutil a la vez que descaradamente.

Para engañar descaradamente, este personaje tiene diferentes nombres. Uno de ellos es Lucifer que significa *"hijo de la mañana"*. Este no guardó obediencia a Dios, se reveló y cayó por causa del orgullo; al caer tomó el nombre de *Satán*. Este personaje para mostrar su supremacía sobre los ángeles caídos o demonios, es llamado *Belsebub*. Cuando se propone hacer hostilidad hacia los seres humanos toma el nombre de *Satanás* que significa *adversario*. Ahora bien, cuando se propone presentar sus métodos malignos contra el ser humano toma el nombre de *Diablo*, es decir uno que causa disensión.[358]

---

[356] Génesis 3: 1-5, (DHH).

[357] Charles E. Stanley. *Biblia Principios de Vida*. (Nashville, Tennessee, USA. Impresa por Grupo Nelson y publicada por Thomas Nelson. 2010), 7.

[358] B. H. Carroll. *Comentario Bíblico No. 1: Génesis*. Trd. Sara A. Hale.

"En el siglo III, con la redacción de la Biblia de los Setenta, los traductores griegos del Antiguo Testamento sustituyeron el hebreo *Satán* por el griego *Diabolos* (Διάβολος), que significa *'acusador'* o *'calumniador'*, sustantivo que proviene del verbo *diaballein* ('calumniar, difamar')".[359] Así que cuando este personaje le hace la pregunta a Eva: "¿Con que Dios les ha dicho...?", su intención fue difamar a Dios; calumniarlo de que no tiene amor para ellos y acusarlo de que no quiere que Adán y Eva conozcan la verdad. ¡Esto es Engaño descarado!

En la Biblia Satanás tiene también estos nombres: Apolión (*destructor*), Serpiente, Dragón, León rugiente, Tentador, Engañador. Satanás: "Para engañar viene como un ángel de luz, y para poder atrapar a los incautos, pone trampas como un cazador de aves".[360] Algunos de los que caen en esta trampa son algunos líderes de la Iglesia Cristiana Evangélica Contemporánea porque en su disque astucia, son incautos que están escondiendo la verdad detrás de una máscara de falsa espiritualidad.

En este *Engaño Descarado*: "*serán como Dios*", debemos de acertar que: "En cierto sentido, si llegaron a ser como Dios, y Dios lo admite al final del capítulo – cuando dijo: -'... he aquí el hombre ha venido a ser como uno de nosotros, conociendo el bien y el mal'. Aunque no conocieron el bien

---

(Terrassa, (Barcelona), España. Editorial CLIE. 1990), 115.

[359] Definiciones. *Definición de Diabolo: ¿Qué significa diabolos en griego?* (La Habra, California. Internet. Consultado el 25 de noviembre del 2020), ¿? https://www.google.com/search?q=definici%C3%B3n+de+diabolos&rlz=1C1GCEA_enUS764US764&oq=definici%C3%B3n+de+diabolos&aqs=chrome...69i57j0i22i30.15292j1j15&sourceid=chrome&ie=UTF-8

[360] B. H. Carroll. *Comentario Bíblico No. 1: Génesis.* Trd. Sara A. Hale. (Terrassa, (Barcelona), España. Editorial CLIE. 1990), 115-116.

y el mal como Dios los conoce: Dios no conoce el mal por experiencia".[361]

En los tiempos del apóstol Pablo, ese razonamiento: "Serán como Dios", aplicado al Humanismo Secular era todavía un obstáculo para entender y acatar las verdades de Dios; era una mente que, haciendo caso a los sentimientos creyeron estar en lo correcto. Pablo dice: "Es cierto, ellos conocieron a Dios pero no quisieron adorarlo como Dios ni darle gracias. En cambio, comenzaron a inventar ideas necias sobre Dios. Como resultado, la mente les quedó en oscuridad y confusión. Afirmaban ser sabios pero se convirtieron en completos necios. Y, en lugar de adorar al Dios inmortal y glorioso, rindieron culto a ídolos que ellos mismos se hicieron con forma de simples mortales, de aves, de animales de cuatro patas y de reptiles".[362]

De acuerdo a John Milton en su *Paraíso Perdido*, razonar egoístamente es el resultado de haber sido engañado de una manera muy descarada y que ese engaño hizo pecar al ser humano y al pecar, se despojó de algo tan valioso, de algo tan hermoso y de una paz que nunca más se había podido recuperar hasta que Jesucristo la trajo de nuevo. Milton, pues, enfatiza que el engaño descarado de Satanás ha sido y es una tragedia. El escritor M. Álvarez de Toledo, dice:

"Ante todo la experiencia de la tragedia: se vive sabiendo que se va a morir, mientras que en un Paraíso, real o mítico -no importa- no había muerte.

---

[361] B. H. Carroll. *Comentario Bíblico No. 1: Génesis.* Trd. Sara A. Hale. (Terrassa, (Barcelona), España. Editorial CLIE. 1990), 130.
[362] Romanos 1:21-23, (NTV).

Tal Paraíso lo hemos perdido precisamente porque lo añoramos. Milton recoge la tradición bíblica que es una tradición de honda raigambre humana. En el Paraíso que hemos perdido no había crímenes, no había guerras, no había enfermedades, no había ambiciones. La naturaleza daba comida, cobijo, alegría. El hombre y la mujer se amaban. Dios visitaba al hombre no para pedirle cuentas sino para conversar con él. El cielo estrellado hablaba de Dios. Los ángeles venían y hablaban de Dios. Y los animales servían al hombre. Pero tal Paraíso se ha perdido. Aunque el hombre era libre, lo perdió porque el odio había llegado antes que el hombre. Es una experiencia desesperante y Adán se desespera. No quiere haber nacido. No quiere haber salido de la nada".[363]

Bien ha dicho Tim LaHaye en su *Asedio de la Mente* que: "El humanismo es la religión más antigua del mundo. Se ubica del lado de la serpiente en el jardín del Edén, quien le dijo a Eva: 'No moriréis; sino que sabe Dios que el día que comáis de él, serán abiertos vuestros ojos, y seréis como Dios, sabiendo el bien y el mal'…. Todos los secularistas son realmente "como Dios', en el sentido de que creen que su conocimiento es superior al de Dios y al de la Biblia".[364] En ese conocimiento, el ser humano ha puesto un pecado tras otro en su *Modus Vivendus* aun sin darse cuenta. Su ceguera

---

[363] M. Álvarez de Toledo. *El Paraíso Perdido de Milton: Introducción.* (Cádiz, España. Servicio de Publicaciones de la Universidad de Cádiz. 1988), 9.

[364] Tim LaHaye y David Noebel. *Asedio de la mente: La batalla por la verdad en el nuevo milenio.* (Nashville, TN-Miami, Florida. Editorial Caribe, Inc. Una división de Thomas Nelson, Inc. 2002), 93.

espiritual a causa de rechazar las verdades de Dios les hace caer en pecado más y más; es decir, uno tras otro hasta volverlos insensibles e incapaces de conocer la sabiduría de Dios.

Por ejemplo, Uno de los primeros cambios que los seres humanos hicieron después de darle la espada a Dios, en un humanismo fanático, adoptaron la idolatría como Su dios. Este fue uno de los primeros pecados que los seres humanos comenzaron a agregar a su Comunidad Humanista. Douglas J. Moo, dice:

> "Los seres humanos habían 'conocido' a Dios (i.e., sabían acerca de él; cf. V. 20), sin embargo se negaron a reconocerle. 'Se extraviaron en sus inútiles razonamientos' (v. 21 b), se enorgullecieron de su propia sabiduría (v. 22), y cambiaron 'la gloria de Dios inmortal' por las imágenes de su propia fabricación (v. 23). Pablo se hace eco del lenguaje que se usa en el Antiguo Testamento para referirse a la caída en la idolatría de Israel cuando el pueblo formó un becerro de oro para adorarlo (ver Ex. 32). 'Cambiaron al que era su motivo de orgullo por la imagen de un toro que come hierba'. (Salmo 106:20; ver también Jeremías 2:11)".[365]

II.- El engaño en la Biblia.

Así es que, cuando Dios dice que: *"Nada hay tan engañoso y perverso como el corazón humano"*, es porque el Señor no solo conoce a Su creación al cien por ciento sino que,

---

[365] Douglas J. Moo. *Comentario con Aplicación: ROMANOS: del texto bíblico a una aplicación contemporánea.* (Miami, Florida. Editorial Vida. 2011), 57.

además, por medio de la Biblia, la Historia, la Sociología, La Psicología y la Ciencia en general, llegamos a comprender, tal vez no al cien por ciento, pues no somos dioses, pero si entendemos que lo que Dios dice es cien por ciento la verdad. Verdad que algunos líderes cristianos evangélicos contemporáneos quieren esconder detrás de la máscara de la falsa espiritualidad.

1.- Desde la perspectiva de la teología y el secularismo.

El engaño descarado que sale de un corazón perverso, se puede notar en parte porque: "Lo que Dios llama bien los secularista lo llaman mal. Lo que Dios llama mal los secularistas lo llaman bien".[366] De esta manera, el Dios bueno y amable de la Biblia, llega a ser un Dios NO FUNCIONAL en la vida y propósitos del ser humano. Así es que: "Desde un punto de vista secularista, por ejemplo, creer en la simple existencia de Dios no es bueno. Por otra parte, creer que el hombre puede salvarse así mismo se considera bueno. Creer que el Dios del universo ama a la raza humana y le proporcionó salvación por medio de Jesucristo se considera malo".[367]

¡Ah, pero Satanás había dicho: "serán como Dios"! ¡Qué engaño tan descarado! Tal y como lo hicieron un grupo de líderes cristianos evangélicos contemporáneos con un siervo de Dios que, cuando estaban frente a él lo exaltaban por

---

[366] Tim LaHaye y David Noebel. *Asedio de la mente: La batalla por la verdad en el nuevo milenio.* (Nashville, TN-Miami, Florida. Editorial Caribe, Inc. Una división de Thomas Nelson, Inc. 2002), 93.

[367] Tim LaHaye y David Noebel. *Asedio de la mente: La batalla por la verdad en el nuevo milenio.* (Nashville, TN-Miami, Florida. Editorial Caribe, Inc. Una división de Thomas Nelson, Inc. 2002), 93.

185

sus conocimientos bíblicos; cuando hablan de él se referían a sus conocimientos pastorales pero en su grupo selecto tramaban como engañarlo para sacarlo del pastorado. ¡Sí, se consideraban como Dios, pues pensaban que sabían que era lo mejor para ellos y la iglesia! En ese pensamiento Humanista Cristiano, lo que estuvieron haciendo fue esconder la verdad de Dios detrás de una máscara de una falsa espiritualidad.

Bueno, así son las cosas con los líderes que no desean servir a la iglesia sino a sí mismo. Por eta razón, nos parece más correcto hacer poesía con John Milton quien, hace del pecado lo que realmente es: ¡Un desastre social y mucho más un estorbo espiritual! Por consiguiente, Milton, sugiere que hay que defender el plan de Dios desde el mismo pensamiento de Dios y no del filósofo humanista o de los líderes que se consideran "como Dios". Y, por eso dice:

> Del pecado primero de los hombres y del árbol prohibido cuyo fruto trajo al mundo la muerte y todo mal perdiéndose el Edén hasta que Otro nos restaure y los gozos reconquisten.
> ¡Canta. Musa Celeste! que en la cima de Oreb o Sinaí comunicaste al pastor que enseñó a la raza electa que la Tierra y los Ciclos al principio se elevaron del Caos, o si Sión más te place y el río en Siloé Junto al templo de Dios, entonces Yo para mi audaz canción tu ayuda invoco pues intento ascender con vuelo enorme más alto que el Eonia. Persiguiendo lo que aún no ha tratado rima o prosa.
> Y ante todo Tú. Espíritu, que estimas a corazones puros más que a templos instrúyeme pues sabes.

Tú al principio con alas poderosas extendidas
cual paloma empollabas el abismo preñándolo.
Lo oscuro que hay en mi ilumina.
Levanta lo que es bajo para que hasta el final de
este argumento defienda yo a la Eterna Providencia
y avale el plan de Dios para los hombres".[368]

2.- Desde el punto de vista social/eclesiológico.

Desde este aspecto, el engaño se considera que parte del engaño de algunos líderes cristianos evangelios contemporáneos es porque tienen "Un corazón motivado por el egoísmo – es el tipo de corazón que - ve al mundo con la actitud de: 'Doy un poquito, tomo un montón'".[369]

Esta es, pues, parte de la razón por la cual encontramos líderes con corazones que son motivados "por el egoísmo que ponen sus propias agendas, seguridad, posición y gratificación por encima de los que resulten afectados por sus pensamientos y acciones".[370] Con el afán de engañar, mejor dicho, con el espíritu malo del engaño, el líder malvado, no importa a quien le haga daño, sí le hace un bien personal ya sea material o espiritual, trata, a como dé lugar, de esconder la verdad detrás de la máscara de la falsa espiritualidad. Y, esto, a pesar de que se haga el; ¡Engaño descarado! El BIEN PERSONAL está por encima de él bien de los demás.

---

[368] M. Álvarez de Toledo. *El Paraíso Perdido de Milton: Capitulo I.* (Cádiz, España. Servicio de Publicaciones de la Universidad de Cádiz. 1988), 15.
[369] Ken Blanchard & Phil Hodges. *Un Líder como Jesús.* (Nashville, TN. Grupo Nelson. 2006), 39
[370] Ken Blanchard & Phil Hodges. *Un Líder como Jesús.* (Nashville, TN. Grupo Nelson. 2006), 39

Antes de que definamos lo que es el engaño, la historia de Jacob en Mesopotamia nos ayuda para entender un poco más sobre este mal espíritu humano: El engaño. "Jacob fue hombre de gran devoción e integridad; sin embargo, pasó por más dificultades y trabajos que cualquiera de los patriarcas".[371] Por el relato bíblico sabemos que: "Durante los años vividos en Mesopotamia, - Jacob – fue maltratado por su suegro Labán. También Lea y Raquel, las hijas de Labán y esposas de Jacob, se quejaban de su padre",[372] que no solo era un abusador sino que también era una persona que le gustaba engañar. Un buen día, Jacob se cansó de tantos engaños y les dijo a sus esposas:

"Y vosotras sabéis que he servido a vuestro padre con todas mis fuerzas. No obstante vuestro padre me ha engañado, y ha cambiado mi salario diez veces; Dios, sin embargo, no le ha permitido perjudicarme. Si él decía: 'Las moteadas serán tu salario', entonces todo el rebaño paría moteadas; y si decía: 'Las rayadas serán tu salario', entonces todo el rebaño paría rayadas. De esta manera Dios ha quitado el ganado a vuestro padre y me lo ha dado a mí".[373]

Lo que notamos en el texto anterior son tres cosas de suma importancia. *La* primera es que: "Envió a llamar a Raquel y a Lea al campo (v.4), para consultar con ellas en privado. Los maridos que aman a sus esposas han de comunicarles sus planes e intenciones. Donde hay afecto mutuo, debe haber

---

[371] Matthew Henry. Pentateuco: *Comentario exegético devocional a toda la biblia*. Td. Francisco Lacueva. (Terrassa (Barcelona), España. Editorial CLIE. 1987), 195.
[372] Nota en la *Biblia de Estudio Esquemática*. (Brasil. Sociedades Bíblicas Unidas. 2010), 68
[373] Génesis 31:6-9, (RV).

mutua confianza".[374] ¿No es esto un buen ejemplo de cómo los líderes cristianos evangélicos contemporáneos deben vivir en relación con la iglesia y el siervo elegido por Dios para pastorearlos? ¡Es la Familia de Dios! Por consiguiente, nos parece que sí.

También nos parece que los líderes saben este principio social/eclesiástico. Así mismo sabemos que no solo tienen el conocimiento sino de experiencia personal sabemos que algunos de ellos, para su bien personal, esconden la verdad de Dios detrás de una máscara que tiene un rotulo que dice: "*Soy Espiritual*". Usan esta mascara para esconder la verdad de Dios porque se consideran "*como Dios*". Y, sin embargo, al igual que los fariseos del tiempo de Jesucristo, son, algunos de ellos, no todos, "sepulcros blanqueados"[375] porque detrás de esa mascara existe una falsa espiritualidad.

De acuerdo al apóstol Pablo: "La comunicación se rompe en un matrimonio a raíz del enojo y la amargura. (1) Ef. 4:25, 29 -31 'Por lo cual, desechando la mentira, hablad verdad cada uno con su prójimo; porque somos miembros los unos de los otros... ... - por eso recomienda – Airaos, pero no pequéis, no se ponga el sol sobre vuestro enojo'."[376] "La verdadera intimidad en un MATRIMONIO, depende de una buena comunicación entre el esposo y la esposa. Cuando el esposo y la esposa no se comunican, se alejan cada vez más. No es inusual que

---

[374] Matthew Henry. Pentateuco: *Comentario exegético devocional a toda la biblia.* Td. Francisco Lacueva. (Terrassa (Barcelona), España. Editorial CLIE. 1987), 196.

[375] Mateo 23:27, (RV, 1960).

[376] Google.com. *¿Qué dice la Biblia sobre la comunicación en el matrimonio?* (La Habra, California. Internet. Consultado el 20 de noviembre del 2020), ¿? https://www.google.com/search?q=comunicacion+entre+esposos+segun+la+biblia&rlz=1C1GCEA_

personas que tienen problemas matrimoniales digan: Yo no conozco a la persona con la que estoy casada. No es la persona con la que me casé. Todos vivimos en un constante cambio, si no nos unimos más, entonces nos alejamos cada vez más. Una comunicación pobre, eventualmente afecta todas las áreas de nuestra relación matrimonial".[377]

Cuando algunos líderes se juntan para hablar de cierta persona y en especial del siervo de Dios, sin que se comunique a la Comunidad Cristiana y al mismo siervo de Dios, entonces, es casi seguro que están escondiendo la verdad de Dios detrás de sus máscaras de falsa espiritualidad. Pocas veces, este tipo de reuniones es para bien de la Comunidad Cristiana - ¡Ojalá todas fueran para bien!, pero la verdad es que algunos líderes cristianos evangélicos se reúnen para mal; para engañar de una manera descara al que les dice la verdad bíblica. Se reúnen para seguir escondiendo la verdad de Dios detrás de la máscara de la falsa espiritualidad.

La vida entre el liderazgo de la Iglesia Cristiana Evangélica Contemporánea y los miembros de dicha iglesia es similar a la vida matrimonial, si no hay una sincera y honesta comunicación, entonces existe el engaño. Se es engaño porque se está escondiendo la verdad detrás de una máscara de una falsa espiritualidad.

Volviendo con Jacob y su situación laboral, encontramos *la segunda* razón de su incomodidad laboral/familiar *y* es que sus esposas que ya no aguantaban los engaños y abusos de su padre, "consintieron de buena gana en lo que su esposo

---

[377] Comunicación. *La comunicación en el matrimonio.* (La Habra, California. Internet. Consultado el 20 de noviembre del 2020), ¿? http://www.cimientoestable.org/

había resuelto. Estaban deseando marcharse con su marido y ponerse con el bajo la dirección divina".[378] Fue así que: "Jacob finalmente comenzó a entender que actuar con engaños para recibir la bendición de Dios, no funciona. En vez de ello, comenzó a confiar en Dios, lo cual exigía ver, más allá de lo que él podía hacer con sus fuerzas, para ver lo que Dios podía hacer y lograr en y a través de él".[379]

La tercera es que, además de que debería de cumplir con la voluntad de Dios, Jacob, ya no soportaba más engaños de parte de su suegro Labán. Aunque leyendo una manera rápida la historia de la vida de Jacob no nos parezca un hombre honesto y honrado, en el fondo de dicha historia biográfica: "Jacob fue hombre de gran devoción e integridad; sin embargo, pasó por mas aflicciones y trabajos que cualquiera de los patriarcas".[380]

III.- Definición de engaño.

Se puede decir que "engañar, se trata de un tipo de mentira o estafa. La palabra engaño surge del término *ingannare* del latín que significa burlarse de alguien o enredarlo con mentiras. De esta manera, se produce un engaño cuando le hacemos creer algo falso a una persona, por ejemplo. Un engaño es una forma de enmascarar la verdad, es una especie de ilusión que no es cierta. De este modo, un engaño tiene

---

[378] Matthew Henry. Pentateuco: *Comentario exegético devocional a toda la biblia.* Td. Francisco Lacueva. (Terrassa (Barcelona), España. Editorial CLIE. 1987), 196.
[379] Charles F. Stanley, *Biblia Principios de Vida.* (Nashville, Tennessee, USA. Impresa por Grupo Nelson y publicada por Thomas Nelson. 2010), 38.
[380] Matthew Henry. *Pentateuco: Comentario exegético devocional a toda la biblia.* Td. Francisco Lacueva. (Terrassa (Barcelona), España. Editorial CLIE. 1987), 195.

por finalidad despistar a alguien para que crea que una cosa es cierta cuando no lo es".[381] El *Diccionario Hispánico del Español Jurídico*, dice en pocas palabras que engaño es "falta de verdad en lo que se dice o hace".[382]

De acuerdo a estas definiciones: "Las personas engañadas no se dan cuenta que son engañadas. Ellas aceptan la mentira como verdad. Ellos creen absolutamente en las mentiras que el enemigo las ha alimentado. Sus mentes están dispuestas y controlada por Satanás, el padre de la mentira (Juan 8:44)".[383] Bien se puede aplicar este texto o esta verdad a algunos de los líderes de la Iglesia Cristiana Evangélica Contemporánea, porque, como dice San Agustín de Hipona que Jesucristo les hizo ver a los líderes judíos que sus palabras en contra de Cristo "eran inspiradas por el diablo. Por esto sigue: 'Y no permanecéis en la verdad'."[384] Es decir, ¡estaban engañados sin darse cuenta de ello!

¿Y cómo están algunos de los líderes de nuestras iglesias? ¡Igual que los líderes judíos; Engañados! Lo lamentable de este proceder es que no quieren darse cuenta o no aceptan que están engañados. De esta manera están escondiendo la verdad de Dios detrás de una máscara de falsa espiritualidad.

---

[381] Engaño. *Definición de engaño*. (La Habra, California. Internet. Consultado el 20 de noviembre del 2020), ¿? https://designificados.com/engano/

[382] Diccionario Hispánico del Español Jurídico. *Engaño*. (La Habra, California. Internet. Consultado el 20 de noviembre del 2020), ¿? https://dpej.rae.es/lema/enga%C3%B1o

[383] Richard Ing. *Guerra Espiritual*. (New Kensington. Whitaker House.2006), 235.

[384] Santo Tomás de Aquino. *Comentario sobre el Evangelio de San Juan*. (San Bernardino, California. Publicado por: Catena Aurea. Ivory Fall Books. 2016), 286.

El Reformador de la Iglesia Cristiana, Martín Lutero, dijo: "Los cristianos no son justificados por hacer las cosas justas, sino que al ser justificados por la fe en Cristo, hacen las cosas justas".[385] Hacer las cosas justa es no engañar a nadie. Esto deben de tener muy claro algunos líderes de la Iglesia Cristiana Evangélica Contemporánea; ¡NO Engañar a Nadie!, mucho menos a los hermanos cristianos y todavía más, ¡no deben engañarse entre ellos mismos! ¡Nunca serán justificadas sus acciones engañosas! Si algunos líderes siguen engañando, lo más lógico es que cada vez más, se volverán en contra de los que quieren seguir la verdad y, si no paran; si no confiesan su pecado y paran de engañar, puede que lleguen hasta los tribunales para defender sus intereses personales. Los líderes judíos llevaron a Jesús al Sanedrín (La Suprema Corte Judía) y después lo mataron. ¡El engaño puede llegar a engendrar una ira de muerte! Oh, de persecución.

Por ejemplo:

"La alcaldesa de Houston Annise Parker, quien públicamente se declaró homosexual y activista LGBT, en una decisión sin precedentes, en el Ayuntamiento de Houston- Texas, amenaza con utilizar los sermones de algunos de los cristianos locales en los tribunales contra ellos.

De hecho, ha llevado a juicio a varios pastores de distintas iglesias cristianas para obligarles a entregar todos sus mensajes y predicaciones con el fin de que las examinen los abogados del

---

[385] Martín Lutero. *Rescatando la Pureza del Evangelio.* (La Habra, California. Internet. Pensamiento publicado el 3 de julio de 2019. Consultado el 12 de agosto del 2020), ¿? https://www.facebook.com/rescatandolapurezadelevangelio/photos/a.229781037171651

Ayuntamiento, en los que se traten temas sobre homosexualidad o identidad de género.

El periódico británico *The Independent*, anuncia desconcertante; 'Nuevas leyes dan a los representantes de la ciudad de Houston el derecho de examinar los sermones religiosos buscando discriminaciones hacia las personas'.

Esta acción es sólo una estocada de un gran desafío iniciado hace algunos meses entre la alcaldesa y los opositores a su ley insignia, la *Houston Equal Rights Ordinance* (Hero), que defiende todas la leyes de igualdad de género que se han anunciado en los últimos días".[386]

¡Ah, el engaño! ¡Nunca el matrimonio entre el mismo sexo será aprobado por la Biblia! ¡Nunca este tipo de matrimonio será un matrimonio satisfactorio en todos los aspectos! Nada que esté fuera de las leyes divinas que fueron escritas en las Escrituras Sagradas – esto incluye el matrimonio entre el mismo sexo -serán de bienestar religioso, social y psicológico. Lo serán por un tiempo pero su fin es, tal y como dice la Bíblia: "Muerte"[387] y es también tal y como ya lo estamos observando entre nosotros: ¡Problemático!

La señora Elena G. White hablando sobre: *"Una Era de Tinieblas Espirituales"*, hace mención del "misterio de

---

[386] Bibliatodo Noticias. *¡Inaudito! Alcaldesa de Houston amenaza con llevar a tribunales a los cristianos que predican en contra de la homosexualidad.* (La Habra, California. Internet. Artículo publicado el 4 Julio del 2015. Consultado el 20 de noviembre del 2020), ¿? https://www.bibliatodo.com/ NoticiasCristianas/inaudito-alcaldesa-de-houston-amenaza-con-llevar-a-tribunales-a-los-cristianos-que-predican-en-contra-de-la-homosexualidad/
[387] Proverbios 14:12.

iniquidad – que – está obrando"[388] en el mundo y que ha estado cobrando fuerza y dominio en la mente, en el alma y en el corazón de la humanidad, dice que "'el misterio de iniquidad' hizo progresar su obra engañosa y blasfema. De un modo casi imperceptible las costumbres del paganismo penetraron en la iglesia".[389] Y, cuando pensamos en la Iglesia Contemporánea, el "modo casi imperceptible" existe porque se está detrás de una máscara de falsa espiritualidad; una máscara que permite ver y escuchar a un cristiano como una persona apasionada por las cosas de Dios pero, en el fondo de su corazón y alma existe el engaño.

Es un engaño como el "misterio de iniquidad" que en un momento dado se deja oír y sentir en la congregación y, aunque es un engaño, se presenta con una espiritualidad usando textos bíblicos con una mala hermenéutica de tal manera que se acepta como verdad espiritual y bíblica. Es un engaño que, en algunos casos, usa peores métodos que los paganos con el fin de resaltar la "espiritualidad" que se aparenta vivir. A fin de cuentas, la falsa espiritualidad se mostrará, pues, como dijo uno de los Padres de la Iglesia: "El malo es un malhechor de sí mismo",[390]

---

[388] 2 Tesalonicenses 2:1-7, (RV).

[389] Elena G. White. *El Gran Conflicto ha terminado: Un Vistazo a la Eternidad.* (Nampa, Idaho, USA y Oshawa, Ontario, Canada. Pacific Press Publishing Association. Publicado y distribuido en Norteamérica por Publicaciones Interamericanas. 2006), 34.

[390] Psico Activa: Mujer de hoy. *Citas célebres de San Agustín.* (La Habra, California. Internet. Consultado el 14 de octubre del 2020), ¿? https://www.psicoactiva.com/blog/100-frases-san-agustin-amor-la-fe/

La verdad detrás de la máscara de la falsa espiritualidad.

1.- La verdad detrás de la máscara de la falsa espiritualidad es que el llamado para servir en el Reino de Jesucristo es de Dios.

La verdad detrás de la máscara de la falsa espiritualidad es que el llamado de Dios para el ministerio, ya sea este pastoral, evangelístico, misionero, educacional, servicial (diaconado) y el de relaciones públicas, es un llamado irrevocable; es un llamado directamente de Dios: Es decir que, no es una actividad como cualquiera otra, ¡es un llamado que en ocasiones no es agradado![391] Por ejemplo: "El llamado misionero incluye un profundo sentido de un deber que Dios ha puesto en nosotros; una carga por las almas que se pierden en un mundo agonizante, un ardiente anhelo de ver que cada grupo del mundo se postre en adoración ante el trono de Dios".[392] Esta acción debe ser sin engaño. Nada de bendición se gana de parte del Señor cuando se sirve con el propósito de engañar.

En algunas ocasiones este trabajo no es remunerativo, pues se hace por amor a Dios o en mandato del Señor. El pastorado, la obra de evangelismo y los otros ministerios deben de tener el mismo tono espiritual y eclesial que tiene el ministerio del llamado misionero. Esto es lo que queremos ver en la Iglesia Cristiana Evangélica Contemporánea pero,

---

[391] Efesios 4:1-7; 11-16.
[392] Centro Educativo Indígena A.C. *El llamado misionero.* (La Habra, California. Internet. Un anuncio que dice: El llamado misionero incluye un profundo sentido de un deber que Dios ha puesto en nosotros. Anunciado el 25 de agosto a las 08:36. Consultado el 14 de septiembre del 2020), ¿? https://www.facebook.com/hashtag/hemeaquienviameami

lo que vemos es un divisionismo, una serie de engaños, un manojo de hipocresías, falta de ética cristiana y la falta de la manifestación del amor de Dios, el cual se ha quedado detrás de la máscara de la falsa espiritualidad.

2.- *La verdad detrás de la máscara de la falsa espiritualidad es que el que es llamado por Dios merece la honra.*

Las burlas, las quejas y las deshonras que se le hacen al Siervo de Dios, ya sea este Misionero, Evangelista, Maestro, Predicador y en especial al pastor de la iglesia local, son causadas por las mentes torcidas; los ojos velados por la verdad bíblica y también por los corazones endurecidos, además del egoísmo y la supuesta intelectualidad superior a la revelación divina.

La verdad Bíblica y Eclesial detrás de la máscara de la falsa espiritualidad es que: "Los seguidores de Cristo deben de honrar a sus dirigentes, sin importar que estén o no de acuerdo con sus políticas. Dios pone a los dirigentes en sus posiciones (Dan. 4:17) y nos pide que oremos por ellos, no que los insultemos (I T 2 1:2)".[393] Ni mucho menos que los engañemos con *Engaños Descarados*. Aunque el pastor merece la honra por el hecho de ser siervo de Dios, el verdadero pastor no la buscara; seguirá sirviendo porque ese es Su llamado, aunque se dé cuenta o no de que lo están engañando.

---

[393] Charles F. Stanley. *Biblia Principios de vida: Lecciones de vida.* (Nashville, Tennessee, USA. Impresa por Grupo Nelson y publicada por Thomas Nelson. 2010), 90.

3.- La verdad detrás de la máscara de la falsa espiritualidad es que el amor como unidad eclesial es esencial en la Iglesia Cristiana Evangélica Contemporánea.

La verdad detrás de la máscara de la espiritualidad es que "es el amor lo que garantiza la unidad de la iglesia; es decir, el Cuerpo de Cristo (Rom. 12:9-10)".[394] Es muy notorio cuando el amor de Dios que ha sido depositado en las vidas de los cristianos evangélicos es escondido detrás de la máscara de la falsa espiritualidad:

> a.- Las desavenencias sobresalen.
> b.- Los celos comienzan a poner una barrera entre los servidores.
> c.- La hipocresía se llena de la falsa alabanza.
> d.- La falsa espiritualidad cierra las puertas de la iglesia para que solo los espirituales puedan entrar.
> e.- Y, el espíritu supuestamente ético cristiano, anula el evangelismo y la obra misionera.
> f.- El Cuerpo de Cristo es destrozado por falta de amor, la unidad bíblica, teológica y divina que debe de haber queda escondida detrás de la máscara de la falsa espiritualidad.

Nada bueno sale o se produce cuando hay engaño entre el liderazgo de la Iglesia Cristiana Evangélica Contemporánea y que, si se llega a conocer la verdad de Dios – y algunos la conocen -, la esconden detrás de la máscara de la falsa espiritualidad.

---

[394] Nota de pie de página en *Biblia de Estudio Esquemática.* (Brasil. Sociedades Bíblicas Unidas. 2010), 1768.

4.- La verdad detrás de la máscara de la falsa espiritualidad es que Dios nunca se contradice.

La otra verdad detrás de la máscara de la falsa espiritualidad es que: "La unidad debería de ser una característica de la iglesia, pero existe una sola manera de ser verdaderamente unificados, y es que cada creyente en el cuerpo sea obediente de todo corazón al Señor. Dios nunca se contradice, así que cuando todos estamos sometidos fielmente a su voluntad, estaremos trabajando juntos hacia la misma meta".[395] La estrategia de Dios no ha cambiado, su visión y pasión por la humanidad es la misma: La Salvación y la Unidad del Cuerpo de Cristo. Esto es que. El deseo y pasión de Dios es, que la Iglesia Cristiana Evangélica Contemporánea siga creciendo y que se mantenga en unidad con Dios y entre los miembros de la iglesia.

En la estrategia de Dios se trabaja para recibir beneficios comunales, esto es lo que Dios desea, que trabajemos en su reino para que todos los frutos o productos que se hagan o broten de ese trabajo, sea para el beneficio de los trabajadores, la ganancia del Amo - Jesucristo – es ver a sus hijos en una Unidad que muestre la verdadera espiritualidad. Conocer la verdad de Dios; mas practicarla; produce unidad. Y la Unidad Eclesial más la Presencia Espiritual, produce frutos agradables a Dios. Proceder y vivir así en la Comunidad Cristiana, el engaño, por muy descarado que sea, se arrojará a la basura.

---

[395] Charles F. Stanley. *Biblia Principios de vida: Lecciones de vida.* (Nashville, Tennessee, USA. Impresa por Grupo Nelson y publicada por Thomas Nelson. 2010), 1335.

Por ejemplo: "Consideremos... la parábola de los talentos en Mateo 25:14-30. A cada siervo se le había confiado cierta cantidad de dinero y se esperaba que cada uno lo invirtiera para ganancia de su amo. El siervo infiel no fue condenado por despilfarrar su talento, sino por no desarrollar ni la más simple estrategia de inversión (como ponerlo en el banco), a fin de tener un lucro para su señor. Los otros dos siervos usaron su habilidad de inversión: duplicaron su dinero y fueron recibidos en 'el gozo de su señor'."[396] De que los hay, los hay. Siervos malos que piensan que saben más que Dios o que saben más que el siervo de Dios. Y lo que saben de las verdades de Dios, como no les agrada entonces, las esconden detrás de la máscara de la falsa espiritualidad.

El texto bíblico que habla de los siervos y los talentos dice:

"Mucho tiempo después volvió el jefe de aquellos empleados, y se puso a hacer cuentas con ellos. Primero llegó el que había recibido las cinco mil monedas, y entregó a su jefe otras cinco mil, diciéndole: 'Señor, usted me dio cinco mil, y aquí tiene otras cinco mil que gané.' El jefe le dijo: 'Muy bien, eres un empleado bueno y fiel; ya que fuiste fiel en lo poco, te pondré a cargo de mucho más. Entra y alégrate conmigo.' Después llegó el empleado que había recibido las dos mil monedas, y dijo: 'Señor, usted me dio dos mil, y aquí tiene otras dos mil que gané.' El jefe le dijo: 'Muy bien, eres un empleado bueno y fiel; ya que fuiste fiel en lo poco, te pondré a cargo de mucho más. Entra y alégrate conmigo.'

---

[396] Jonatán P. Lewis. *Misión Mundial: Tomo 2.* (Miami, Florida. Editorial Unilit. 1990), 13

Pero cuando llegó el empleado que había recibido las mil monedas, le dijo a su jefe: 'Señor, yo sabía que usted es un hombre duro, que cosecha donde no sembró y recoge donde no esparció. Por eso tuve miedo, y fui y escondí su dinero en la tierra. Pero aquí tiene lo que es suyo.' El jefe le contestó: 'Tú eres un empleado malo y perezoso, pues si sabías que yo cosecho donde no sembré y que recojo donde no esparcí, deberías haber llevado mi dinero al banco, y yo, al volver, habría recibido mi dinero más los intereses.' Y dijo a los que estaban allí: 'Quítenle las mil monedas, y dénselas al que tiene diez mil'."[397]

Esta parábola de "los tres siervos, también conocida como la parábola de los talentos,... anima a los ciudadanos del reino de los cielos (los siervos) a usar bien los dones que recibieron, mientras esperan la venida del Hijo del Hombre (v. 19)".[398] Anima a que todos los servidores en el Reino de Jesucristo presenten y actúen de acuerdo a la verdad de Dios y a sus intereses, no a los intereses personales como algunos líderes cristianos evangélicos creen que se lo merecen o que tiene toda la autoridad para decidir lo que deben de hacer porque, se creen que son *como Dios*". Estos caen en la mentira y engaño del Diablo y como ya están allí, enrolados con él, entonces, proceden de la misma manera: ¡Engañan descaradamente! Para esto, esconden la verdad detrás de la máscara de la falsa espiritualidad.

Mientras se espera al Señor de la Iglesia, líderes, deben de trabajar para El con los dones que Dios les ha concedido,

---

[397] Mateo 25:24-28, (DHH).

[398] Comentario de pie de página en la *Biblia de Estudio Esquemática*. (Brasil. Sociedades Bíblicas Unidas. 2010), 1431-1432.

no los usen para engañar, para mentir ni para llevarse de orgullo. ¡Cuidado!, no sea que un día, frente al Señor Jesús tengas que escuchar de sus labios: "Tú eres un empleado malo y perezoso, pues si sabías que yo cosecho donde no sembré y que recojo donde no esparcí, deberías haber llevado mi dinero al banco, y yo, al volver, habría recibido mi dinero más los intereses".

La estrategia de Dios es para el bien de los seres humanos. Repitamos estas expresiones o declaraciones: *"... ya que fuiste fiel en lo poco, te pondré a cargo de mucho más"....* *"Entra y alégrate conmigo"... "Muy bien, eres un empleado bueno y fiel; ya que fuiste fiel en lo poco, te pondré a cargo de mucho más".* Estas declaraciones nos aseguran que la verdad detrás de la máscara de la falsa espiritualidad es que Dios nunca se contradice. Si te da un bien o un don o un talento es para que sirvas en su Reino y para que sirvas bien: con honestidad, ¡sin engaños!

Líderes de la Iglesia Cristiana Evangélica Contemporánea, por favor, no traten de engañar a Dios con su supuesta espiritualidad; a Dios nunca lo van a engañar pero, ustedes sí pueden seguir siendo engaños en su manera de ver el liderazgo del cristianismo. La verdad bíblica y la verdad de la Historia de la Iglesia Cristiana es que un liderazgo como el que notamos en nuestras iglesias nunca ha llegado a fines correctos, ni de una manera eclesial ni personal.

La realidad Bíblica/eclesial es que: Tratar de esconder la verdad de Dios que está escrita en las páginas de las Santas Escrituras detrás de una falsa espiritualidad es el engaño más descarado que le hace honra a Satanás. Esto es que, si tratas o sigues tratando de engañar a la Comunidad Cristiana o al siervo de Dios que está entre ustedes, ¡Tú has sido engañado de una manera muy descarada y no te has dado cuenta!

Para cerrar este capítulo, líder que estas engañando porque has sido engañado, escucha las palabras del profeta Isaías:

El Señor dice:
'Vengan, vamos a discutir este asunto.
Aunque sus pecados sean como el rojo más vivo, yo los dejaré blancos como la nieve; aunque sean como tela teñida de púrpura, yo los dejaré blancos como la lana.
Si aceptan ser obedientes, comerán de lo mejor que produce la tierra; pero si insisten en ser rebeldes, morirán sin remedio en la guerra'.
El Señor mismo lo ha dicho".[399]

---

[399] Isaías 1:18-20, (DHH).

Capítulo Nueve:

CALUMNIAS DESVERGONZADAS

Mientras Galión era gobernador de Acaya, los judíos a una atacaron a Pablo y lo condujeron al tribunal. —Este hombre —denunciaron ellos— anda persuadiendo a la gente a adorar a Dios de una manera que va en contra de nuestra ley... Cinco días después, el sumo sacerdote Ananías bajó a Cesarea con algunos de los ancianos y un abogado llamado Tértulo, para presentar ante el gobernador las acusaciones contra Pablo. Cuando se hizo comparecer al acusado, Tértulo expuso su caso ante Félix:

—Excelentísimo Félix, bajo su mandato hemos disfrutado de un largo período de paz, y gracias a la previsión suya se han llevado a cabo reformas en pro de esta nación. En todas partes y en toda ocasión reconocemos esto con profunda gratitud. Pero, a fin de no importunarlo más, le ruego que, con la bondad que lo caracteriza, nos escuche brevemente. Hemos descubierto que este hombre es una plaga que por todas partes anda provocando disturbios entre los judíos. Es cabecilla de la secta de los nazarenos. Incluso trató de profanar el templo; por eso lo prendimos. (Hechos 18:12-13; 24:1-6ª, NVI).

Lo que dice el pasaje de Hechos 18:12-13; 24:1-6ª, que hemos leído habla de las calumnias o las "acusaciones falsas y maliciosas hechas contra la persona de Pablo con la intención de deshonrarle" por el odio que le tenían ciertas personas. La calumnia es una: "Acusación falsa y maliciosa hecha contra una persona con la intención de deshonrarle... La Biblia dice mucho acerca de la calumnia, tanto en el Antiguo como en el Nuevo Testamento (Proverbios 10:18; 1 Pedro 2:1). La calumnia está a un nivel tan alto en la lista que Dios hace de los agravios, que la incluyó en los diez mandamientos. El noveno mandamiento dice, 'No hablarás contra tu prójimo falso testimonio' (Éxodo 20:16)".[400]

I.- La calumnia de Tértulo.

Al analizar el discurso del abogado Tértulo, se nota que trató de exaltar al gobernador Félix. "Comienza con el método oratorio de procurar conciliar al juez diciéndole lisonjas; pero al decirlas miente desvergonzadamente".[401] Esto es algo que resulta cuando se hace una calumnia: Se miente. Más adelante en esta tesis se hablará de las mentiras de los Cristianos Evangélicos detrás de la máscara de la espiritualidad. Hoy, nos enfocamos en la calumnia.

La mentira desvergonzada es usada con el fin de arruinar la vida y el ministerio de Pablo; es decir que, Tértulo lo calumnió. En esta calumnia que hace el abogado "Tértulo, el abogado de los judíos, hace tres acusaciones contra Pablo, las cuales, de ser ciertas, deberían de preocupar a las autoridades romanas: (1) Pablo provoca desordenes (v.5; Hech 16:19-21;

---

[400] Definición de calumnia. *¿Qué dice la biblia acerca de la calumnia?* | *GotQuestions.org...* (La Habra, California. Internet. Consultado el 14 de agosto del 2020), ¿? https://es.thefreedictionary.com/calumnia y www.gotquestions.org/Espanol/biblia-calumnia.html

[401] B. H. Carroll. *Comentario Bíblico No. 7: Los Hechos.* Trd. Sara A. Hale. (Terrassa, (Barcelona), España. Editorial CLIE. 1986), 430.

17:6-7; 18:12-13); 2) es el líder de la secta de los nazarenos (v. 5); 3) trató de profanar el templo (v. 6; Hech. 21:27-29; véase 21:26)".[402]

Es interesante notar que: "Tértulo inició su intervención con una adulación verdaderamente nauseabunda en la que cada palabra era incierta, como tanto él como el gobernador Feliz lo sabían muy bien".[403] Esto, lamentablemente, se puede notar en más de una iglesia cristiana evangélica de nuestro tiempo. ¿A cuántos pastores o líderes se les adula con palabras inciertas o con la verdad pero con el fin de calumniarlo? He notado en más de una iglesia que la calumnia es parte de la "teología de la iglesia" con la inexactitud de la misma manera que la acusación contra Pablo se formuló.[404]

Calumniar, es un hecho triste en la historia de la humanidad pero aun es mucho más triste que suceda en la Iglesia Cristiana Evangélica. No es que sea algo novedoso en la Iglesia Cristiana Evangélica el espíritu de calumniar. Esto ha sucedido desde que los predicadores de la Iglesia de Jesucristo proclamaron que el Cristianismo Evangélico era la luz del mundo. A través de la historia de la iglesia esta actitud negativa ha sido parte de la práctica eclesiástica hasta nuestros días. Es una práctica social/eclesiástica que se presenta como: La verdad detrás de la máscara de la espiritualidad.

---

[402] Comentario en la *Biblia de Estudio Esquemática* (Brasil. Sociedades Bíblicas Unidas. 2010), 1661-1662.

[403] William Barclay. *Comentario al Nuevo Testamento: Los Hechos de los Apóstoles. Número 7.* Trd. Alberto Araujo. (Terrassa (Barcelona), España. Editorial CLIE. 1994), 218.

[404] William Barclay. *Comentario al Nuevo Testamento: Los Hechos de los Apóstoles. Número 7.* Trd. Alberto Araujo. (Terrassa (Barcelona), España. Editorial CLIE. 1994), 218.

II.- La calumnia contemporánea.

He comentado que el abogado Tértulo aduló al gobernador Félix con el fin de que su calumnia surtiese el resultado que ellos esperaban. Notemos sus palabras: "—Excelentísimo Félix, bajo su mandato hemos disfrutado de un largo período de paz, y gracias a la previsión suya se han llevado a cabo reformas en pro de esta nación". Declaraciones que ya sabemos que son mentiras. Tértulo y sus amistades hicieron un gran esfuerzo para llegar a Cesarea y pedir la audiencia; todo con el fin de calumniar a Pablo con el fin de llevarlo de regreso a Jerusalén en donde lo podían matar. He visto videos de "hombres de Dios", recibo por lo menos un video cada semana en mi correo electrónico de predicadores de la Iglesia Cristiana Evangélica que hacen un gran esfuerzo por criticar y calumniar a otros predicadores en lugar de predicar el mensaje bíblico. El predicador del Evangelio de Jesucristo, Paul David Tripp, dijo: "Existen tantos pleitos en las iglesias, que hemos llegado a ser expertos en criticar a las ovejas en lugar de exponer a los lobos".[405]

Un "lobo" cristiano evangélico estuvo preparando el camino en la iglesia en donde supuestamente era miembro, aunque en realidad no lo era; su objetivo era sacar al pastor a como diera lugar. Una de las primeras cosas que hizo fue visitar a los hermanos de la iglesia para anunciarles que estaba planeando comenzar una nueva iglesia. Cuando el pastor se enteró de lo que estaba haciendo, le llamó la atención y como respuesta recibió tres palabras con las que claramente lo

---

[405] Paul David Tripp. *Rescatando la Pureza del Evangelio*. (La Habra, California. Internet. Frase publicada el 20 de junio de 2019. Consultada el 12 de agosto del 2020), ¿? https://www.facebook.com/rescatandolapurezadelevangelio/photos/a.229781037171651/1295409630608781

estaba calumniando al mismo tiempo que estaba blasfemando contra Dios.

Existe en algunos la creencia de que "el liderazgo es posesión, un nombramiento de alguien importante que lo rodea. Pero en realidad el liderazgo es la habilidad de influenciar a la gente a través del ejemplo. – Dice Abel Ledezma – Si quiere demostrar que usted es un líder, dele ordenes al perro de alguien vea si le hace caso, de lo contrario, tiene que trabajar en su liderazgo".[406] En pocos días después de que se autonombró pastor, el "lobo" abandonó las ovejas; solo predicó tres veces y se dio cuenta que el pastorado no es un trabajo cualquiera y, en realidad no lo es; El Ministerio Pastoral es un llamado de Dios.

Pocos días antes de que cometiera el fraude, porque fue un fraude no solo pastoral, sino legal, le comentó a otro pastor de una denominación diferente que el pastor iba a dejar la iglesia porque no le estaban pagando la cantidad de $5,000.00 (cinco mil dólares mensuales). Debo de aclarar que el pastor nunca había pedido un salario; es más, nunca les había pedido un solo dólar, su trabajo era voluntario: Esto se llama calumnia. En poco tiempo, otros pastores y miembros de otras iglesias estaban enterados de que el pastor estaba pidiendo un salario de $5, 000.00 (cinco mil dólares mensuales). ¡Todos ellos lo sabían menos el pastor que supuestamente estaba pidiendo tal salario! ¡Esto se llama: Calumnia!

La calumnia aumentó a tal grado que uno de los líderes de la Iglesia Cristiana Evangélica en donde estaba el pastor predicando comentó con otros líderes diciéndoles: "El

---

[406] Abel Ledezma. *Definiendo el liderazgo: Una nueva dimensión hacia un liderazgo encarnado.* (USA. Publicado por Worthy Latino. 2015), 79.

pastor X no está a gusto con nosotros porque no le pagamos $5,000.00 (Cinco mil dólares) de salario". Les recuerdo que el pastor X nunca les había pedido un salario; nunca les pidió un solo dólar para la gasolina que gastaba en los dos o tres viajes que hacía semanalmente a la iglesia para predicar y enseñar; nunca les pidió un solo dólar para el material que usaba en sus estudios y predicaciones, como el papel de los bosquejos, el proyector, los micrófonos, los lapiceros y aun el costo de la lleve de la oficina.

Esto que hicieron los líderes de esa iglesia con ese pastor se llama: Calumnia. ¿Calumnia en dónde? ¡En la Iglesia Cristiana Evangélica Contemporánea! ¿A quién calumniaron? Al siervo de Dios que con un espíritu de mansedumbre les estaba enseñando la Doctrina Bíblica. Cuando se descubrió la calumnia, increíblemente, el liderazgo acompañado de algunos miembros recién llegados a la iglesia, escondieron la verdad detrás de una máscara de una falsa espiritualidad.

Después de más de dos años de ministerio pastoral, el pastor decidió iniciar un nuevo ministerio. Los hermanos y hermanas de la congregación comenzaron a preguntar por qué el pastor había salido de la iglesia y se había ido a otro ministerio. Aunque el pastor les explicó a la mayoría de la congregación la razón de su salida, la respuesta que algunos de ellos recibieron de uno de los principales líderes de la iglesia local fue: "Se ha retirado porque en ese otro ministerio le darán un salario".[407] Se aclara que ese no fue la intención del pastor, él tiene la manera de vivir; tiene entradas económicas

---

[407] Comentario dicho por uno de los principales líderes de la iglesia local el día viernes 12 de junio del 2020, en una reunión clandestina. Estas reuniones las hacían entre cuatro o cinco personas sin que nadie más, ni aun el pastor estuviese enterado.

y no necesita de un salario pastoral para estar ayudando en una iglesia; es decir que: ¡Esta es otra calumnia! Además, ¡es una desvergonzada mentira!, pues ellos sabían que no estaba recibiendo un solo dólar de salario.

¡Ah, la falsa espiritualidad! Ven y saben la verdad de las Escrituras; ven y saben la verdad del siervo de Dios y aun así, lo calumnian. Bueno, esta es una práctica de parte de algunos líderes cristianos evangélicos que están escondiendo la verdad detrás de la máscara de la falsa espiritualidad.

Aunque es una desvergonzada mentira que fue ocasionada por la calumnia hecha al pastor, aun así, la verdad estaba escondida detrás de la máscara de la falsa espiritualidad. ¿Qué verdad? Desde el mismo comienzo de la llegada del pastor a esa iglesia, el liderazgo nunca lo tomó como su pastor; ellos solo querían un pastor que cumpliera sus antojos, no lo que era la voluntad de Dios para la iglesia. La verdad detrás de la máscara de la espiritualidad estaba saliendo a la luz.

Lamentablemente, aunque salió a la luz, el liderazgo siguió escondiendo la verdad de Dios detrás de la máscara de la falsa espiritualidad. Seguramente que te estarás preguntado, ¿por qué este énfasis en una falsa espiritualidad? Porque sabemos que la mayoría de los líderes, cuando el pastor llamaba a la adoración y al arrepentimiento, pasaban al frente, se arrodillaban frente al altar, hacían oraciones, se oraba por ellos y manifestaban un espíritu de arrepentimiento y santidad como si deberás estuviesen siendo sinceros con Dios y con ellos mismos.

Al parecer, todo esto era un engaño personal, pues casi inmediatamente se podían escuchar los comentarios negativos; las calumnias eran el "postre" espiritual. Es por esto y otras cosas de las que somos testigos que afirmamos que estaban escondiendo la verdad de Dios detrás de una máscara de falsa espiritualidad.

El gran conquistador europeo, Napoleón Bonaparte, dijo: "El mal de la calumnia es semejante a la mancha de aceite: Deja siempre huellas".[408] Esto es precisamente lo que vemos con algunos liderazgos cristianos evangélicos que esconden la verdad de Dios a la Comunidad Cristiana. Cuando ya se ha descubierto su calumnia o calumnias, aunque tratan de justificarse con sus alegatos supuestamente espirituales, lo que hacen es hacer más daño; la huella de su calumnia se hace notoria y queda allí como un mal testimonio de lo que no debe de ser el liderazgo de la Iglesia de Jesucristo.

Es una huella que dice a gritos: Los líderes de esta iglesia, después de calumniar a su líder principal; es decir, a su pastor, trataron de esconder la verdad de Dios y la verdad eclesiástica con una máscara de falsa espiritualidad.

---

[408] Napoleón Bonaparte. *Frases de Napoleón Bonaparte.* (La Habra, California. Internet. Consultado el 23 de octubre del 2020), ¿? https://frasesbuenas.net/el-mal-de-la-calumnia/

Capítulo Diez:

LA VERDAD SIN LA MÁSCARA

"Con Dios están la sabiduría y el poder; suyos son el consejo y el entendimiento.

Y Daniel habló y dijo: Sea bendito el nombre de Dios de siglos en siglos, porque suyos son el poder y la sabiduría. El muda los tiempos y las edades; quita reyes, y pone reyes; da la sabiduría a los sabios, y la ciencia a los entendidos. El revela lo profundo y lo escondido; conoce lo que está en tinieblas, y con él mora la luz".

Job 12:13, (NVI). Daniel 2:20-22, (RV, 60).

"En una carrera, el deportista Abel Mutai representante de Kenia, estaba a solo a unos metros de la línea de meta, pero se confundió con la señalización y se detuvo pensando que ya había completado la carrera. El deportista español, Iván Fernández, estaba justo detrás de él y al darse cuenta de lo que estaba sucediendo, comenzó a gritar al keniano para que continuará corriendo; pero Mutai no sabía español y no entendió. Entonces el español lo empujó hacia la victoria.

Un periodista le preguntó a Iván: "¿Por qué hiciste eso?"

Iván respondió... "Mi sueño es que algún día podamos tener una especie de vida comunitaria".

- El periodista insistió ¿Pero, Por qué dejaste ganar a Kenia?

Iván le contestó – "No lo dejé ganar, él iba a ganar".

- El periodista volvió a insistir "¡Pero podrías haber ganado!"

- Iván lo miró y le respondió. "Pero, ¿cuál sería el mérito de mi victoria? ¿Cuál sería el honor de esa medalla? ¿Qué pensaría mi madre de eso?" Los VALORES se transmiten de generación en generación. Y tú ¿qué valores les estás enseñando a tus hijos? No dejes que los principios se pierdan".[409]

"Es muy cierto que en el Antiguo Testamento tenemos relatos y textos que son muy difíciles de entender y otros de aceptar, como, por ejemplo, ya se ha hecho mención de que existen cristianos, también no cristianos, con este problema hermenéutico. Sin embargo, el énfasis de este libro, son los cristianos evangélicos que tienen problemas con el diezmo mencionado en el Antiguo Testamento, alegando que no se menciona en el Nuevo Testamento; otros aprovechan la poligamia que se practicaba en el Antiguo Pacto para tratar de hacerla bíblica y moralmente correcto en la Iglesia Cristiana;[410] otros toman el profetismo antiguotestamentario para aplicarlo, no a la Iglesia Primitiva, sino a la Contemporánea la cual ya tiene una serie de profetas y apóstoles que usando autoridad bíblica la tergiversan para sus propios fines, como es el caso

---

[409] Andrés Medina. *Ética y vergüenza en la cara*. (La Habra, California. Internet. Artículo publicado el 27 de junio del 2020. Consultado el 7 de septiembre del 2020), ¿? https://www.facebook.com/miguel.chulde/posts/3591730490877546

[410] Wikipedia, la enciclopedia libre. *Mormonismo y poligamia*. (La Habra, California. Internet. Consultado el 16 de septiembre del 2020), ¿? https://es.wikipedia.org/wiki/Mormonismo_y_poligamia. Los cito a ellos porque se hacen llamar también cristianos y, de hecho, el mormonismo es parte del cristianismo.

del llamado apóstol Naasón Joaquín García, líder de la iglesia fundamentalista *La Luz del Mundo* con sede en Guadalajara, México. "Joaquín García, de 51 años, está acusado de 23 delitos graves, incluida la violación forzada de un menor, copulación oral forzada de un menor, relaciones sexuales ilegales, acto lascivo con un niño, extorsión, conspiración y posesión de pornografía infantil".[411]

Lo más lamentable para el Cristianismo Evangélico, aunque Naasón no pertenece a este grupo, pero se le considera cristiano, lo más lamentable es que es un líder de mucha influencia en la Secta llamada: *Luz del Mundo*. Una Secta que está relacionada con el Cristianismo Evangélico. El, Naasón y su grupo de líderes, son parte de los líderes cristianos evangélicos que han estado escondiendo la verdad de Dios detrás de la máscara de la falsa espiritualidad.

Shannon Ryan, de 38 años, y vecino de Muscle Shoals, Alabama, es otro falso profeta como lo es Naasón. Shannon Ryan se hace llamar brujo y dios y en sus palabras defensivas y al mismo tiempo ofensivas, cuando el EBI lo acusó de haber secuestrado a Leila Cavett, una joven madre de 21 años, les dijo: "'He robado algunas veces',... 'Cuando era joven, vendía drogas. Estuve preso también. Toda esa basura donde crecí me hizo el dios que soy ahora'."[412]

---

[411] Sinembargo.com. *El líder de La Luz del Mundo será juzgado por 36 cargos de abuso sexual y violación, ordena Juez*. (La Habra, California. Internet. Artículo publicado por EFE en agosto 19 del 2020 a las 12:57 pm. Consultado el 16 de septiembre del 2020 a las 4:55 pm.) ¿? https://www. sinembargo.mx/19-08-2020/3844560

[412] David J. Neal. *Se hace llamar 'brujo' y 'dios'. La policía lo arrestó en el caso de una mujer desaparecida*. Td. Jorge Posada. (La Habra, California. Internet. Artículo publicado el 17 de agosto del 2020 a las 10:35 am, hora de

La Doctrina Cristiana Evangélica enseña que no importa lo que la persona haya sido o practicado, cuando se arrepiente de sus pecados, es perdonado al cien por ciento. El apóstol Juan dijo que: "La sangre de Jesús, su Hijo, nos limpia de todo pecado".[413] "... de todo pecado". Esto es que si Naasón o Shannon Ryan se arrepienten de sus pecados; ¡son perdonados! ¡Sí! Para algunos de los cristianos esto no es posible y sin embargo, así dice el apóstol Juan.

Ahora bien, una cosa es que Dios perdone todos los pecados y otra es que agarrándonos de ese perdón de Dios, sigamos pecando. Cuando Shannon Ryan dice que: "Toda esa basura donde crecí me hizo el dios que soy ahora", no tiene validez en la Doctrina Cristiana Evangélica. Lo que es muy probable es que Sannon nunca se ha arrepentido y lo que está haciendo es escondiendo la verdad de Dios detrás de la máscara de la falsa espiritualidad con un título que dice: Profeta de Dios en su religión de brujería.

Notemos sus desvergonzadas defensas espirituales:

"El sábado, antes de ser arrestado, Ryan publicó en Facebook: 'Cualquier persona que piense que tengo que ver con la desaparición de Leila, por favor escríbalo aquí. Quiero demostrar los poderes que tengo, y hacer que todos desaparezcan de mi programa de un golpe. No se asusten. Estos son sus cinco minutos de fama. No voy a borrar sus comentarios, palabra de brujo. Al contrario, en la próxima luna llena, voy a celebrare mi primera misa hechicera. Pongan su nombre en

Miami, Florida. Consultado el 17 de agosto del 2020 a las 10:40 am, hora de California) ¿? https://www.elnuevoherald.com/article245014190.html
[413] Juan 1:7, (NVI).

la olla ya que son tan valientes, y piensan que no tengo poderes de verdad. Demuestren que soy un farsante. Ojalá que Jesús (Constantino) reciba sus oraciones y la Sangre de Cristo (vino de uvas) los protejan'.".[414]

Si algo nos alegra en su declaración, es que dice la verdad dentro de su práctica religiosa. Esas son sus creencias y, aunque esconde la verdad del Dios de la Biblia con su máscara de brujería, aun así, debemos de ser sinceros y decir que dice lo que cree y siente; Es decir, aunque es un mentiroso, no es hipócrita ni calumniador, dice lo que cree sinceramente: Esconde la verdad de Dios pero no su verdad religiosa. Lo cierto es que, ni el profeta Naasón, ni Shannon, ni ningún otro que se aparte de la verdad de la Biblia es un líder de acuerdo al corazón de Dios al estilo del rey David.[415]

Dentro de la verdad sin la máscara de la falsa espiritualidad, nos preguntamos: "¿Qué significa tener un corazón conforme al corazón de Dios? –La respuesta que notamos en las páginas de la Biblia es que: "Ser conforme al corazón de Dios es alguien del agrado de Dios, que está dispuesto a obedecer en todo, que cumple la voluntad y los propósitos de Dios".[416] Este fue el caso de David, el antiguo pastor de ovejas, en

---

[414] David J. Neal. *Se hace llamar 'brujo' y 'dios'. La policía lo arrestó en el caso de una mujer desaparecida.* Td. Jorge Posada. (La Habra, California. Internet. Artículo publicado el 17 de agosto del 2020 a las 10:35 am, hora de Miami, Florida. Consultado el 17 de agosto del 2020 a las 10:40 am, hora de California) ¿? https://www.elnuevoherald.com/article245014190.html
[415] I Samuel 13:14.
[416] www.bible.com. *Un Hombre Conforme Al Corazón De Dios.* (La Habra, California. Internet. Devocional publicado el 29 de febrero del 2016. Consultado el 30 de noviembre del 2020), ¿? https://www.google.com/search?q=de+acuardo+al+corazaon+de+dios&rlz=1C1GCEA

cambio, el rey Saúl fue desechado como Rey porque nunca estuvo dispuesto a obedecer a Dios. Saúl fue una persona que siempre quiso hacer su propia voluntad.

Ahí está la clave, para ser un verdadero líder de la Iglesia Cristiana Evangélica Contemporánea es necesario tener el agrado de Dios; es necesario tener el carácter que poseía el rey David. Repetimos, David era un varón conforme al corazón de Dios porque hacía lo que Dios quería. La verdad sin la máscara de la falsa espiritualidad es que un buen líder de la Iglesia Cristiana Evangélica Contemporánea debe de reconocer que Dios es soberano y que la vida y ministerios de Su iglesia están en sus manos, pues es él el que es Señor de los tiempos. David, dijo que en las manos de Dios estaban "sus tiempos".[417] ¡Esta es la verdad de Dios sin la máscara de la falsa espiritualidad! Cuando se reconoce que Dios es el Señor de los tiempos y el Señor y Salvador de la Iglesia, entonces, todo líder cristiano es solamente su servidor; ¡nunca el dueño de la iglesia local!

Volvamos por un momento al Antiguo y Nuevo Testamentos. Al conocer más profundamente el Antiguo Testamento, este "nos sirve como base para entender el evangelio de Cristo. El Antiguo Testamento proveyó los ejemplos para la predicación en el Nuevo Testamento".[418] Es así como podemos entender que ambos testamentos son de gran utilidad en la salvación y transformación del ser humano; ambos dan el mensaje "del arrepentimiento, de la fe, y de la obediencia a Cristo, - mensaje que nos eleva - a un nivel de vida que ni aun los santos profetas del Antiguo Testamento

---

[417] Salmo 31:15, (RV, 1960).
[418] Eugenio Heisey. *Más allá el protestantismo*. (Costa Rica, CA. Publicadora La Merced. 2011), 28.

comprendieron, aunque 'inquirieron y diligentemente indagaron acerca de esta salvación' (I Pedro 1:10)".[419]

Es aquí en donde encontramos otro de los pasajes bíblicos que algunos usan como pretexto para esconder la verdad de Dios detrás de una máscara, en este caso, una máscara que tiene un rotulo de incertidumbre que dice: Evangelio Inventado. ¿Por qué este tipo de mascara? Porque: "Los escépticos pueden afirmar que el evangelio fue inventado por los seguidores de Jesús, pero la venida del Mesías fue prometida desde el principio (Gn 3:15), cumplida a perfección en los pactos de Dios con Abraham (Gn12:1-3) y David (2 S 7:12-16), y anuncia por la mayoría de los profetas del Antiguo Testamento".[420] ¡Esta es la verdad sin la máscara de la falsa espiritualidad! ¡Cómo pues, se atreven los falsos profetas contemporáneos a citar fechas y eventos sobre aquello que fue revelado!

Ahora bien, ¿Cuál es entonces el problema? Si ambos testamentos nos muestran como estar en otro nivel de vida, si ambos testamentos nos sacan de un mundo de suciedades carnales y espirituales, ¿Cuál es el problema para que algunos cristianos evangélicos, aparentemente no hayan salido de ese perverso mundo? ¿Por qué en algunos cristianos de la Iglesia Cristiana Evangélica es la carne la guía espiritual en lugar del Espíritu Santo? ¿Por qué algunos líderes de la Iglesia Cristiana Evangélica Contemporánea caen en este rol carnal/espiritual? No es que Dios o el mensaje de la Bíblia

[419] Eugenio Heisey. *Más allá el protestantismo*. (Costa Rica, CA. Publicadora La Merced. 2011), 28.
[420] Charles E. Stanley. *Biblia Principios de Vida*. (Nashville, Tennessee, USA. Impresa por Grupo Nelson y publicada por Thomas Nelson. 2010), 1437.

no tengan suficiente poder para guiar en sabiduría, amor y fe a los cristianos de la Iglesia Evangélica Contemporánea tal y como lo hizo en la Iglesia Primitiva.

1.- El problema consiste, en *Primer lugar en que la mayoría de estos cristianos no leen la Biblia con ojos espirituales, sino carnales.*

2.- En segundo lugar, no leen la Biblia para que Dios les hable. ¿Entonces, para qué la leen? La leen buscando textos para defender sus hipocresías, sus mentiras, sus principios éticos, sus robos y otros actos carnales y mentales. Y todo esto lo hacen con una máscara de falsa espiritualidad.

3.- En tercer lugar, *la verdad de Dios sin la máscara de la espiritualidad la podemos ver en los relatos y declaraciones del Antiguo Testamento.* Por ejemplo, el patriarca Job, al cual Dios llama hombre perfecto mientras que, Satanás niega que sea realmente un hombre espiritual.

"Satanás dice que en realidad es un materialista, que sirve a Dios y vive rectamente porque obtiene beneficio de ello. Dice Satán: Si las riquezas le fueren quitadas, Job maldeciría a Dios en su propia cara".[421] Y sin embargo, Job, en su primer dialogo con sus amigos, les dijo: "Con Dios están la sabiduría y el poder; suyos son el consejo y el entendimiento".[422] Es decir que Job, en medio de su angustiosa y deplorable situación física, proclama el poder y la sabiduría de Dios.

---

[421] W. T. Purkiser, Redactor. C. E. Demaray, Donald S. Metz y Maude A. Stuneck. *Explorando el Antiguo Testamento.* (Kansas, City, Missouri. Casa Nazarena de Publicaciones. 1994), 230. Recordar el Capítulo Ocho: Calumnias Desvergonzadas.
[422] Job 12:13, (NVI).

Aquel pastor del cual se hace mención en el Capítulo Ocho, ha mostrado que la sabiduría de Dios es real, la iglesia que inició con un remanente de los que fueron ofendidos por la calumnia pastoral y todo lo que le hicieron al pastor, ha florecido y sigue creciendo, ahora sí, el pastor, sin haber pedido un salario, se lo han ofrecido. La sabiduría que está en Dios, como dijo Job, ha mostrado su autoridad sobre este pastor y, "el consejo y el entendimiento" divinos lo están guiando en su nueva iglesia.

También, dentro de la verdad sin la máscara de la falsa espiritualidad es que una de las lecciones que podemos aprender de la actitud del liderazgo de algunas iglesias cristianas evangélicas, es que existe una gran barrera espiritual y social entre lo que es el orgullo y la humildad. Ambas actitudes las podemos ver en algunas iglesias cristianas evangélicas de nuestro tiempo. Tenemos a los líderes "sabelotodo" o como algunos les llaman: Los "todopoderosos" controladores aun del mismo Espíritu Santo. Pero también tenemos a los líderes que viven para servir; que se pueden ver como unos verdaderos ángeles ministradores de las cosas de Dios o, como dijera San Agustín de Hipona: "Fue el orgullo que transformó a los ángeles en demonios, y es la humildad la que hace a los hombres como ángeles".[423]

La verdad detrás de la máscara de la falsa espiritualidad es que no debemos de perder de vista nuestros objetivos. Thomas Jefferson, dijo: "Una mente siempre ocupada, es siempre feliz".[424]Como cristianos tenemos objetivos o propósitos

[423] Sandra Kuck. *Libros Inspirativos Salesianos.* (New Rochelle, NY. Misiones Salesianas. Pensamiento en: Agenda de Ángeles 2021), Marso 2021.

[424] Thomas Jefferson. *Frases Ingeniosas.* (La Habra, California. Internet.

que Dios nos ha dejado en su Palabra para que vivamos por ellos sabiamente y para que demos a conocer que el Dios Todopoderoso que se ha revelado en la Sagrada Escritura, tiene metas agradables para nosotros o, como dijera el mismo Dios por medio de su profeta Jeremías: "Yo sé los planes que tengo para ustedes, planes para su bienestar y no para su mal, a fin de darles un futuro lleno de esperanza. Yo, el Señor, lo afirmo".[425]

La verdad bíblica y teológica detrás de la máscara de la falsa espiritualidad

En la Iglesia Cristiana Evangélica, la verdad detrás de la máscara de la falsa espiritualidad es que debemos de practicar, no solo saber, sino practicar para no olvidar, por lo menos los siguientes tres objetivos:

Primero: *Tener armonía en el evangelismo.* Esto es que, debemos de predicar, enseñar y mostrar al mundo lo que es el Verdadero Evangelio de Jesucristo. En la Iglesia Cristiana Contemporánea, "se nos olvida que un objetivo primordial de la unidad del cuerpo de Cristo es el evangelismo".[426] Este objetivo fue uno de los que Jesucristo recomendó que hiciéramos como iglesia, no tanto para nuestro bien, aunque eso provoca la unidad eclesial, sino que el objetivo de Jesucristo fue "para que el mundo crea".[427] Tener armonía

Consultado el 23 de octubre del 2020, ¿? https://frasesbuenas.net/frases-ingeniosas/a

[425] Jeremías 29:11, (DHH).

[426] Gary Miller. *¿Cuál es el propósito de Dios para la iglesia?* (Costa Rica. Revista la Antorcha de la Verdad. Septiembre – octubre. 2020. Volumen 34, Numero 5. La Antorcha de la verdad se publica bimestralmente por Publicadora La Merced), 15.

[427] Juan 17:21.

en el evangelismo es una meta por realizar en nuestra Iglesia Cristiana Contemporánea.

Segundo: *Ayudarnos en nuestras deficiencias.* A cada uno de los cristianos, Dios ha capacitado con algunos dones y talentos. Lo ha hecho con el fin de que sean usados para la edificación de Su iglesia. Sin embargo, como se ha hecho notar en capítulos anteriores de esta tesis, algunos cristianos evangélicos "no logran comprender que Dios ha puesto al otro – u otra hermano/a – para compensar su propia deficiencia: No comprenden que el musculo y el hueso se complementan".[428]

La verdad sin la máscara de falsedad es que la Iglesia Cristiana Evangélica no es un esqueleto o un montón de músculos; ¡Es un Cuerpo! Es un Cuerpo en donde todos los componentes trabajan unidos para que el Cuerpo siga viviendo. Es un Cuerpo que debe de estar sumamente impactado por el carácter de Dios. Es un Cuerpo que debe dar testimonio al mundo de que Dios es su Creador: Es decir que: "No podemos impactar en las vidas de los demás si nuestro carácter no ha sido impactado por el carácter de Dios".[429]

Tercero: Dios tiene la solución para nuestros problemas.

El Señor se ha tomado el tiempo para dejarnos sesenta y seis libros con las instrucciones ampliamente expuestas a

---

[428] Gary Miller. *¿Cuál es el propósito de Dios para la iglesia?* (Costa Rica. Revista la Antorcha de la Verdad. Septiembre – octubre. 2020. Volumen 34, Numero 5. La Antorcha de la verdad se publica bimestralmente por Publicadora La Merced), 16.

[429] Miguel Núñez. *Rescatando la Pureza del Evangelio.* (La Habra, California. Internet. Frase publicada el 5 de junio de 2019. Consultada el 12 de agosto del 2020), ¿? https://www.facebook.com/rescatandolapurezadelevangelio/photos/a.229781037171651/1306897709459973

nuestros ojos para que, en cualquier circunstancia que nos encontremos, abramos la Biblia y vemos la solución.

El profeta Isaías ha dicho:

"Todos los que tengan sed, vengan a beber agua;
los que no tengan dinero, vengan, consigan trigo
de balde y coman; consigan vino y leche sin pagar
nada. ¿Por qué dar dinero a cambio de lo que no
es pan? ¿Por qué dar su salario por algo que no
deja satisfecho? Óiganme bien y comerán buenos
alimentos, comerán cosas deliciosas.
Vengan a mí y pongan atención, escúchenme
y vivirán. Yo haré con ustedes una alianza eterna,
cumpliendo así las promesas que por amor hice a
David".[430]

El objetivo de Dios no es que no tengamos problemas, sino que con los problemas nos unamos en la verdad de Dios y busquemos las soluciones en la Sagrada Escritura. Pero, ¿Cuál es el problema? El mayor problema es que no buscamos el consejo de Dios. Y, cuando lo buscamos es para tomar aquello que es conveniente a los deseos personales.

La verdad de Dios, la verdad social, la verdad que está escrita en la Biblia para ser publicado y practicada en bien del ser humano, el liderazgo de la Iglesia Cristiana Contemporánea tiene que vivirlo al cien por ciento o ser honesto consigo mismo y dejar que aquellos que son del *"corazón de Dios"*, tomen su lugar.

---

[430] Isaías 55:1-3, (DHH).

Capítulo Once:

ENOJO Y TRISTEZA DE LOS FIELES

Por lo tanto, ya no mientan más, sino diga cada uno la verdad a su prójimo, porque todos somos miembros de un mismo cuerpo. Si se enojan, no pequen; que el enojo no les dure todo el día. No le den oportunidad al diablo. El que robaba, deje de robar y póngase a trabajar, realizando un buen trabajo con sus manos para que tenga algo que dar a los necesitados. No digan malas palabras, sino sólo palabras buenas que edifiquen la comunidad y traigan beneficios a quienes las escuchen. No hagan que se entristezca el Espíritu Santo de Dios, con el que ustedes han sido sellados para distinguirlos como propiedad de Dios el día en que él les dé la liberación definitiva.

Alejen de ustedes la amargura, las pasiones, los enojos, los gritos, los insultos y toda clase de maldad. Sean buenos y compasivos unos con otros, y perdónense mutuamente, como Dios los perdonó a ustedes en Cristo.

Efesios 4:25-32, (DHH).

El apóstol Pablo, en este texto de Efesios 4:25-32, hace mención de lo que es la nueva vida en Cristo Jesús. Así que les dice a los cristianos que deben de dejar de hacer y decir y que deben hacer y decir. Por ejemplo, en este pasaje de Efesios 4:25-32: "El apóstol dice a los Efesios cuál debe ser su conducta como miembros del cuerpo de Cristo".[431] Entre esas recomendaciones está la que dice: "Si se enojan, no pequen; que el enojo no les dure todo el día. No le den oportunidad al diablo".[432] Esta sabia recomendación, como todas las que recomienda el apóstol Pablo es para que no se dé lugar al diablo en nuestras vidas. Cuando nos enojamos: "Obramos contra el Espíritu y le damos una ventaja al enemigo".[433] Es decir que "cuando permitimos que el enojo desenfrenado y la amargura nos dominen",[434] entonces Satanás toma ventaja sobre nosotros.

I.- Definición de enojo y de hostilidad.

Lo que podemos notar en las recomendaciones de Pablo a los cristianos de la ciudad de Éfeso es que: Tengan cuidado con el enojo y la hermana inseparable de el que se llama hostilidad. Así que para entendamos mejor estos caracteres, hagamos unas cortas definiciones y aclaraciones de estos elementos negativos en la vida de los seres humanos.

En pocas palabras, el enojo es: "Enfado, especialmente el que está causado por una falta de obediencia, de obligación o de respeto – por ejemplo: 'el aumento desmedido de precios provocó el enojo de los clientes'."[435] De acuerdo a

---

[431] Comentario en la *Biblia de Estudio Esquemática.* (Brasil. Sociedades Bíblicas Unidas. 2010), 1769.

[432] Efesios 4:26-27, (DHH).

[433] Charles E. Stanley. *Biblia Principios de Vida.* (Nashville, Tennessee, USA. Impresa por Grupo Nelson y publicada por Thomas Nelson. 2010), 1340.

[434] Charles E. Stanley. *Biblia Principios de Vida.* (Nashville, Tennessee, USA. Impresa por Grupo Nelson y publicada por Thomas Nelson. 2010), 1340.

[435] *Definición de enojo.* (La Habra, California. Internet. Consultado el 30

la Wikipedia: "La ira, cólera, rabia, enojo o furia es una emoción que se expresa a través del resentimiento o de la irritabilidad. Los efectos físicos de la ira incluyen aumento del ritmo cardíaco, de la presión sanguínea y de los niveles de adrenalina y noradrenalina. Algunos ven la ira como parte de la respuesta cerebral de atacar o huir de una amenaza o daño percibido".[436]

Desde el punto de vista de la Psicología, Clyde M. Narramore, dice acerca de la hostilidad, lo siguiente:

"La hostilidad es una fuerte emoción que a menudo proviene de una amenaza contra la posición social, estimación o bienestar físico del individuo. Los adultos suelen demostrar su hostilidad mediante arrebatos de ira y gritos. Si bien la mayoría de las personas de vez en cuando se sienten frustradas y reaccionan agresivamente, algunas se forjan patrones permanentes de ira y furia como reacción ante las situaciones tensas.

Es difícil llevarse bien con el individuo hostil. Cuando no se leda gusto o cuando está empeñado en fuerte competición, se pone muy desagradable. A menudo tiene choques conyugales o familiares. Puede que discuta permanentemente con su esposa y regañe y castigue a sus hijos.

En la iglesia y en otras agrupaciones la persona hostil suele desbaratar el plan de acción. Se traba en conflictos de personalidad con dirigentes de

de noviembre del 2020), ¿? https://es.wikipedia.org/wiki/Irahttps://www.google.com/search?q=definici%C3%B3n+de+enojo&rlz=1C1GCEA_enUS764US764&oq=Definici%C3%B3n+de+enojo&aqs=chrome.0.0i457j0i22i30l7.30171j1lj15&sourceid=chrome&ie=UTF-8
[436] Wikipedia, la enciclopedia libre. *Enojo*. (La Habra, California. Internet. Consultado el 30 de noviembre del 2020), ¿?

grupos y procura que sus opiniones se conviertan en centro de atención".[437]

II.- La hostilidad en la Comunidad Cristiana.

Cuando hablamos del enojo y la tristeza de los fieles en la Comunidad Cristiana es porque entre ellos se encuentran personas que son poseedoras del carácter que se ha descrito en estas definiciones. Este tipo de personas son crueles, de voluntades recias, hostiles, autosuficientes, dinámicas, prácticas, cruzadas y polémicas.[438] Lo que causa enojo y tristeza entre los cristianos es que algunos de estos hermanos son los líderes de las iglesias cristianas evangélicas contemporánea, son los que se adueñan de la Iglesia del Señor Jesús. Son los líderes que, con sus conductas hostiles, en lugar de ayudar que las verdades del Cristianismo Evangélico, como el compañerismo cristiano en la unidad del Espíritu Santo, hacen de la Comunidad Cristiana local un centro de hostilidades; de peleas, de disgustos, de celos, de enojos y hasta de divisiones.

III.- Infiltraciones.

Una de las hostilidades a nivel de Iglesia Cristiana Universal es la infiltración de ideas humanistas secularistas y en algunos casos el fanatismo religioso tal y como lo estudiamos en las primeras páginas de este libro. El abuso desmedido de algunos líderes cristianos es también motivo de enojo y tristeza de los fieles cristianos.

---

[437] Clyde M. Narramore. *Enciclopedia de problemas psicológicos.* (Miami, Florida. Publicado por Editorial Unilit y Logoi Inc. 1990), 98-99.
[438] Tim LaHaye. Temperamentos transformados: Descubre el poder que cambia vidas. (Miami, Florida. Publicado por Unilit. 1986), 91-116.

Por ejemplo, "La meta original de la secularización de los Estados Unidos de América era ver la religión volverse inexistente en nuestra nación. Esto no ha sucedido. Sin embargo, la religión ha sido neutralizada a tal punto que frecuentemente es silenciada. Es evidente que hay líderes a cada nivel gubernamental en toda la vida estadounidense que ya no creen o ni siquiera categorizan la religión como esencial".[439] Ellos se han puesto en el lugar de Dios y se han creído más sabios e inteligentes que el mismo Señor de la Iglesia. Esto fue lo que dijo el apóstol Pablo de los líderes de su tiempo: "A pesar de haber conocido a Dios, no lo glorificaron como a Dios ni le dieron gracias, sino que se extraviaron en sus inútiles razonamientos, y se les oscureció su insensato corazón. Aunque afirmaban ser sabios, se volvieron necios".[440]

IV.- Conceptos erróneos.

Otro motivo para hacer enojar y entristecer a la Comunidad Cristiana Evangélica es ser hostil con una jerarquía equivocada. El pastor Josías Grauman, dijo: "En nuestra sociedad hoy en día creemos que mientras más autoridad ganas, más gente mandas. Pero en la Biblia entre más autoridad tienes, mas pies lavas".[441] Cuando un pastor o un líder de la Iglesia Cristiana Evangélica Contemporánea

---

[439] Baptist Press en Español. *Estados Unidos está en crisis: ¿Qué hacemos?* (La Habra, California. Internet. Consultado el 17 de Octubre del 2020), ¿? https://outlook.live.com/mail/0/inbox/id/ AQMkADAwATYwMAItZTQ3Ni0yZmIxLTAwAi0wMAoARgA
[440] Romanos 1:21-22, (NVI).
[441] Josías Grauman. *Rescatando la Pureza del Evangelio.* (La Habra, California. Internet. Declaración publicada el 17 de diciembre del 2019. Consultada el 12 de agosto del 2020), ¿? https://www.facebook.com/ rescatandolapurezadelevangelio/photos/a.229781037171651/1

se toma el papel de jerarca o de *"manda más"* como se dice comúnmente entre los mexicanos, es natural que provoque enojo y cuando aplica sus supuestas verdades espirituales y resultan en un egoísmo o en una mentira o engaño, es natural que la gente se enoje y les cause tristeza.

El pastor Miguel Zúñiga escribió el siguiente comentario: No es la vida lo que separa a la gente, es la maldad, la hipocresía, la traición, el egoísmo y la falta de respeto".[442] A estas declaraciones le agregamos la *autosuficiencia*, carácter o cualidad que es muy común en el liderazgo de la Iglesia Cristiana Evangélica Contemporánea. El apóstol Pablo les dijo a los hermanos de la Iglesia Cristiana de Corinto las siguientes palabras: "Esta es la confianza que delante de Dios tenemos por medio de Cristo. No es que nos consideremos competentes en nosotros mismos. Nuestra capacidad viene de Dios. Él nos ha capacitado para ser servidores de un nuevo pacto, no el de la letra, sino el del Espíritu; porque la letra mata, pero el Espíritu da vida".[443]

Notemos que Pablo dijo: "No es que nos consideremos competentes en nosotros mismos", el apóstol Pablo trata de evitar el que el ministerio que está desarrollando con Cristo y para Cristo, no suene a autosuficiencia o autoelogio. Para evitar tal confusión, Pablo "se apresura a insistir en que, lo que el haya podido hacer, no es en realidad su propia obra, sino la de Dios. Ha sido Dios Quien le ha capacitado para la tarea a la que le ha llamado".[444] Esto es ser honesto consigo

---

[442] Miguel Zúñiga. *Nota en Facebook*. (La Habra, California. Internet. Nota publicada el 2 de septiembre del 2020. Consultada el 3 de septiembre del 2020), ¿? https://www.facebook.com/miguel.zuniga.3386585

[443] 2 Corintios 3:3-6, (NVI).

[444] William Barclay. *Comentario al Nuevo Testamento. Volumen 9.*

mismo; la honestidad nunca hará enojar ni entristecer a la Comunidad Cristiana Evangélica.

Una de las novelas que causaron un impacto en muchos de los lectores novelescos y en algunos historiadores y teólogos es: *La Cabaña del Tío Tom*. Es una novela escrita por Herriet Beecher Stowe. En el mismo año de su publicación se vendieron más de 300,000 ejemplares y se ha traducido a más de veinte lenguas. A pesar de su popularidad, la autora se ha negado a recibir el crédito como su escritora. Ella dijo: "'¿Yo la autora de *La Cabaña del Tío Tom*? De ninguna manera. No podía ni controlar la historia. Se escribió sola. El Señor la Escribió, y Yo no fue más que Su humilde amanuense. Todo me vino en visiones, una tras otra, y eso fue lo que yo puse en palabras. ¡A él sea todo la gloria!'".[445]

¿Alguna vez escucharemos estas palabras: ¡A él sea toda la gloria!, sin el egocentrismo o el autoelogio la hipocresía de los líderes que están escondiendo la verdad de Dios con una máscara de la falsa espiritualidad? ¡Esto sería un milagro! Pero es precisamente uno de los propósitos de esta tesis: ¡Que exista el milagro de transformación espiritual y psicológica de aquellos líderes que está obran mal! Esperamos que exista este cambio de servicio egocéntrico y deshonesto por uno que sea honesto y humilde; esperamos un cambio en ellos para que ya no exista más enojo y tristeza en los fieles de la Comunidad Cristiana.

Sí llegara a suceder esta transformación tal y como la presenta Pablo en Romanos; es decir una transformación

---

Corintios. (Terrassa (Barcelona), España. Editorial CLIE. 1996), 228.

[445] William Barclay. *Comentario al Nuevo Testamento. Volumen 9. Corintios.* (Terrassa (Barcelona), España. Editorial CLIE. 1996), 228-29.

completa, un cambio que va desde la mente hasta la práctica, entonces, la Iglesia de Jesucristo sí seria *"Luz"* y *"Sal"* de la tierra. ¡Cumpliría el propósito de Dios! El deseo paulino es:

> "Por lo tanto, amados hermanos, les ruego que entreguen su cuerpo a Dios por todo lo que él ha hecho a favor de ustedes. Que sea un sacrificio vivo y santo, la clase de sacrificio que a él le agrada. Esa es la verdadera forma de adorarlo. No imiten las conductas ni las costumbres de este mundo, más bien dejen que Dios los transforme en personas nuevas al cambiarles la manera de pensar. Entonces aprenderán a conocer la voluntad de Dios para ustedes, la cual es buena, agradable y perfecta".[446]

Esa transformación a la que apela el apóstol Pablo es con el fin de "conocer la voluntad de Dios para –los cristianos, en especial para los líderes - la cual es buena, agradable y perfecta". Es un cambio de mentalidad servicial en el reino de Jesucristo. El predicador de la Doctrina de la Prosperidad E. W. Kenyon, comenta sobre las palabras de Pablo, diciendo que entonces, con ese cambio de mentalidad de servicio y adoración al Señor, entonces, la persona o líder transformado por el poder de Dios:

> "Se dará cuenta de que no somos personas comunes.
> Se dará cuenta que estamos atados al Omnipotente.
> Entenderá que estamos unidos con Dios mismo.
> Llegará a él la iluminación espiritual y se dará cuenta que estamos llevando acabo su voluntad aquí en la tierra.

---

[446] Romanos 12:1-2, (NTV).

También llegará a la comprensión de que somos los canales mediante los cuales Él está derramándose a sí mismo sobre el mundo. Así que es perfectamente normal que Él se convierta en nuestra suficiencia, que su capacidad se convierta en nuestra capacidad".[447]

En una iglesia cristiana evangélica que conocemos, el liderazgo se volvió egocéntrico, hipócrita, ladrón, mentiroso y hasta chismoso. Los fieles a la verdad de la Biblia y a la iglesia que tanto aman, en pocos días se encontraron con una situación complicada. Al descubriste parte de las prácticas de dicho liderazgo, se enojaron y se entristecieron; algunos hasta se separaron de la Comunidad Cristiana de ese lugar. El doctor Ronald Vides en cierta ocasión dijo: "No es lo malo o lo bueno que decidamos, sino el resultado que tengamos".[448] En ocasiones nos gustaría hacer caso de un proverbio del sabio que dice: "Defiéndete con la sonrisa, ataca con el silencio y vence con la indiferencia".[449] Pero, ¿cómo no enojarse o entristecerse con las prácticas negativas de aquellos en los que se ha depositado la confianza? ¿Cómo evitar enojarse contra aquellos que son los guías espirituales pero que difama, hurtan, calumnian y hacen las cosas a escondidas?

---

[447] E. W. Kenyon. *En su presencia: Una revelación de quienes somos en Cristo.* Td. Belmonte traductores. (Madrid, España. Whitaker Hause. 2014), 200.

[448] Ronald Vides. *Reunión de Pastores de Ministerios Betesda en línea.* (Orange, California. Declaración dicha en la conferencia sobre la sabiduría, el 15 de junio del 2020), 6:00- 7:30 pm.

[449] Miguel Zúñiga. *Nota en Facebook.* (La Habra, California. Internet. Proverbio publicado el 2 de septiembre del 2020. Consultado el 3 de septiembre del 2020), ¿? https://www.facebook.com/miguel.zuniga.3386585

La verdad detrás de la máscara de la falsa espiritualidad de algunos líderes es que, no es correcto que sabiendo el bien no lo hagamos: es decir que, como cristianos evangélicos o como iglesia, no podemos seguir siendo indiferentes a todos estos males que están dividiendo iglesias; que las están enfermando con la enfermedad del mal espiritual, ocultando la verdad detrás una máscara de espiritualidad.

Y al final, lo que notamos en la historia de la iglesia cristiana evangélica contemporánea es que se están cerrando los edificios que albergaban a la iglesia de Jesucristo. No estoy haciendo referencia al cierre temporal de las iglesias por causa de la pandemia del COVIT-19, sino al cierre del edificio de una manera final porque la congregación ya no se pudo sostenerse por sí misma, pues se alejó de Dios y el poder del Espíritu Santo ya no estaba con ella. No estoy hablando de un cierre de iglesias como lo está haciendo el partido comunista en China. Las noticias que nos llegan dicen que: "El Partido Comunista de China continúa tomando medidas enérgicas contra las iglesias evangélicas nacionales e institucionales, previamente aprobadas por el estado en la provincia sureste de Jiangxi".[450]

Esto es muy lamentable en el buen sentido de la palabra, pues, allí, la iglesia es una fiel adoradora de Jesucristo; la iglesia Cristiana de China es la "*Luz*" y la "*Sal*", pues no oculta la verdad detrás de una máscara de espiritualidad, sino que pregona la verdad bíblica a expensas de sus parias vidas

---

[450] AcontecerCristiano.Net. *Más de 400 iglesias evangélicas son destruidas o cerradas en China*. (La Habra, California. Internet. Artículo publicado en julio del 2020. Consultado el 3 de septiembre del 2020), ¿? https://www. acontecercristiano.net/2020/07/iglesias-evangelicas-son-destruidas-en-ciudad-china.html

o la de sus familiares; allí, en esa iglesia hay un amor para su Salvador personal, Jesucristo, y para sus líderes que están entregando sus vidas con el fin de que la Iglesia Cristiana China tenga vida terrenal y eterna.

"El régimen de China no ha dejado de suprimir los lugares de culto en todo el país, incluso en medio del brote de coronavirus. Solo en la ciudad de Shangrao, provincia de Jiangxi, al menos 400 iglesias evangélicas (institucionales y domésticas) fueron suprimidas en el primer semestre. Algunas iglesias fueron demolidas, mientras que otras fueron cerradas, o reutilizadas por las autoridades".[451] Otra vez digo, ¡esto es lamentable! Pero en este escrito no estoy hablando de esos tristes sucesos en la Iglesia Evangélica Cristiana.

Tampoco estoy hablando de lo que dice el Salmo 137 en donde no había un templo para adorar y, los músicos israelitas o salmistas se vieron obligados a colgar sus instrumentos musicales en las ramas de los árboles en el territorio del Imperio Babilónico. Fue una situación triste; un tiempo lamentable. Notemos algunas de las palabras del salmista que expresan el sentir emocional y espiritual de un pueblo que se da cuenta que todo es obra de Dios:

> "Sentados junto a los ríos de Babilonia, llorábamos al acordarnos de Sión.
>
> En los álamos que hay en la ciudad colgábamos nuestras arpas. Allí, los que nos habían llevado cautivos, los que todo nos lo habían arrebatado,

---

[451] AcontecerCristiano.Net. *Más de 400 iglesias evangélicas son destruidas o cerradas en China.* (La Habra, California. Internet. Artículo publicado en julio del 2020. Consultado el 3 de septiembre del 2020), ¿? https://www.acontecercristiano.net/2020/07/iglesias-evangelicas-son-destruidas-en-ciudad-china.html

nos pedían que cantáramos con alegría; ¡que les cantáramos canciones de Sión!

¿Cantar nosotros canciones del Señor en tierra extraña?

¡Si llego a olvidarte, Jerusalén, que se me seque la mano derecha! ¡Que se me pegue la lengua al paladar si no me acuerdo de ti, si no te pongo, Jerusalén, por encima de mi propia alegría!"[452]

Los israelitas estaban enojados y tristes porque sus líderes no hicieron caso de las palabras de los profetas de Dios: ¡Los engañaron! El Salmo 137, es un Salmo que "recuerda los días en los que el pueblo judío, fue deportado a Babilonia. En esa situación política había perdido su tierra y su templo. Mucho tiempo después, ese mismo pueblo descubriría que en esos dolorosos momentos Dios les estaba enseñando algo que los transformaría para siempre".[453]

Cuando el pueblo volvió a Palestina comenzó a publicar al mundo la verdad de las Escrituras; los libros de Esdras y Nehemías muestran un respeto hacia las cosas y mandamientos de Dios pero, también es muy palpable, un respeto por el liderazgo puesto por Dios. Con estos principios como Disciplina Cristina en el Antiguo Testamento, el pueblo prosperó y hoy todavía existe una ciudad llamada Jerusalén. Una ciudad que ha sido conquistada, destruida, odiada y al mismo tiempo apreciada, pero que, con el respeto que aún se

---

[452] Salmo 137:1-6, (DHH).
[453] Jorge Osterheld. *Iglesias cerradas: la trampa de la nostalgia.* (La Habra, California. Internet. Artículo publicado el 6 de mayo del 2020. Consultado el 3 de septiembre del 2020), ¿? https://www.vidanuevadigital.com/blog/iglesias-cerradas-la-trampa-de-la-nostalgia-jorge-osterheld/

puede observar hacia el liderazgo que ellos consideran puesto o elegido por Dios, ¡Jerusalén existe!

Pero, ¡ay de la Iglesia Cristiana Evangélica Contemporánea! Es una iglesia que está en un cautiverio; es un cautiverio humanista/liberal disfrazado de una falsa espiritualidad en donde algunos que, conociendo la verdad bíblica y teológica, buscan sus propios intereses. Es decir que esconden la verdad con una máscara de una falsa espiritualidad. Es un cautiverio en que existe muy poca esperanza de un volver hacia Dios y a Su doctrina. Es un cautiverio en donde las palabras del apóstol Pedro tienen mucha relevancia. Pedro, hablando de la Segunda venida de Jesucristo, les dice a los cristianos de su tiempo las siguientes palabras:

"...Acuérdense de lo que en otro tiempo dijeron los santos profetas; y del mandamiento del Señor y Salvador, que los apóstoles les enseñaron a ustedes.

Sobre todo tengan esto en cuenta: que en los días últimos vendrá gente que vivirá de acuerdo con sus propios malos deseos, y que en son de burla preguntará: '¿Qué pasó con la promesa de que Cristo iba a volver? Ya murieron nuestros padres, y todo sigue igual desde que el mundo fue creado'."[454]

Estos personajes de los hace mención el apóstol Pedro, también son líderes que hacen enojar y entristecer a la Comunidad Cristiana Evangélica. Sin embargo, a esta comunidad, les decimos: Hermanos y hermanas cristianos:

---

[454] 2 Pedro 3:2-4, (DHH).

"Tarde o temprano, cada dolor, cada aflicción, cada decepción y cada pérdida trabajaran juntas para tu bien".[455] ¿Cómo lo harán? Esto solo Dios lo sabe. Lo que nosotros sabemos es que Dios además de ser Fiel y Bondadoso, también es un buen Consolador; esto es que él se encarará de consolarnos en nuestros enojos y tristezas.

Por ejemplo, en el primer debate presidencial entre Donald Trump y Joe Biden, la mayoría de los estadounidenses estuvieron decepcionados de lo que trataron los candidatos; otros no le temaron importancia pero otros se molestaron por las actitudes presentadas. Es decir que: "El encrispado primer debate entre el presidente Trump y el candidato demócrata Joe Biden fue calificado por los expertos, televidentes y encuestas como el peor en la historia presidencial moderna por muchos en la izquierda y la derecha".[456] El predicador Franklin Graham comento sobre el mismo asunto, diciendo: "Después de ver el debate anoche, recordamos que los problemas que enfrentamos como nación no se pueden resolver sin Dios".[457] Y, luego, con un tono melancólico, el mismo Franklin Graham, dice: "Qué desilusión y vergüenza fueron los debates, tal vez

[455] John Paper. *Rescatando la Pureza del Evangelio.* (La Habra, California. Internet. Frase publicada en Facebook el 7 de Septiembre del 2020 a las 14:52. Consultada el 28 de Septiembre del 2020), ¿? https://www.facebook. com/rescatandolapurezadelevangelio

[456] Sahori Medina. *Franklin Graham reacciona al debate presidencial.* (La Habra, California. Internet. Artículo publicado el día 03 de Octubre 2020. Consultado el mismo día a las 13:36 hora de California.), ¿? https://mialma.live/noticias/Franklin-Graham-reacciona-al-debate-presidencial--20201002-0023.html

[457] Sahori Medina. *Franklin Graham reacciona al debate presidencial.* (La Habra, California. Internet. Artículo publicado el día 03 de Octubre 2020. Consultado el mismo día a las 13:36 hora de California.), ¿? https://mialma.live/noticias/Franklin-Graham-reacciona-al-debate-presidencial--20201002-0023.html

fue la manera de Dios de recordarnos que esta elección no se trata del hombre, sino de los principios que se encuentran en Su palabra".[458]

Dios desea que Su Iglesia Cristiana Evangélica Contemporánea sea transformada con las enseñanzas que la Doctrina Cristiana Evangélica posee. Lamentablemente vemos que a diferencia del pueblo de Israel en el cautiverio, la Iglesia se ha aferrado a una falsa espiritualidad en donde existen líderes cristianos que aparentemente son sabios o se sienten superiores aun al siervo de Dios que los está ministrando. Esto es lo que está ocasionando no un cierre parcial de los edificios sino total. ¡La Iglesia Cristiana Evangélica Contemporánea está enferma! Dios desea sanarla y le envía a Sus doctores espirituales pero, los que se publican como "sabios y espirituales" de la iglesia local los engañan, les hacen maldad, son hipócritas ente ellos, los traicionan, les privan de salarios honestos; es decir son egoístas, le faltan al respeto como para decirle que lo que el Siervo de Dios hace no es ético; que es un mentiroso y hasta lo tratan de hipócrita. Todo se hace bajo la máscara de la falsa espiritualidad.

Pero también tenemos otro aspecto dentro del liderazgo de la iglesia, hablamos de aquellos siervos de Dios que son la causa de que la verdad de Dios esté detrás de la falsa espiritualidad. Son siervos de Dios que se han creído dueños de la iglesia y que, cuando cometen algunos errores o pecados, además de que algunos no los confianza hasta que

---

[458] Sahori Medina. *Franklin Graham reacciona al debate presidencial.* (La Habra, California. Internet. Artículo publicado el día 03 de Octubre 2020. Consultado el mismo día a las 13:36 hora de California.), ¿? https://mialma.live/noticias/Franklin-Graham-reacciona-al-debate-presidencial--20201002-0023.html

los descubren, además de eso, no tienen el valor de dejar que otro tome su lugar en el Ministerio. ¡Esto también es motivo de enojo y tristeza entre la Comunidad Cristiana Evangélica!

Por ejemplo, el espíritu de rebeldía se apoderó de un siervo de Dios en una iglesia en Texas, USA. Lo primero que hizo fue con ese espíritu rebelde, dividió la iglesia. Cuando se le pidió que dejara el pastorado, se negó a hacerlo. La razón de que le dijeron que dejara el pastorado fue porque nunca pudo arreglar sus documentos de Migración y la iglesia, que ya estaba dividida, deseaba estar bien con el gobierno. Usando su autoridad pastoral, formó dos bandos; los que lo apoyaban y los que le habían pedido que se fuera.

Al fin salió de la iglesia pero como ya estaba dividida, algunos se fueron con él: Es decir, la división se agrandó, la iglesia se dividió, se formó otra iglesia.[459] El espíritu de rebeldía de algunos líderes cristianos evangélicos que se ha metido en las Iglesias Cristianas Evangélicas Contemporáneas está causando divisiones y el cierre de algunas iglesias.

Esto es muy lamentable que suceda entre los llamados a servir en el Reino de Jesucristo, sin embargo, no se debe de solapar un espíritu malo, como el de rebeldía entre la Comunidad Cristiana. El teólogo Francisco de Asís, dijo: "Antes de llenar el vaso con el líquido bueno hay que derramar el malo (AFe 1,13)".[460] Esto es que, la *Iglesia Cristiana Evangélica Local*, debe ser limpiada con la santidad de Dios

---

[459] Ruth Fabián. *Mi iglesia de dividió*. (La Habra, California. Internet. Correo Electrónico enviado a mi correo el 23 de noviembre, 2020. Consultado el 24 de noviembre del 2020), ¿? https://www.messenger.com/t/100011460131094

[460] Agustinos Recoletos. *140 frases de San Agustín sobre la fe y las virtudes cristiana.* (La Habra, California. Internet. Consultado el 14 de octubre del 2020), ¿? https://www.agustinosrecoletos.com/2018/08/140-frases-de-san-agustin/

para que pueda seguir siendo *"luz"* y *"Sal"* en el lugar que Dios la ha puesto; recordando que: "Los seguidores de Cristo Jesús son *"sal"* y *"luz"* para el mundo. Su *luz* debe brillar, para que los demás vean y alaben al Padre".[461]

El apóstol Pablo recomienda que todo lo que no es de agrado al Señor debe ser sacado de la Comunidad Cristiana. La Biblia relata el caso de un hombre que mantenía relaciones sexuales con su madrasta. "Eso iba en contra de la ley romana y contra la ley de Moisés ((Lv 18:8; Dt 22:30)". Era, pues, necesario que se le pusiese un alto al pecado sexual y Pablo recomendó que "se expulsara a ese hombre".[462]

Ahora bien, antes de terminar con este tema, que quede claro lo que nosotros entendemos por el llamado pastoral, esto es que: "El pastor no hace sugerencias casuales u opcionales a su congregación. No está allí para entretener ni para hacer cosquillas en las orejas. No está llamado a pronunciar discursos emocionales, sentimentales o motivacionales – ni para abusar de la autoridad pastoral-. Está llamado a afirmar con autoridad la Palabra de Dios".[463] Alguien dijo que la Biblia no es antigua ni presente, sino que es eterna. Esto quiere decir que el mensaje y las enseñanzas de Jesucristo son eternas y como tales, entonces, son aplicables a la Iglesia Cristiana Evangélica Contemporánea, y, el pastor es el encargado de

---

[461] Comentario en *Biblia de Estudio Esquemática.* (Brasil. Sociedades Bíblicas Unidas. 2010), 1388.

[462] Comentario en *Biblia de Estudio Esquemática.* (Brasil. Sociedades Bíblicas Unidas. 2010), 1710. I Corintios 5:1-4.

[463] John F. MacArthur. *Rescatando la Pureza del Evangelio.* (La Habra, California. Internet. Comentario publicado en Evangelio.Blog el 2 de Julio del 2019. Consultado el 12 de agosto del 2020), ¿? https://www.facebook. com/rescatandolapurezadelevangelio/photos/a.229781037171

aplicar sabiamente estas enseñanzas eternas, esto le librará de enfermarse con el espíritu de rebeldía.

Hermanos y hermanas cristianos estoy consciente que lo que hemos tratado en este libro es cusa de enojo y de tristeza; yo me siento igual. Sin embargo, meditemos en este pensamiento: "Si el pecado derribó al hombre más fuerte: Sansón, al hombre más sabio: Salomón y al hombre conforme al corazón de Dios" David, entonces puede ser muy astuto, dominante y derribarte a ti también. ¡Velad y orad!"[464] ¿Lo notaste? Enójate, ¡Sí!, tienes toda la razón para hacerlo pero, también te invitamos a que pienses en lo que les dijo el apóstol Pablo a los hermanos de Éfeso: "Si se enojan, no pequen; que el enojo no les dure todo el día. No le den oportunidad al diablo".[465] Así que, en tu enojo:

"Detente un momento y deja que el maravillo y hermoso Espíritu Santo ministre a tu corazón, a lo profundo de tu ser interior.

Saca un momento privado y confiésale al Señor en forma específica dónde está tu dolor. No lo hagas en forma general, no lo hagas como el que quiere cubrir una lista larga. Recuerda que esto es entre tú y tu Padre Celestial, ante Él no puedes esconderte, no trates de mentirle ni te mientas a ti mismo. Dile, qué es lo que te duele y por qué te duele.

---

[464] John Piper. *Rescatando la Pureza del Evangelio.* (La Habra, California. Internet. Frase publicada el 1 de julio del 2019. Consultada el 12 de agosto del 2020), ¿? https://www.facebook.com/rescatandolapurezadelevangelio/photos/a.229781037171651/1304369279712816
[465] Efesios 4:26-27, (DHH).

Es importante que le confieses a Dios que tú das apertura a que Él quite el dolor de tu corazón, que no deseas seguir guardando este dolor. ESTO ES MUY IMPORTANTE. Fíjate, no tienes por qué guardar tu dolor – ni tu enojo ni tu tristeza -. Él es quien te protege, tu dolor no te protege, tu dolor te destruye, te roba, te impide a recibir bendición – el enojo y la tristeza te apartaran de confiar en Dios-." [466]

Hermanos cristianos evangélicos contemporáneos: "Hay un dicho que dice: El ayer es historia. Mañana es un misterio. Pero el hoy es un obsequio por eso se llama presente... Para que vivas, rías y cantes, pero sobretodo que seas feliz..."[467] En esa felicidad ora para que Dios transforme al liderazgo cristiano que está obrando mal y para que Dios siga protegiendo a Su Iglesia.

---

[466] Pablo Roman Caballero. *Dios le bendiga estudiante*. Carta electrónica. (La Habra, California. Internet. Carta enviada a mi correo electrónico el martes 29 de septiembre del 2020 a las 09:33 AM. Consultado el 1 de Octubre del 2020 a las 10:53), ¿? https://outlook.live.com/mail/0/inbox/id/ AQMkADAwATYwMAItZTQ3Ni0yZmIxLTAwAi0wMAoARgAAA%2 FfeCqDXSZdEqY2NAJnKIkDRBwDTI5Eiz9JLQaiM8oacWBo0AAAC AQwAAADTI5Eiz9JLQaiM8oacWBo0AAPB9VKZAAAA
[467] Belkys Sowell. *Hay un dicho que dice*. (La Habra, California. Messenger. Enviado a mi correo electrónico el 1 de Octubre del 2020 y consultado en la misma fecha), ¿? https://www.messenger.com/t/belkys.sowell

CONCLUSIÓN.

No estamos en contra de la religión cristiana, ni mucho menos de la Cristiana Evangélica Contemporánea, ella está en una lucha constante en busca de ser saludable en todos los aspectos. Lo estamos haciendo es lamentándonos de lo que ha hecho el enemigo con ella; no estamos lamentándonos de lo que Satanás ha podido hacer en la mente y el corazón de los cristianos evangélicos, esa es su tarea.

Sin embargo, nos entristece ver el control del enemigo en los redimidos por la sangre de Cristo y el sufrimiento de los fieles a los mandatos de las Sagradas Escrituras. En ocasiones sentimos, cuando encontramos líderes cristianos que están obrando mal, sentimos que la Iglesia Cristiana Evangélica Contemporánea está controlada por las artimañas de Satanás usando a algunos líderes cristianos que están escondiendo la verdad de Dios y la verdad eclesiástica detrás una máscara de falsa espiritualidad.

I.- Estrategias Satánicas.

La verdad detrás de la máscara de la falsa espiritualidad es que: "El diablo no está luchando contra la religión. Es demasiado listo para eso. Está produciendo un cristianismo falso, tan parecido al verdadero que los buenos cristianos tienen miedo de hablar en contra de él".[468]

---

[468] Vance Havner. *Rescatando la Pureza del Evangelio.* (La Habra, California. Internet. Comentario publicado el 22 de Agosto del 2020. Consultado el 28 de Septiembre del 2020), ¿? https://www.facebook.com/rescatandolapurezadelevangelio

Elena G. de White, comienza su libro titulado: *El Gran Conflicto ha terminado... Un vistazo a la eternidad,* con estas palabras:

> "Antes que el pecado entrara en el mundo, Adán gozaba de libre trato con su Creador; pero desde que el hombre se separó de Dios por causa del pecado, aquel gran privilegio le ha sido negado a la raza humana. No obstante, el plan de redención abrió el camino para que los habitantes de la tierra volvieran a relacionarse con el cielo. Dios se comunicó con los hombres mediante su Espíritu y, mediante las revelaciones hechas a sus siervos escogidos, la luz divina se esparció por el mundo. 'Los santos hombres de Dios hablaron siendo inspirados del Espíritu Santo' (2 Pedro 1:21)".[469]

Estamos profundamente agradecidos por la intervención de Dios en la relación Dios/hombre. El sacrificio de Jesucristo no ha sido en vano; miles y miles de personas hemos sido redimidos y cambiados por la Obra Redentora de Jesucristo y por la revelación que contiene todo lo necesario para cambiarnos; todo lo que necesitamos para ser santos de acuerdo a la voluntad de Dios está en la Biblia: ¡Esta es la revelación de Dios para el hombre! Ahora bien: "Según la Palabra de Dios, el Espíritu Santo debía continuar su obra por todo el periodo de la dispensación cristiana".[470] Elena G.

---

[469] Elena G. de White. *El Gran Conflicto ha terminado: Un Vistazo a la Eternidad.* (Nampa, Idaho, USA y Oshawa, Ontario, Canadá. Pacific Press Publishing Association. Publicado y distribuido en Norteamérica por Publicaciones Interamericanas. 2006), 7.

[470] Elena G. de White. *El Gran Conflicto ha terminado: Un Vistazo a la Eternidad.* (Nampa, Idaho, USA y Oshawa, Ontario, Canada. Pacific Press

White comienza su libro ablando del tiempo cuando no había pecado en el mundo y en la raza humana, luego, cuando ya el pecado entró en la humanidad y se expandió por el mundo, Dios, en su misericordia había planeado el cómo hacer volver aquel tiempo de compañerismo Dios/hombre.

Sin embargo, lo que hemos leído en este libro da la doble impresión de que el ser humano en general, al no hacer caso de los principios divinos siguen las filosofías y cuentos que solo los envuelve en una confusión y, los redimidos por Cristo Jesús, algunos de ellos, no hacen la diferencia sino que, siguiendo los deseos carnales; los deseos egoístas como la envidia, los celos, la hipocresía, la mentira, las blasfemias, las calumnias y aquellas cosas carnales de las que hemos hablado en este libro, dan la impresión de que los hijos de Dios no están siendo guiados por el Espíritu Santo; es decir, lamentablemente, después de haber leímos las páginas de este libro, podemos decir que la santidad y la devoción a Dios está fuera de la mayoría de las iglesias cristianas evangélicas.

Esto se espera de las iglesias no cristianas evangélicas pero, ¿de las Cristianas Evangélicas? ¡Esto es lamentable! Oh, como ha dicho Nicolás Barroso: "Aberrante".

II.- Activismo contra compañerismo.

Muy bien dijo Leonard Ravenhill, cuando escribió estas palabras dirigidas a los pastores, a los predicadores, a los misioneros, y a los que se dicen ser pastores: "No me digas a cuantas reuniones asistes, ni cuantos dones tienes, ni cuantos sermones predicas, ni cuantas grabaciones has hecho... Dime

Publishing Association. Publicado y distribuido en Norteamérica por Publicaciones Interamericanas. 2006), 9.

cuánto tiempo pasas a solas con Dios y te diré cuán espiritual eres".[471] No puedes estar trabajando con mil sin enmelarte las manos; no puedes estar haciendo ejercicio sin sudar aunque sea una gota de sudor. De la misma manera, no puedes estar con Dios y salir de su presencia en la carnalidad con la entraste en la adoración al Señor. Así mismo, no se puede estar con Dios y ser un líder que no sea del corazón de Dios.

Las estrategias eclesiásticas no siempre son los planes de Dios para Su Iglesia; algunas de ellas están siendo dirigidas desde el punto de vista carnal; no espiritual. Ahora bien, debemos de tener un poco de cuidado en este sentido, no debemos atacar a las personas, especialmente a aquellas que ni siquiera saben que están haciendo mal, sino que son a las estrategias humanas y diabólicas que con la máscara de la espiritualidad y servicio cristiano se desarrollaron. ¡A estas son las que debemos atacar con amor, usando los principios bíblicos y teológicos! Piensa en esta declaración: "Yo no te juzgo a ti; lo que juzgo son las acciones".[472]

III.- Ampliando el panorama evangelístico.

Aunque existan líderes egocéntricos, hipócritas, mal hablados y malhumorados contra los no cristianos, la verdad detrás de la máscara de la falsa espiritualidad es que: "Jesús murió por cada persona en cada pueblo, ciudad, estado y nación. Su llamado para nosotros es presentar el evangelio de

---

[471] Leonard Ravenhill. *Rescatando la Pureza del Evangelio*. (La Habra, California. Internet. Comentario publicado el 27 de junio del 2019. Consultado el 12 de agosto del 2020), ¿? https://www.facebook.com/rescatandolapurezadelevangelio/photos/a.229781037171651/12

[472] Ronald Vides. *Reunión de Pastores de Ministerios Betesda en línea*. (Orange, California. Declaración dicha en la conferencia sobre la sabiduría, el 15 de junio del 2020), 6:00- 7:30 pm.

Jesucristo a todas las personas del mundo y hacer discípulos de todas las naciones.

Ninguno de nosotros puede hacer esto solo y ninguna iglesia puede hacerlo sola. El llamado de Jesús a cada uno de nosotros es abrumador, pero no imposible. ¿Cómo cumpliremos lo que Jesús nos llama a hacer?".[473] Lo podemos hacer continuando con la Guerra Espiritual que ha herido a algunos de los líderes de la Iglesia Cristiana Evangélica Contemporánea y por eso esconden la verdad de Dios detrás de la máscara de la falsa espiritualidad. Somos llamados a ser Misión a todo el mundo.

Lo que ciertos líderes cristianos acomplejados y temerosos de que les quiten sus puestos eclesiásticos no pueden ver, es que, mientras la población está creciendo numéricamente, la iglesia está disminuyendo en el mismo aspecto. Por ejemplo, desde Nashville Tennessee, USA, en donde están las oficinas de la Convención Nacional Bautista, informan:

> "En el transcurso de la próxima década, las proyecciones demográficas estiman que la población hispana aumentará en un 30%, desde los 57 millones en el 2016 hasta los 74 millones de personas en el 2030. Al reconocer estos cambios demográficos, la Junta de Misiones Norteamericanas (NAMB) pondrá énfasis en la plantación de iglesias hispanas a partir del 2021.

---

[473] Baptist Press en Español 30 octubre 2020. *Cumpliendo la Gran Comisión por medio del Programa Cooperativo.* (La Habra, California. Internet. Consultado el 2 de Noviembre del 2020), ¿? https://outlook.live.com/mail/0/inbox/id/ AQMkADAwATYwMAItZTQ3Ni0yZmIxLTAwAi0wMAoARgAAA%2 FfeCqDXSZdEqY2NAJnKIkDRBwDTI5Eiz9JLQaiM8oacWBo0AAAC AQwAAADTI5Eiz9JLQaiM8oacWBo0AAPXvtCtAAAA

Julio Arriola, director ejecutivo de relaciones
y movilización hispana del Comité Ejecutivo de
la Convención Bautista del Sur (CBS), indicó:
'Vamos camino a convertirnos en el grupo étnico
más grande de los Estados Unidos, incluso más
numeroso que la población anglosajona. La
mayoría de estos hispanos no tienen una relación
con Jesús'.["]474

Y como no existe una relación personal con Jesucristo,
entonces, el liderazgo cristiano evangélico es quien está
abriendo las puertas del Cristianismo Evangélico para que
entren ideas, conceptos y prácticas que apoyan o que son
producto del Humanismo Globalizado Contemporáneo que ha
anunciado que el Cristianismo es un enemigo de la sociedad.
Leamos las palabras de Pablo Muñoz Iturrieta y Juan Paulo
Martínez Menchaca acerca de las ideas y decisiones de una
de las fuerte organizaciones mundiales: La ONU.

"La Organización de las Naciones Unidas (ONU)
acaba de publicar su informe anual sobre "Libertad
de religión o creencias", preparado por el Relator
especial Ahmed Shaeed. En este documento,
la ONU concluye que la religión en general - y
la cristiana en particular- es un enemigo de los
derechos humanos…Así, apelando al aborto
y recomendando las interpretaciones queer y
feministas de la Biblia, la ONU concluye que
"constituye un serio desafío para el avance global

---

474 Brandon Elrod. *El énfasis de NAMB en la plantación de iglesias hispanas
para atender las necesidades del 2021.* (La Habra, California. Internet.
Artículo publicado el 22 de Octubre del 2020. Consultado el 2 de Noviembre
del 2020), ¿? https://www.baptistpress.com/resource-library/espanol/el-
enfasis-de-namb-en-la-plantacion-de-iglesias-hispanas-para-atender-las-
necesidades-del-2021/

de la equidad la privación de derechos LGBTI+ y de las mujeres dentro de las comunidades religiosas" (no.47).

A partir de esto la ONU establece claros límites a la iglesia y la libertad de conciencia y religión:

Que no se pueda invocar la libertad religiosa para hablar contra la ideología de género. Que no se pueda invocar la objeción de conciencia para no practicar un aborto en hospitales (ya sean públicos o privados) (no. 44).

Que la teoría LGBT nos da pautas para reinterpretar las Sagradas Escrituras y se deben rechazar "interpretaciones patriarcales de la doctrina religiosa" (no. 51).

Que no se pueden avanzar "normas heterosexuales" en nombre de la libertad de religión.

El plan de la ONU implica así la reducción o desaparición de garantías y derechos anteriormente sancionados por tratados internacionales, con tal de imponer este nuevo orden ético mundial".[475]

Ante todo este avance político/religioso antibíblico, ¿Dónde está el liderazgo de la Iglesia Cristiana Evangélica

---

[475] Pablo Muñoz Iturrieta y Juan Paulo Martínez Menchaca. *Reporte ONU 2020: La iglesia es enemiga de los derechos humanos.* (La Habra, California. Internet. Documento publicado el 13 de marzo del 2020. Consultado el 8 de Noviembre del 2020), ¿? https://pablomunoziturrieta.com/2020/03/13/reporte-onu-2020-la-iglesia-es-enemiga-de-los-derechos-humanos/

Contemporánea? Ya lo sabemos. Se encuentra escondiendo la Verdad de Dios para el bien de la humanidad detrás de una máscara de falsa espiritualidad que permite que el Socialismo Humanista entre a la Iglesia de Jesucristo y cambie los valores cristianos por sensacionalismo religioso y carnal.

Cerramos este libro diciendo que mientras el liderazgo de la Iglesia Cristiana Evangélica Contemporánea está sumergido en el egoísmo, la hipocresía, las mentiras piadosas, el robo descarado, hablando y actuando con una ética supuestamente cristiana y las otras actividades supuestamente espirituales que se han mencionado en este libro, mientras ellos se mueven en esos pensamientos y acciones:

> "... la ONU reclama que la predica de la iglesia contra la promiscuidad sexual y a favor de la vida y del matrimonio heterosexual exclusivo no debería de estar protegida por la ley por ser discriminatoria.
>
> Saheed y la ONU exigen finalmente que el Estado opere sancionado a las iglesias y obligándolas 'a crear las condiciones en las cuales todos los miembros de la sociedad puedan ejercitar sus derechos, incluyendo el derecho a la religión o creencia' (no.71). Este es un paso más hacia la imposición totalitaria de su visión masónica anticristiana".[476]

---

[476] Pablo Muñoz Iturrieta y Juan Paulo Martínez Menchaca. *Reporte ONU 2020: La iglesia es enemiga de los derechos humanos.* (La Habra, California. Internet. Documento publicado el 13 de marzo del 2020. Consultado el 8 de Noviembre del 2020), ¿? https://pablomunoziturrieta.com/2020/03/13/reporte-onu-2020-la-iglesia-es-enemiga-de-los-derechos-humanos/

No esperemos un bien para la Iglesia de Jesucristo a menos que hagamos caso a las Sagradas Escrituras que, parte de ellas dice: "... si mi pueblo, que lleva mi nombre – Iglesia de Jesucristo -, se humilla y ora, busca mi rostro y se aparta de su conducta perversa, yo oiré desde el cielo, perdonaré sus pecados y restauraré su tierra. Mis ojos estarán abiertos y mis oídos atentos a cada oración que se eleve".[477]

Liderazgo Cristiano; liderazgo de la Iglesia de Jesucristo que estás escondiendo la verdad de Dios detrás de tu mascara de falsa espiritualidad, ¡Humíllate, ora y busca el rostro de Dios! Allí está la clave para un liderazgo eficaz. ¡Un liderazgo eficaz es el que guiará a la Iglesia de Jesucristo a la fuente de Sanidad en todos los aspectos! Si el liderazgo cristiano guía a la Iglesia hacia la verdad de Dios; ¡será una Iglesia Saludable!

Eleazar Barajas
La Habra, California
Diciembre del 2020

---

[477] 2 Crónicas 7:14, (NTV).

BIBLIOGRAFÍA.

Aquino Santo Tomás de. *Comentario sobre el Evangelio de San Juan.* (San Bernardino, California. Publicado por: Catena Aurea. Ivory Fall Books. 2016).

Barclay, William. *Comentario al Nuevo Testamento. Volumen 1: MATEO I.* (Terrassa (Barcelona), España. Editorial CLIE. 1997).

Barclay, William. *Comentario al Nuevo Testamento. Volumen 2: MATEO II* (Terrassa (Barcelona), España. Editorial CLIE. 1997).

Barclay, William. *Comentario al Nuevo Testamento. Volumen 3: MARCOS.* Trd. Alberto Araujo. (Terrassa (Barcelona), España. Editorial CLIE. 1970).

Barclay, William. *Comentario al Nuevo Testamento. Volumen 5: JUAN I* (Terrassa (Barcelona), España. Editorial CLIE. 1996).

Barclay, William. *Comentario al Nuevo Testamento. Volumen 6: JUAN II* (Terrassa (Barcelona), España. Editorial CLIE. 1996).

Barclay, William. *Comentario al Nuevo Testamento: Los Hechos de los Apóstoles. Número 7.* Trd. Alberto Araujo. (Terrassa (Barcelona), España. Editorial CLIE. 1994).

Barclay, William. *Comentario al Nuevo Testamento. Volumen 9. Corintios.* (Terrassa (Barcelona), España. Editorial CLIE. 1996).

Barclay, William. *Comentario al Nuevo Testamento. Volumen 10. Gálatas y Efesios.* Td. Alberto Araujo. (Terrassa (Barcelona), España. Editorial CLIE. 1998).

Barclay, William. *Comentario al Nuevo Testamento. Volumen 12. 1ra y 2da Timoteo, Tito y Filemón.* Td. Alberto Araujo. (Terrassa (Barcelona), España. Editorial CLIE. 1998).

Barclay, William. *Comentario al Nuevo Testamento. Volumen 13: HEBREOS.* Td. Alberto Araujo. (Terrassa (Barcelona), España. Editorial CLIE. 1970).

Barclay. William. *Comentario al Nuevo Testamento. Volumen 14. Santiago y Pedro.* Td. Alberto Araujo. (Terrassa (Barcelona), España. Editorial CLIE. 1994).

Berkhof, Louis. *Teología Sistemática.* (Grand Rapids, Michigan. Libros Desafío. 2002).

Biblia de Estudio Arqueológica NVI. Un viaje ilustrado a través de la cultura y la historia bíblicas. (Miami, Florida. Editorial Vida. 2009).

Biblia de Estudio Esquemática. (Brasil. Sociedades Bíblicas Unidas. 2010).

Blanchard Ken & Phil Hodges. *Un Líder como Jesús.* (Nashville, TN. Grupo Nelson. 2006).

Bock, L. Darrell. *Comentarios Bíblicos con Aplicación: LUCAS. Del texto bíblico a una aplicación contemporánea.* (Miami, Florida. Editorial Vida. 2011).

Brown, E. Raymond. *El Evangelio y las cartas de Juan.* Td. María del Carmen Blanco Moreno. (España. Desclée de Brouwer. 2010).

Bruce, F. F. *El Libro de los Hechos.* (Viladecavalls (Barcelona), España. Editorial CLIE. 2016).

Caballero, Pablo Román. *Sanidad Emocional. Jesús nos salva y sana nuestras emociones.* (San Bernardino, California. Entreprise, AL. 2018).

Calcada, S. Leticia (Edición General). *Diccionario Bíblico Ilustrado Holman.* (Nashville, Tennessee. – Impreso en China -. B and H Publishing Group. 2008).

Carro, Daniel, José Tomás, Rubén O. Zorzoli (Editores Generales). Eduardo Nelson G., Mervin Breneman y Ricardo Souto Copeiro. *Comentario Bíblico Mundo Hispano: Salmos. Tomo 8.* (El Paso, Texas. Editorial Mundo Hispano. 2002).

Carroll, B. H. *Comentario Bíblico No. 1: Génesis.* Trd. Sara A. Hale. (Terrassa, (Barcelona), España. Editorial CLIE. 1990).

Carroll, B. H. *Comentario Bíblico No. 7: Los Hechos.* Trd. Sara A. Hale. (Terrassa, (Barcelona), España. Editorial CLIE. 1986).

Carroll, B. H. Comentario Bíblico No. 8: Gálatas, Romanos, Filipenses y Filemón. Trd. Sara A. Hale. (Terrassa, (Barcelona), España. Editorial CLIE. 1987).

Danyans, Eugenio. *Conociendo a Jesús en el Antiguo Testamento: Cristología y Tipología Bíblica.* (VILADECAVALLS (Barcelona), España. Editorial CLIE. 2008).

Driscoll, Mark. *Jesús lleno del Espíritu: Viva por su poder.* (Lake Mary, Florida. Casa Creación. 2015).

Erdely, Jorge. *El Avivamiento de la Risa. Caos Teológico en la Iglesia Contemporánea.* (Ciudad de México. Publicado por MBR. 1997).

Facebook. Internet.

García, Ismael. *Introducción a la Ética Cristiana.* (Nashville, Tennessee. Abingdon Press. 2003).

Gunsalus, González Catherine. *Resources in the Ancient Church for Today's Worship: Lecciones del culto antiguo para la iglesia de hoy.* (Nashville, Tennessee. Abingdon Press. 2014).

Heisey, Eugenio. *Más allá el protestantismo.* (Costa Rica, CA. Publicadora La Merced. 2011).

Hendriksen, Guillermo. *Filipenses. Comentario del Nuevo Testamento.* Td. El Estandarte de la Verdad. (Grand Rapids, Michigan. EE.UU. Subcomisión Literatura Cristiana de la Iglesia Cristiana Reformada. Distribuido por T.E.L.L. 1981).

Hendriksen, Guillermo. *El Evangelio Según San Marcos. Comentario del Nuevo Testamento.* Td. Humberto Casanova.

(Grand Rapids, Michigan. EE.UU. Subcomisión Literatura Cristiana de la Iglesia Cristiana Reformada. Distribuido por T.E.L.L. 1987).

Henry, Matthew. *Pentateuco: Comentario exegético devocional a toda la biblia.* Td. Francisco Lacueva. (Terrassa (Barcelona), España. Editorial CLIE. 1987).

Henry. Matthew. *Comentario exegético-Devocional a toda la Biblia. MATEO.* Td. Francisco Lacueva. (Terrassa (Barcelona), España. Editorial CLIE. 1984).

Hoff, Pablo. *El Pentateuco.* (Miami, Florida. Editorial Vida. 1978).

Ing, Richard. *Guerra Espiritual.* (New Kensington. Whitaker House.2006).

Kenyon, E. W. *En su presencia: Una revelación de quienes somos en Cristo.* Td. Belmonte traductores. (Madrid, España. Whitaker Hause. 2014).

Koch, E. Kurt. *El Diccionario del Diablo: Una exposición de las ciencias ocultas ilustrada con 175 casos auténticos.* Td. Samuel Vila. (Terrassa (Barcelkona), España. Editorial CLIE.1988).

La Antorcha de la Verdad. Revista Cristiana. Septiembre – octubre. 2020. Volumen 34, Numero 5. La Antorcha de la verdad se publica bimestralmente por Publicadora La Merced en Costa Rica CA).

La Antorcha de la Verdad. Revista Cristiana. Mayo - Junio. 2020. Volumen 34, Numero 3. La Antorcha de la verdad se publica bimestralmente por Publicadora La Merced en Costa Rica CA).

LaHaye, Tim y David Noebel. *Asedio de la mente: La batalla por la verdad en el nuevo milenio.* (Nashville, TN-Miami, Florida. Editorial Caribe, Inc. Una división de Thomas Nelson, Inc. 2002).

LaHaye, Tim. *Temperamentos transformados: Descubre el poder que cambia vidas.* (Miami, Florida. Publicado por Unilit. 1986).

Ledezma, Abel. *Definiendo el Liderazgo. Una nueva dimensión hacia un liderazgo encarnado.* (USA. Publicado por Worthy Latino. 2015).

Lewis, P. Jonatán. *Misión Mundial: Tomo 2.* (Miami, Florida. Editorial Unilit. 1990).

London, H. B. y Neil B. Wiseman. *Me llaman Pastor: Como amar a los que usted guía.* (Brasil. Editorial Patmos. 2010).

Moo, J. Douglas. *Comentario con Aplicación: ROMANOS: del texto bíblico a una aplicación contemporánea.* (Miami, Florida. Editorial Vida. 2011).

Narramore M. Clyde. *Enciclopedia de problemas psicológicos.* (Miami, Florida. Publicado por Editorial Unilit y Logoi Inc. 1990).

Pérez, Millos, Samuel. *Comentario exegético al texto griego del Nuevo Testamento. HEBREOS.* (Viladecavalls, (Barcelona), España. Editorial CLIE. 2009).

Purkiser, W. T. Redactor. C. E. Demaray, Donald S. Metz y Maude A. Stuneck. *Explorando el Antiguo Testamento.* (Kansas, City, Missouri. Casa Nazarena de Publicaciones. 1994).

Rohr, Richard. *El Cristo universal: Como una realidad olvidada puede cambiar todo lo que vemos, esperamos y creemos.* Trd. Ian Bilucich. (Hialeah, Florida. JUANUINO1 Ediciones.2019).

Schultz, J. Samuel. *Habla el Antiguo Testamento: Un examen completo de la historia y la literatura del Antiguo Testamento.* Td. Francisco Cazarola. (Grand Rapids, Michigan. Editorial Portavoz. 1970).

Sproul, R. S. *Como defender su fe.* (Grand Rapids, Michigan. Editorial Portavoz. 2006).

Stanley, E. Charles. *Biblia Principios de Vida.* (Nashville, Tennessee, USA. Impresa por Grupo Nelson y publicada por Thomas Nelson. 2010).

Swindoll, R. Carles. *La vida más grande de todas: Jesús. Trd. Luis Magin Álvarez.* (Colombia. Editorial Mundo Hispano. 2008).

Toledo, M. Álvarez de. *El Paraíso Perdido de Milton.* (Cádiz, España. Servicio de Publicaciones de la Universidad de Cádiz. 1988).

Videos en YouTube. Internet.

Vila, Samuel. *Manual de Teología apologética: Respuesta a los "supuestos" de las teorías modernas.* (Terrassa, (Barcelona), España. Editorial CLIE. 1990.

White G. Elena. *El Gran Conflicto ha terminado: Un Vistazo a la Eternidad.* (Nampa, Idaho, USA y Oshawa, Ontario, Canadá. Pacific Press Publishing Association. Publicado y distribuido en Norteamerica por Publicaciones Interamericanas. 2006).

Wikipedia, la Enciclopedia Libre. Internet.

Wiley, H. Orton y Paul T. Culbertson. *Introducción a la Teología Cristiana.* (Kansas City, Missouri, E.U.A. Casa Nazarena de Publicaciones. 1969).

Wilkins, J. Michael. *Comentario Bíblico con aplicación. MATEO. Del texto bíblico a una aplicación contemporánea.* (Nashville, Tennessee. Editorial Vida. 2016).

Zacarías, Ravi y Kevin Johnson. *Jesús entre otros dioses. La verdad absoluta del mensaje cristiano.* (Sin lugar de edición. Editorial Betania. Sin año de Edición).

Printed in the United States
By Bookmasters